本研究获湖北大学人文社会科学高水平学术成果基金资助

当代中国社会道德理论与实践研究丛书·第二辑
主编 吴付来

当代中国政治治理问题及其儒家理论资源研究：
《大学》中的政治伦理及其当代考量

阮航 著

A Study on Contemporary Chinese
Political Governance Issues and
Its Confucian Theoretical Resources:
Political Ethics in *The Great Learning* and
Its Contemporary Considerations

中国人民大学出版社
·北京·

总　序

党的十八大以来，党和国家高度重视思想道德建设，高度重视哲学社会科学繁荣发展，要求哲学社会科学工作者立时代潮头、发思想先声，积极为党和人民述学立论、建言献策。加强伦理学基础理论研究，推动思想道德建设，培育社会主义核心价值观是伦理学者不可推卸的责任。为此，中国人民大学出版社于 2015 年 7 月着手启动了"当代中国社会道德理论与实践研究丛书"第一辑，于 2017 年获得国家出版基金资助，10 种图书于 2019 年 3 月出齐，产生了良好的社会反响。

第一辑立项实施以来，党和国家更加强调加快构建中国特色哲学社会科学，强调树立反映现实、观照现实的学风，加强全社会的思想道德建设的要求也更加迫切。为了进一步推动伦理学研究，激发人们形成善良的道德意愿、道德情感，培育道德责任感，提高道德判断和选择能力尤其是自觉践行能力，我们启动了"当代中国社会道德理论与实践研究丛书"第二辑的遴选出版工作。第二辑的基本思路是，在梳理新中国伦理学发展历程的基础上，从经济伦理、法伦理、生命伦理、政治伦理以及思想道德建设等领域，对当代中国社会最关切的伦理道德的理论与实践问题进行深入的研究和探讨，旨在发现新时代伦理道德领域出现的新问题，回应新挑战，推动国内伦理学的研究和社会道德的进步。

首先，本丛书以原创学术研究为根基，致力于推动伦理学的研究和发展，推动哲学社会科学的发展，建构中国自主的知识体系。2022 年习近平总书记在中国人民大学考察时强调，"加快构建中国特色哲学社会科学，归根结底是建构中国自主的知识体系。要以中国为观照、以时代为观照，立足中国实际，解决中国问题，不断推动中华优秀传统文化创造性转化、创新性发展，不断推进知识创新、理论创新、方法创新，使中国特色哲学社会科学真正屹立于世界学术之林"。伦理学作为与人类道德生活、道德活动、道德发展密切相关的哲学二级学科，需要跟上时代的步伐，更好地发挥作用。人类社会每一次重大跃进，人类文明每一次重大发展，都离不开哲学社会科学的知识变革和思想引导所产生的影响。当代中国的社会主义道德实践也必定离不开伦理学的思想引导作用，本丛书的出版必将推进伦理学的研究和发展，推动中国自主的知识体系的建构。

其次，本丛书致力于倡导反映现实、观照现实的学术风气。2019年3月习近平总书记在参加全国政协第十三届二次会议文化艺术界、社会科学界委员联组会时指出，学术研究应该反映现实、观照现实，应该有利于解决现实问题、回答现实课题。"哲学社会科学研究要立足中国特色社会主义伟大实践，提出具有自主性、独创性的理论观点，构建中国特色学科体系、学术体系、话语体系。"本丛书正是将理论与实践相结合，分析当前中国社会的道德状况和主要问题，力图用马克思主义理论指导下的伦理学基本原理解决社会现实的道德建设问题。本丛书的集中推出必将有利于倡导反映现实、观照现实的学术风气。

再次，本丛书的出版有利于加强社会主义道德建设。党和国家历来重视道德建设。2019年习近平总书记在纪念五四运动100周年大会上的讲话中指出："人无德不立，品德是为人之本。止于至善，是中华民族始终不变的人格追求。我们要建设的社会主义现代化强国，不仅要在物质上强，更要在精神上强。精神上强，才是更持久、更深沉、更有力量的。"党的二十大报告也强调，要"实施公民道德建设工程，弘扬中华传统美德，加强家庭家教家风建设，加强和改进未成年人思想道德建设，推动明大德、守公德、严私德，提高人民道德水准和文明素养"。本丛书以道德实践和道德建设中的鲜活素材推动道德理论的发展，又以道德理论的成果指导道德实践和道德建设，有利于加强社会主义道德建设，能够为有关决策提供学理支持。

最后，本丛书致力于弘扬社会主义核心价值观，助推实现中华民族伟大复兴的中国梦。2014年5月习近平总书记与北京大学师生座谈时指出："核心价值观，其实就是一种德，既是个人的德，也是一种大德，就是国家的德、社会的德。"道德建设是培育社会主义核心价值观的重要实践载体，本丛书关注当代中国伦理道德的理论研究和实践方式的创新，积极探索道德建设的新形式、新途径、新方法，有利于弘扬社会主义核心价值观，为实现中华民族伟大复兴的中国梦提供强大精神力量和有力道德支撑。

本丛书是在加强社会主义道德建设、推动哲学社会科学发展、建构中国自主的知识体系的宏观背景下编撰的，对于推动中国伦理学发展，倡导反映现实、观照现实的学术风气，加强社会主义道德建设，弘扬社会主义核心价值观，实现中华民族伟大复兴的中国梦具有重要意义。

本丛书得到了中国人民大学伦理学与道德建设研究中心的学术支持，得到了国家出版基金的资助，中国人民大学出版社人文出版分社的编辑为本丛书的出版付出了艰辛的努力，在此一并致谢。书中难免存在疏漏，恳请学界同仁批评指正。期待本丛书作者和编辑的辛勤努力能够得到广大读者的认可与回应。

吴付来

2023年2月8日

目 录

导论：为什么要研究《大学》的政治伦理思想 …………………… 1
  一、当代政治伦理研究的产生背景及其问题意识 …………… 2
  二、国内外对《大学》及其政治伦理的研究现状 …………… 22
  三、本书的研究方法与基本框架 ………………………………… 26

第一部分　文本解读篇

第一章　解读《大学》文本的诸前提性问题 ………………………… 31
  第一节　《大学》的成篇年代及其作者 ………………………… 31
  第二节　《大学》的宗旨及其文本流变 ………………………… 37
  第三节　解读《大学》文本的基本方法和思路 ………………… 43
第二章　从《大学章句》看《大学》的基本观念 …………………… 50
  第一节　从《大学章句》看《大学》的"三纲领" …………… 51
    一、明明德 ………………………………………………………… 53
    二、新民 …………………………………………………………… 58
    三、止于至善 ……………………………………………………… 61
    四、"三纲领"之间的关系 ……………………………………… 67
  第二节　从《大学章句》看《大学》的"八条目" …………… 72
    一、致知在格物 …………………………………………………… 73

二、诚意 …………………………………………………………… 82

　　三、修身在正心 …………………………………………………… 87

　　四、齐家在修身 …………………………………………………… 90

　　五、治国在齐家 …………………………………………………… 93

　　六、平天下在治国 ………………………………………………… 97

第三章　对《大学》诠释的比较分析 ……………………………………… 106

　第一节　三种诠释的主要分歧 ………………………………………… 107

　　一、对《大学》宗旨及其性质的判断 …………………………… 107

　　二、对《大学》内容的诠释及其分歧 …………………………… 111

　第二节　对《大学》的总体理解及诠释的主要类型 ………………… 123

　　一、三种诠释对《大学》篇章结构的安排 ……………………… 123

　　二、《大学》的诠释类型 ………………………………………… 129

第二部分　观念分析篇

第四章　《大学》的主要政治伦理思想及其分析 ………………………… 137

　第一节　以修身为本：德化社会的政治理想 ………………………… 138

　第二节　家国同构："修、齐、治、平"治理途径背后的
　　　　　社会哲学观 …………………………………………………… 143

　第三节　民本思想："以民之好恶为好恶"与"藏富于民" ……… 150

　第四节　对《大学》政治伦理思想的理论分析 ……………………… 156

　　一、"命"与"道"：《大学》政治伦理思想的世界观与方法论 … 156

　　二、儒家人性论：《大学》政治伦理思想展开的理论支持 … 164

第五章　《大学》政治伦理思想的历史流变及其社会史分析 …………… 168

　第一节　德治的精神：《大学》政治伦理思想的历史流变 ……… 168

　　一、郑、孔经学版诠释中的《大学》政治伦理思想及其
　　　　德治精神 ……………………………………………………… 169

　　二、朱子理学版诠释中的《大学》政治伦理思想及其德治精神 … 173

三、阳明心学版诠释中的《大学》政治伦理思想及其德治精神 … 177
第二节 德治的传统：对《大学》政治伦理思想的社会史分析 … 180
一、"礼治"：汉代儒家在政治与思想领域的表现 …………… 181
二、基于道统的王道政治：宋代政治和思想背景下的儒家德治 … 187

第三部分　当代考量篇

第六章　何种现代性：评估《大学》政治伦理需要怎样的现代立场 … 203
第一节 相对于传统的现代："现代性"的含义与现代化 ……… 204
第二节 现代个人的哲学解释：现代西方民主政治的价值内涵 … 207

第七章　当代儒学关于儒家德治现代转化的两种理路…………… 212
第一节 当代新儒家的理路：牟宗三的"内圣"开"外王"之路 … 213
一、"新外王"：儒学第三期发展的任务 ……………………… 213
二、"良知坎陷说"：由"内圣"开"新外王"的理路 ……… 214
三、牟宗三由"内圣"开"新外王"理路的理论得失 ……… 215
第二节 政治儒学的理路：蒋庆基于春秋公羊学的王道政治…… 216
一、蒋庆政治儒学理路的提出 ………………………………… 216
二、政治儒学的主要思路 ……………………………………… 217
三、对蒋庆政治儒学的简评 …………………………………… 220

第八章　结语：《大学》政治伦理的当代诠释及其考量 ………… 223
第一节 重释《大学》政治伦理思想的诠释立场与解释方法 …… 225
一、何种启蒙，谁之现代性：重释《大学》政治伦理的
　　诠释立场 ……………………………………………………… 225
二、道统与学统关系中展开的政统：重释《大学》政治伦理
　　的解释方法 ………………………………………………… 230
第二节 《大学》政治伦理的当代诠释及其意义 ………………… 232
一、以修身为本：社群主义抑或共和主义? ………………… 233
二、场域关系情境中的家国同构：忠恕之道与絜矩之道 …… 236
三、民本思想：一种政治起源论的解释 ……………………… 239

参考文献……………………………………………………………………… 244

导论：为什么要研究《大学》的政治伦理思想

所谓政治治理，从大的方面说可分为德治和法治两种类型，而中国政治传统一直以德治见长。因此，要探讨当代中国的政治治理问题，就必须重视中国自身德治传统的发挥。宋代理学以降，《大学》一直被视为表达儒家德治思想的经典。有鉴于此，本书力图依托《大学》这一经典文本来挖掘儒家德治传统的现代价值，为思考当代中国的政治治理问题提供理论资源。

值得指出的是，本书是作者在国家社科基金一般项目"《大学》中的政治伦理及其当代考量"（12BZX063）结项成果的基础上修改和完善而成的。因此，本书的论题将相对集中，总的说是要解决《大学》政治伦理的现代命运问题，它又可以分解为一系列子问题：《大学》包含了何种政治伦理精神，在传统社会政治生活中发挥过何种影响？它为何会在近代走向衰落？它能否在当代中国的社会政治生活中发挥积极作用，在何种意义上能成为建设中国特色政治文化的理论资源？

政治伦理这一概念是这些问题的一个中心词，但在传统社会并没有这样的提法，更没有成为一个专门的研究领域。因此，有必要先简要交代本书采取这一概念的用意，再探讨其理论与现实的意蕴。首先，就研究对象看，《大学》的政治观念与伦理思想融贯在一起，具有政治伦理思想的意味。其次，就研究范围看，本书的研究不局限于观念的层次，而是将《大学》的政治伦理观念、相应的制度设计及其社会历史背景这三者结合起来考察。最后，就研究目的看，本书力图将相关观念最终引入当代政治伦理的研究领域，使之转化为建设当代中国的政治伦理理论的一种资源。

其中最后一点是决定性的。克罗齐（Benedetto Croce）说，一切历史都是当代史。本书对《大学》政治伦理思想的考察，说到底不是出于历史或考古的兴趣，而是为了对当代问题的解决有所裨益、提供启发。我们最终是要从当代社会的角度、融入当代政治伦理的问题意识，来探寻《大学》所提供的资源。当然，当代的相关研究中更常见的提法是政治哲学，但如前两点所示，对于《大学》的思想及其诠释的历史来说，政治哲学的提法显得过于宽泛，并不契合。而政治伦理的提法有其独特的意义，这一点要联系当代政治伦理研究的问题意识来理解。

一、当代政治伦理研究的产生背景及其问题意识

以罗尔斯《正义论》的出版为标志，当代政治伦理研究首先在西方学术界兴起。政治与伦理的关系问题之所以引起关注，并逐渐成为一个重要的研究领域，是与西方社会领域的分化及其观念的演进分不开的。

（一）当代政治伦理研究的产生背景

1. 从现代性的进程看

从现代性的进程看，西方从传统进入现代社会，表现为一个理性化和职业化的发展过程，由此现代社会的伦理生活也日益分化[①]。具体到政治生活来说，伦理价值的考虑从政治领域逐渐淡出，其影响日益削弱。其中逐渐占据主导的自由主义主张政府应该保持价值中立，尽量避免干涉公民的个人价值选择。

在自由主义看来，政府无论采取何种形式，都必须是受限制的，其活动必须限制在法律许可的范围之内，这样才能在服务于公益的同时，免于对公民自由的侵害。古典自由主义者如洛克、诺齐克（Robert Nozick）

[①] 韦伯．学术与政治：韦伯的两篇演说．冯克利，译．北京：生活·读书·新知三联书店，2005：107-108.

等,甚至主张应该建立最小限度的政府,将政府的权限保持在尽可能小的范围内,让政府扮演守夜人的角色①。公民的个人价值选择,是不容政府干涉的。公共领域的行为规范和社会秩序,则由法制来维护。可以说,随着西方现代性的展开,政治、经济、伦理这三大领域②呈现出日益分离的趋势。当然,这三大领域的相对重要性及其相互关系,并非一成不变,而是随着时代的发展有所变化。

简单地说,传统社会生活是以政治为中心,政治与伦理的关系最为重要,经济生活处于相对从属的位置。在近现代的社会生活中,经济领域逐渐由边缘转向中心,政治与经济的关系日见其重要性,并逐步取代了原来政治与伦理之间的关系所占的位置③。在现代社会生活中,经济领域即使还难说已取代政治先前所占据的位置,但已成为社会生活的中心。政治领域与伦理领域则在日益分离的同时,各自都发生了巨变。

就政治领域而言,自近代文艺复兴和宗教改革以来,政治与宗教日渐分离,宗教的影响逐渐淡出政治领域。其突出表现是,教廷不再具有干涉乃至左右政治事务的权力,政治生活逐渐脱离宗教的控制而表现其独立性。然而,失去宗教支持的政治权力必须重新寻求其合法性的来源,从而必然产生变化。契约论的政治学说、启蒙运动、自由民主的思潮,与此不无关系。发展至18世纪,西方主要国家相继发生了资产阶级革命,由此重新奠定了政治权力的性质及其合法性的来源。合法性不再明确地建立在宗教或形而上的观念之上,而是来自人民的公意。由此脱离宗教控制的政治权力,反而受到更多的限制,不仅要接受公民的监督,而且几大权力机构的设置也包含彼此制衡的考虑。其适用范围也大幅缩小。它不仅不得侵犯公民的私人领域,而且随着资本主义市场经济的兴起,也不得直接干预经济活动,而只能为市场秩序提供法治保障,并以制度调节的方式调整国

---

① GRAY, J. Liberalism. Minneapolis: University of Minnesota Press, 1995: 70-71.
② 从社会学的角度来看,社会生活可分为政治、经济、伦理这三大领域,其中宗教可归为伦理的范围。宗教虽然也是社会生活的一个重要方面,但它是通过伦理来发挥作用,并产生效果。而社会学研究乃基于实证考察,关注的是宗教的实践效果,而不是其教义。
③ 施路赫特. 理性化与官僚化:对韦伯之研究与诠释. 顾忠华,译. 桂林:广西师范大学出版社, 2004: 9及注释 2.

民收入的再分配。

西方现代社会中的伦理领域则逐渐被边缘化,或者更确切地说是被碎片化。也就是说,伦理价值无法像传统社会那样协同发挥作用,并且由于彼此的抵牾而被弱化。这表现在西方现代社会发展的各个方面。

首先,政教分离意味着伦理已失去对政治领域发挥直接影响的一条最重要途径,因为从根本上说,西方社会的宗教是伦理精神之源。进一步说,在公共领域,伦理价值只能在浅层发挥调节作用,分化为适应各种技术要求的职业伦理和社会规范。由于各职业的技术特点不同,各职业伦理之间并没有统一的方向,彼此很难融贯和协调。现代浪漫主义甚至主张,有些职业领域如艺术与美学领域应该排斥伦理价值的约束,艺术家应被视为超道德的创作家,因为"美学的情感即时性不允许有道德的调停"①。

其次,在私人生活领域,个人选择做怎样的人,尤其是选择何种道德信仰,更趋向于自我抉择而不求助于外力。这一过程至少可追溯至路德的新教改革。路德提出,个人有能力且应该直接与上帝沟通,无需以教会等为中介。这一方面促进了西方社会的政教分离,另一方面促成了个人信仰领域的根本性转变。按照这种教义,信仰是个人之事,任何他人或机构都不能也无法干预。这意味着个人主义在深层价值观念方面的自觉,由此造成了多种复杂的影响。从洛克等启蒙思想家主张的宗教宽容、莱布尼茨的"单子说"、尼采声称的"上帝死了",到弗洛姆揭示的"逃避自由",乃至当代西方社会所谓的个人意义失落问题,其背后都有这种教义的影子。以莱布尼茨的"单子说"为例做简要说明。"单子"作为完美的个体概念,虽然是自给自足、具有充分创造力的存在者,但没有窗户,彼此不能真正交流,只能依赖上帝的"预定和谐"而共存。在相当程度上,这幅图景描绘的是莱布尼茨理想中的个人与社会:自由的个人通过完美设定的外在制度而组成理想的社会②。这也意味着,每个人的人生信仰和意义实现都只能靠自觉选择,在这个层面,每个人都是孤独的、分立的(separate)个

---

① 郝大维,安乐哲.先贤的民主:杜威、孔子与中国民主之希望.何刚强,译.南京:江苏人民出版社,2004:24.

② RAWLS, J. Lectures on History of Moral Philosophy. Barbara Herman (ed). Massachusetts: Harvard University Press, 2000:123-131.

体。意义失落，更多地是指无助，也无法真正与他人共享个人的意义体验。整个社会所呈现的状态是价值合理多元，是价值分裂以及彼此价值观的难以协调。

最后，作为解释或指导人们伦理生活的西方现代伦理理论也处于分裂状态。麦金太尔（Alasdair MacIntyre）在其代表作《追寻美德》中指出，现代西方形成了各种互竞的伦理学理论，它们彼此对立且本质上不可公度。它们都是基于西方思想传统的某一价值预设而展开的理论，其不可公度性正是由于彼此不同的价值预设或理论前提。19世纪末至20世纪上半叶西方元伦理学占据主导地位，这意味着现代西方伦理学已逐步脱离社会现实生活，很难对现实生活提供有效的指导；也意味着各种规范伦理理论彼此无法协调的分裂状态，直接影响到各自的理论活力，不得不放弃西方传统伦理学的一大使命，即"为人们伦理生活提供指导"。麦金太尔进而指出，这种状况的形成，根本上是由于启蒙理性筹划的失败[①]。应该说，麦金太尔从一个侧面揭示了进入现代以来西方伦理理论的发展困境：面对现实的社会和个人生活，伦理学无力提供系统、有效的解释和指导，不再像在传统时代那样具有权威；伦理的理论和规范在日益碎片化的同时，也游离于现实而被边缘化。总之，在西方传统时代由宗教奠基、协调统一的社会伦理生活，发展到当代已处于全面分裂的状态。

综上所述，当代政治伦理研究的兴起，并非由于西方政治与伦理的关系比较紧密，毋宁说是由于进入现代以来两者渐行渐远，由此带来一系列难以解决的社会问题[②]。要从根本上解决这些问题，必须追问并重新协调两者关系。这可以说是当代政治伦理研究的基本问题意识。

2. 从现代西方政治伦理观念的发展轨迹看

与第一点相关，现代西方的政治伦理观念也呈现出类似的发展轨迹。随着西方现代性的展开，对国家主权进而是政治功能的解释，不再建立在

---

① MACINTYRE, A. After Virtue. Indiana：University of Notre Dame Press, 2007：1 - 5, 88 - 108. 另参见鲍曼. 生活在碎片之中：论后现代道德. 郁建兴，等译. 上海：学林出版社, 2002：1 - 14。

② 关于这一点的说明，详见下一点。

一套宗教价值观或形而上观念的基础上，而是来自人为的建构或设计。其中主流的建构或设计，是以社会契约论的方式展开的。这正如当代政治史家麦克里兰所言，"自激进宗教改革的时代，以至18世纪下半叶，社会契约的理念主导政治思想。这并不是说所有重要的政治理论都是社会契约理论，而是说，凡是政治理论，如果本身不是社会契约理论，则若非必须将社会契约说纳入考虑，就是必须对之加以抨击"①。我们可以沿着社会契约论的发展脉络，来考察现代西方政治伦理观念的发展轨迹。

政治权威的来源何在？人们为什么要服从这样的权威？在中世纪，这些问题根本上都是通过基督教来解释的。世俗的权威来自上帝的授权，人们最终要服从的，其实是上帝的律法。这种授权仪式是通过一系列承诺进行的，其中不乏契约观念②。从政治伦理的角度看，政治权威的合法性建立在宗教伦理的基础上。近代社会契约论的提出，虽然形式上对这种契约观念有所继承，却是以去除宗教色彩的方式进行的，当然这种方式也颠覆了其宗教伦理的根基。进一步的问题是，去除宗教伦理根基的社会契约论是否在其最初设计中纳入其他类型的伦理价值？这里所谓最初设计，主要指它们对自然状态或前社会状态的解释，进而对从自然状态进入社会状态的过程之说明。

就社会契约论的最初发展而言，霍布斯是最具代表性的理论先驱。在其设计的自然状态中，人们的能力大致相等，彼此陌生且缺乏互信。他们都是理性的利己主义者，为了生存和安全而力图支配他人，进而相互算计、彼此侵害。用他的话来说，自然状态是战争状态，是"一切人对一切人的战争"。而保全自己的生命，是人的自然权利。那么要摆脱这一困局，就要从自然状态进入社会状态，就必须有法律与司法，进而必须挑选一人或一批人作为立法者和执法者，赋予其统治权，由此来保护每个人的权利。在霍布斯关于自然状态的设计中，人的本性是利己的；人际关系是竞争性的，为了生存与安全，每个人对于其他人都是具有威胁性的存在。从

---

① 麦克里兰. 西方政治思想史. 彭淮栋，译. 北京：人民出版社，2010：212.
② 麦克里兰. 西方政治思想史. 彭淮栋，译. 北京：人民出版社，2010：213.

自然状态进入社会状态，与其说是出于自觉自愿，不如说是出于无奈和恐惧①。社会状态的维系，也是由于法律的外部强制。可以说，霍布斯社会契约论的理论设计，在去除政治权威之宗教伦理根据的同时也排除了道德的内容。从人的道德直觉来看，无论是自然状态中人的本性还是社会状态的形成，即使不是与道德相悖，也是缺乏道德的。

与霍布斯不同，洛克认为，在自然状态中道德是存在的。人不单单是理性利己的，也有着与他人合作、互惠互利的一面，或者说人天生具有社会性。并且在他看来，人的社会性先于政治性，社会先于政府而存在。也因此，社会契约无需明言，而只需以默认的方式进行。洛克的理论设计不再像霍布斯那样，将人的本性和自然状态描述得残酷无情，而是具有道德意蕴。这似乎意味着，按照洛克的设想，政治与伦理仍然是结合在一起的。但是，洛克将自然状态中的道德设想为由上帝赋予，不是人本身所有，自然权利则是由自然法亦即上帝律法而来的权利。"默契"的方式也意味着，自然状态与社会状态之间的区别并不是很明确②。可以说，洛克的理论设计避免了伦理的缺失，但其中的伦理考虑实际上延续了宗教传统的进路，并没有提出与其时代变革相应的内容或新的解决方式。在此意义上，洛克只是缓和了霍布斯自然状态的反道德倾向，并没有真正解决如何在人为建构的政治生活中安排伦理价值的问题。其理论设计中的政治与伦理仍然是脱节的。

卢梭提出与霍布斯迥异的设想。他指出，自然状态下的人们是平等而自由的，按照其本能行事且没有过多的情欲。而对情欲无节制的追求以及由此滋生的各种恶，都是进入社会之后才发生的。在此意义上，他把自然状态下的人类称作"高贵的野蛮人"。同时，人类之所以从自然状态进入社会状态，也不是像洛克所说的那样由于人天生具有社会性，而是由于自然状态发展到某一时期所遭遇的生存困难，这种困难是单个人无法解决的，从而人们不得不结成团体来克服③。对于自然状态下的人类个体道

---

① 麦克里兰. 西方政治思想史. 彭淮栋，译. 北京：人民出版社，2010：235-239.
② 麦克里兰. 西方政治思想史. 彭淮栋，译. 北京：人民出版社，2010：285-288.
③ 卢梭. 论人类不平等的起源和基础. 李常山，译. 东林，校. 北京：商务印书馆，1962：97-110.

德，卢梭的判断似乎有些模糊。一方面，他认为，自然状态中的人类，彼此之间没有道德上的关联，更谈不上彼此负有义务。因此，"他们既不可能是善的也不可能是恶的"①。另一方面，他指出，自然状态中的人们情欲寡浅，怀有天然的怜悯心，彼此不易发生像霍布斯所描述的那种争斗。在此意义上，他们似乎天生善良，具有自然美德②。无论如何，在卢梭的描述中政治与伦理之间不再像西方传统那样发生关联。

联系社会契约论所关注的问题来看，社会契约论所关注的道德，已不再是个体道德，而是政治及其基本制度背后应当体现的基本价值。从这个角度看，霍布斯、洛克等古典自由主义者强调的是自由至上，而卢梭虽然也重视个人自由，但同时强调要给予平等相当的权重。与此相关，他们对自由的理解也有明显的区别。如果按照伯林的划分，霍布斯、洛克侧重消极的自由；卢梭则强调积极的自由，也就是个体的自主选择与积极行动能力。也因此，卢梭提出，如果政府腐化，人民有权选择回到自然状态。或许正是由于这些重要的区别，卢梭首先被视为政治上的共和主义者，而不是自由主义者。

在这方面，康德深受卢梭的影响并力图更进一步，从而提出其人权学说，旨在"为政治自由和平等奠定一个无条件的道德基础，或者说，是要启发人们意识到自己的权利，告诉他们立法的自由是主体服从的唯一基础，以便使他们获得自由和解放"③。在康德这里，政治与伦理似乎重新建立了明确的关联。但是，康德所提出的政治或公共领域的道德，与西方传统意义上的政治道德已根本有别。

首先，康德强调这种公共领域的道德（或者说可普遍化的道德）以理性为基础和根据，而道德法则是一种先天的形式法则。反过来说，就这种道德的实践而言，情感是派生或附属的。如果说有情感因素，理论上说只是对道德法则的尊重。落实到公共生活的现实，则是人的尊严以及由此而

---

① 卢梭. 论人类不平等的起源和基础. 李常山，译. 东林，校. 北京：商务印书馆，1962：97.
② 卢梭. 论人类不平等的起源和基础. 李常山，译. 东林，校. 北京：商务印书馆，1962：101-103.
③ 施特劳斯，克罗波西. 政治哲学史. 李洪润，等译. 北京：法律出版社，2009：585.

来的相互尊重。与之相比，中世纪的政治道德带有浓厚的情感因素，如仁慈、对上帝的服从等，同时还强调政治家的个人德性。结合康德的社会契约观念，可以更清楚地看出这种分别。在其《法的形而上学原理》中，康德提出了一系列相关的观念：脱离自然状态是理性的必然要求，自然状态和原初契约都是理性概念；国家的建立不依赖于个人的良好道德，即使是一个魔鬼民族，只要它是理性的，也能顺利地建立国家①。可以说，在康德看来，政治领域的道德与传统意义上的个人德性根本有别，也不依赖于政治家个人的道德魅力。

其次，康德强调人的意志自主，因而可普遍化的道德要求不是外在施加的，而是来自人们共同的意志决定，或者说意志的共同认可。康德宣称，"如果回顾此前为揭示道德原则曾做出的一切努力，那么对于为何它们无一例外地失败，我们就不必感到疑惑。可以看出，人类由于其义务而受到法则的约束；但他们从未想到，他们只接受如此法则的约束，即该法则是由自己给予的但又是普遍的；并且他仅有义务遵照自己的意愿（in conformity with his own will）来行动……我要把这种基本原则称作意志的自主性原则，以相对照于其他各种我相应地视之为他律性的原则"②。显然，康德这里提出的意志自主性原则，所表达的是积极的自由观念，其理想政治则是民主共和。在他看来，传统意义上的政治道德，其基本原则无疑是他律性的、外在于人的。

总之，康德力图在不同于传统的意义上重建现代政治与伦理之间的关系，但在很多方面仍然是不清楚的。在康德这里，"道德和政治有时似乎是结合在一起的，有时似乎又处于完全不同的水准上"③。其所描述的政治与伦理之间的关系，蕴含着一些难以判别的根本问题。如施特劳斯等当代哲学史家所言，由康德的道德法则所产生的，似乎是一种不关心政治的道德，那么由此产生的疑问是，康德的道德学说是否适用于政治，又是否需要或依赖于政治？另外，康德所主张的政治是否为道德的，或者说是否

---

① 朱高正. 朱高正讲康德. 北京：北京大学出版社，2005：108-114.
② KANT, I. Groundwork for the Metaphysics of Morals. Allen W. Wood (trans and ed). New York: Yale University Press, 2002: 50 (AK4: 432-433).
③ 施特劳斯，克罗波西. 政治哲学史. 李洪润，等译. 北京：法律出版社，2009：584.

以道德为根据？康德指出，人类的永久和平是道德的真正任务，实践理性禁止纷争。但他同时又承认，人类文明的进步依赖于欲望和纷争，并且共和国的建立根本上并不是依赖于人类的道德，而是依赖于人的理性①。可以说，在康德这里，西方现代政治与伦理之间的关系问题虽然受到重视，但没有得到明确的解答。

总体上说，近现代社会契约论的主旨在于，以理性设计的方式解释政治社会的来源，为现代政治社会的建立提供观念根基，其中蕴含着对理性能力的自信，以及对个人主义的张扬。之所以要这么做，是因为政治的传统宗教伦理根基已然颠覆，不能再作为政治合法性的来源，从而必须重建政治的合法性根据。进一步说，传统政治总是依托于某种宗教世界观或形而上的世界图景，这种图景是既定的，来自如上帝那样的超越者的设计或所谓自然秩序。现实的政治社会则应该根据这种图景提供的指导来展开。但人们只能努力发现或认识这种图景，而不是僭越地参与设计，因为这超出人的能力限度。

由此来看，社会契约论是应运而生的主流设计，结合前文论述，其特点至少有三：其一，从其理论出发点来看，它蕴含着理性与政府的非道德性。在社会状态来自人为设计的意义上，人的理性取代了原来上帝的位置。但上帝是全善的存在，而人的理性本身是无所谓善恶的，只是体现为人在认识、行为等各方面的能力。人们之所以能够从自然状态进入社会状态，是因为人的理性之作用，是因为理性能够认识到这样更有利于个人的生存和安全。按照这种设想，必须进入社会状态，并不是为了提高个人道德水平，而是为了改善资源匮乏情境下的个人生存状况。与之相应，人们订约进入社会状态，通过共同授权而形成政府，由此政府的职能首先也是解决各种资源的分配，从而必须处理公共事务，而不是为人们提供道德上的指导。

其二，与第一点紧密相关，它蕴含着对科学的信念和启蒙的乐观主义。在相当程度上，社会契约论之所以能够广泛地为人所接受，并逐渐成为奠定现代西方政治的主导观念，是因为近现代科学的发展使人们对自身

---

① 施特劳斯，克罗波西. 政治哲学史. 李洪润，等译. 北京：法律出版社，2009：584.

的理性能力有了充分的信心。正如卡西尔所指出的,科学是启蒙哲学的一大动力源,"与其说科学的真正成就在于使人类理智得以探究新的客观内容,不如说它归于人类理智以新的功能。对自然的认识不仅引导我们进入对象世界,而且起着帮助理智发展自我认识的媒介的作用"①。可以说,科学的发展使人们不断提高对人类自身能力的定位。与之相应,启蒙精神的主旋律是乐观的,人类以科学为工具,似乎可以凭借理性能力来主宰自己的命运,而无需求助于超自然的力量,由此政治与社会秩序的安排问题当然可以且应该依靠自身的理性能力来解决。

其三,从其价值负载看,它强调的是个人自由和社会伦理。社会契约论的理论出发点和主旨虽然可以说排除了个人道德的因素,但并不是说没有价值负载。按照其理论设想,自然状态下的人类除受自然的制约外,具有绝对的自由。在社会状态下如何给予人民最大限度的自由,防止不必要的干涉,也是其理论焦点,由此派生出各种人权学说。但从西方传统好(善)生活的角度看,社会状态下的自由是形式意义上的,而不是实质意义上的。也就是说,最大限度的自由只是意味着为个人的生活追求提供尽可能有利的条件、充分发展的空间。至于个人应该过怎样的生活,成为什么样的人,成就何种人格,根本上都是由个人自主选择的。那么伦理上相关的问题,就不是如何培育个人德性,而是一方面如何防止人们对彼此自由的侵害,这属于社会规范或公德的范围;另一方面是如何设计合理的制度,以保证每个人享有最大限度的自由、顺利地开展有效的社会合作,这属于制度设计背后的价值考量。这两方面可以理解为社会伦理的两个基本领域②。

如前所述,在西方近现代政治思想史上,社会契约论在很长的时间内

---

① 卡西尔. 启蒙哲学. 顾伟铭,杨光仲,郑楚宜,译. 济南:山东人民出版社,2007:34.

② 康波斯塔. 道德哲学与社会伦理. 李磊,刘玮,译. 哈尔滨:黑龙江人民出版社,2005:108-118. 要指出的是,这里主要借用作者关于社会伦理的提法及其所涵盖的范围,而对他关于个人道德与社会伦理关系的看法,笔者并不认同。另外,如果侧重从德性伦理学的角度来说明,这种社会伦理也可称作社会德性。参见江畅. 西方德性思想史:近代卷. 北京:人民出版社,2016:16-20.

都占主导地位①,并为资本主义民主政治的建立提供观念支持。但这种"主导",并不意味着完全成熟,更谈不上无懈可击,毋宁说是没有更好的替代理论。实际上在其发展过程中就不断有思想家提出根本性的质疑,这些质疑大多是针对其"非道德性"的特点。比如对于科学的功能,卢梭就提出,科学并不必然带来人类文明的进步,而文明的进步也往往伴随着人类的道德堕落和各种社会不平等。在这方面,康德深受卢梭的影响。他进一步指出,理性以及由人的理性能力发展而来的科学并非万能的,而是有限度的;实践理性优先于理论理性,自由优先于自然;人人平等是道德至上性的应有之义②。总之,社会契约论力图从理性的角度来建构现代政治的观念基础,一开始就将宗教伦理和个人德性排斥在政治生活之外,这种思路无论是在理论上还是在实践上都难免存在诸多缺失。

(二)当代政治伦理研究的兴起及其问题意识

基于以上两点,我们可以进一步探讨当代政治伦理研究的兴起及其问题意识,可以从考察罗尔斯发表《正义论》的动因及其基本思路入手。从实践上看,20世纪60年代中期是西方社会运动频发的时期,如美国的民权运动、新左派运动、嬉皮运动等。它们有其自身的道德理据,采取公民不服从的表现形式,根本上是对西方政治和社会建立的哲学基础表示怀疑。进一步说,自由主义的政治实践及其后果,面临一系列道德上的质疑,其中突出的是各种社会不公正;这表明,近现代以来西方社会的政治与伦理分离已愈演愈烈,直接影响到社会稳定。罗尔斯的《正义论》可以说是对这些问题的一种哲学反省和回应③。从理论上说,罗尔斯对此前占主流的

---

① 18世纪下半叶,效用主义的政治思想占据主导地位。但从政治上说,效用主义的主要关注点在于以功利原则为指导来制定社会政策,而不是建制的合法性等问题;其理论根据则是人类趋乐避苦的心理假设。参见金里卡.当代政治哲学.刘莘,译.上海:上海译文出版社,2015:61-64。

② 施特劳斯,克罗波西.政治哲学史.李洪润,等译.北京:法律出版社,2009:585-586。

③ 罗尔斯.正义论:修订版.何怀宏,何包钢,廖申白,译.北京:中国社会科学出版社,2009;译者前言2.详细论述参见 FLAMM, M. Law and Order: Street Crime, Civil Unrest, and the Crisis of Liberalism in the 1960s. New York: Columbia University Press, 2005: 83-103。

政治与道德哲学理论做出了系统的反思,并力图予以修正,进而推向更高的理论层次①。联系前文论述,与本部分相关的反思可概括为如下几点:

其一,从伦理角度深入思考传统与现代政治社会之别。他指出,现代社会是"正当优先于善"②,传统社会则反之。传统政治社会的合法性建立在宗教或形而上观念的背景之下,这些观念为人们提供了既定的、先在于人的善理念及政治社会秩序。因此,道德哲学家的首要任务是说明个人的好生活应该是怎样的,由此应该具备怎样的美德,以求符合某种或多种善理念③。随着宗教权威的衰落和政教分离,人们首先要解决的是如何通过合理的建构和设计来建立现代的政治社会,在这样的社会中,人们不应该受到不当的(wrong)对待,同时应该采取正当的(right)行为,以免不当地对待他人。只有解决了关于正当的社会伦理问题,个人的生活规划以及对好生活的追求才有基本保障,才能保有充分发展的空间。换句话说,传统社会人们的首要关注是在理想设定的社会秩序中追求好生活,成为好人;现代社会人们首先要做的是通过彼此协商,建立合理稳定的社会秩序,形成互惠互利的合作体系。

其二,对于在社会基本结构中如何合理安排自由和平等这两种基本价值及其相对权重,他做出了系统的理论思考和论证。自由和平等都是西方近现代以来所倡导的基本价值,但在政治实践中往往难以兼顾。社会契约论的理性设计,其出发点是个人自由,但相对忽视了平等问题。如前所述,卢梭、康德等思想家已指出这一点,但没有提出较好的解决方案。而这个问题正是罗尔斯《正义论》关注的一个焦点,也因此,他把自己所主张的正义称作"公平的正义"(justice as fairness)。他认为,即使按照自由主义的理念设计,社会状态下的每个人都被视为自由而平等的个人,但由于天赋、出身等不同,每个人从社会合作体系中所得的份额实际上也是

---

① 确切地说,《正义论》是基于这些反思的一个杰出成果,这些反思的内容则更多地见于其《道德哲学史讲义》《简论罪与信的涵义》等著作。

② 这层意思,此前的思想家或隐或显都有所表达;而罗尔斯首先提出这个命题,以高度准确凝练的方式将之明确表达。

③ RAWLS, J. Lectures on History of Moral Philosophy. Barbara Herman (ed). Massachusetts: Harvard University Press, 2000: 2.

不平等的。天赋、出身等并不是经过理性选择的因素，由这些因素产生的不平等是不合理的，这就是以自由民主观念为基础建立的西方现代社会不稳定的一个重要根源。罗尔斯的解决方案则可见于其正义原则及论证：第一原则即平等的自由原则，所表达的是自由主义的基本理念；第二原则（包括差异原则和机会均等原则）中的差异原则，所表达的则是对平等的关切。而第一优先原则和第二优先原则、"词典式排列"的观念等，则蕴含着他关于如何合理安排自由与平等的权重的深入思考①。

其中尤其值得注意也备受争议的是差异原则。从本书的角度看，这正体现了政治与伦理相结合的一种理性设计，虽然在自由至上主义者看来，差异原则是不够理性的，因为一方面其中蕴含着对弱者的关切等道德情感的因素，另一方面则使个人得不到更充分的自由。但无论如何，作为争议焦点的差异原则及其与第一原则之间的关系，体现了罗尔斯在自由主义范围内的独创性思考；现在看来，它也为当代西方政治伦理研究的兴起和展开提供了一个契机。这一点容后再论。

其三，罗尔斯的善理论（theory of the good）②蕴含着一条从理性角度探讨政治与伦理相结合的思路。其所提出的是一种基于合理性的理论，是关于合理性的善（goodness as rationality）。其中关于政治与伦理相结合的思路可理解为至少分三步展开，这里也分三步来做相应的梳理。

首先，在建立社会合作体系的原则论证中，他自觉地排除诸多伦理因素的干扰，采取尽可能弱的（thin）价值预设。进一步说，要论证原则的道德性，为政治社会的建立提供伦理基础，我们必须确定一个理论起点，这个起点必须排除特定的道德内容，否则从其所推出的结果有同义反复之嫌。因此，他指出，公平的正义的一个特征在于，把处于原初境况（original position）中的各方设想为理性的且相互冷淡的，是对彼此利益

---

① 关于原则的表述及排序，参见 RAWLS, J. A Theory of Justice (Revised Edition). Massachusetts: Harvard University Press, 1999: 266-267。

② 如果要避免歧义，或许称之为价值论更合宜，因为中文语境中善很容易让人联想到道德，而罗尔斯的相关理论中很多地方并非指道德上的善，尤其是关于基本益品（primary goods）和原初境况的描述，更是强调其非道德性。参见石元康. 罗尔斯. 桂林：广西师范大学出版社，2004：129。

不感兴趣的；同时强调"必须尽量狭义地亦即在经济理论中通行的意义上解释合理性这个概念，解释为采取对于既定目的来说最有效的手段"，而这么做是"避免在这个概念中引入任何有争议的伦理因素"①。也就是说，其中的合理性为非道德性的或道德中立性的，是指人的工具理性，发挥理性计算之用。按照他的设想，适用于原初境况的价值论只能是弱的，因为对于什么是好的，人们的判断不能凭借个人性的道德。这种设想表达于基本益品这一概念：它们是普遍有益于人们生活规划的东西，无论规划的内容是什么。这里可能产生两个疑问：一是为何要对原初境况做出道德中立性的设想？二是罗尔斯是如何让价值预设做到尽可能弱的？对于第一个疑问，笔者的理解是，这是罗尔斯"正当优先于善"的基本立场在理论上的具体表现②。在未解决政治社会的建立问题之前，很难对善的问题做出融贯的理论探讨。如果把现代民主社会价值合理多元的特点纳入考虑，那么在关于"正当"的社会伦理问题未决之前，个人对好生活的不同追求也难以兼容。另外，一种基于强价值预设的伦理理论难以达到较高的理论层次，其适用范围必然有限，也难以通过元伦理学的检验。对于第二个疑问，首先要指出的是，任何规范伦理理论都不可能完全无价值预设，否则无从展开。问题的关键在于，一方面不以独断的形而上学方式来做价值预设，也就是说，不将之视为唯一的、排他性的价值，而是作为诸种可能之一，是可错的、需要接受检验的；另一方面使其中蕴含的价值偏好尽可能地弱。罗尔斯关于基本益品以及合理性的论说，显然是力图弱化其中价值判断的道德性③；而反思的平衡（reflective equilibrium）则可理解为通过

---

① RAWLS, J. A Theory of Justice (Revised Edition). Massachusetts：Harvard University Press, 1999：12.

② 罗尔斯在第三编指出，绝不能让原初境况中人们的动机"假定危及正当概念的优先地位，因而要把用于论证基本原则的善理论限制在最低限度"。参见 RAWLS, J. A Theory of Justice (Revised Edition). Massachusetts：Harvard University Press, 1999：348.

③ 虽然罗尔斯一再强调其基本益品和合理性概念不蕴含道德判断，或更确切地说没有特定的道德偏好，但其中确实蕴含某种价值判断。参见石元康. 罗尔斯. 桂林：广西师范大学出版社，2004：141-147. 有趣的是，在帕菲特看来，罗尔斯的价值论从元伦理的角度看是一种基于理由的主观理论，但实际上若改造为一种类似效用主义的价值预设，其理论可能更有说服力。参见帕菲特. 论重要之事. 阮航，葛四友，译. 北京：北京时代华文书局，2015：64-66，273-279.

直觉来检验观念的方法。

其次,两个基本正义原则本身同时可理解为经过人们合理选择而形成的道德原则,只不过是关于基本制度的德性,属于社会伦理的范围。在相当程度上,也正是因为正义原则的这种性质,对原初境况中的描述才尽可能是非道德的。因为如果人们所做的选择依赖于特定的道德取向,那么要么不能就原则选择达成共识,无法顺利达成原初契约,要么达成的原则不可能不偏不倚;而就原则所做的契约式论证也有循环论证之嫌,因为这么做其实是基于明显的道德取向而推导出相关的道德原则。正义原则所处理的是社会基本权利和义务的决定、社会经济利益的分配,从而为社会公共领域确定合理稳定的秩序。从伦理的角度看,这些都属于正当的议题,应当从不偏不倚的视角在社会伦理的范围内展开。如第二点所述,其中颇有争议的是差异原则,其所处理的是除基本自由外基本益品的分配问题。其中看似悖论的是,为了实现平等,应该对基本益品做不均等的分配,也就是对最不利者有所补偿。那么这种不均等的分配方式还能否体现不偏不倚?对最不利者的补偿,是否蕴含着仁爱、关怀等个人性的道德?这些都成为当代政治伦理研究的议题。

最后,在《正义论》第三编,罗尔斯提出要探讨一种强的或充分的(thick or full)善理论,并结合特定的政治社会背景来思考个人的生活规划以及善的问题。他认为,弱的善理论之目的在于说明基本益品的概念,为论证正义原则提供必要的基本前提;一旦基本益品得以说明,就可以且应该进一步发展出强的善理论,因为这样才能解释社会价值和公平的正义这一概念的稳定性[1]。关于这种强的善理论,与其相关的要点有三:(1)它依赖于由其正义原则规定的社会基本结构,或者说是在正义原则指导下的制度背景。只有在这样合理有利的环境中,个人合理的生活规划才有基本保障。(2)个人生活计划要是合理的,就必须与合理选择的诸原则保持一致,即有效手段原则、蕴涵原则和较大可能性原则,同时应当基于审慎的合理性(deliberative rationality)。(3)人类行为动机遵循

---

[1] RAWLS, J. A Theory of Justice (Revised Edition). Massachusetts: Harvard University Press, 1999: 348-350.

亚里士多德式原则。"在其他条件等同的情况下,人类从其(天赋的或习得的)现实能力的运用中得到乐趣,其现实能力越多或该能力的复杂性程度越高,得到的乐趣也就越大。"①

在很大程度上,当代西方的政治伦理研究最初都是围绕对上述思路的研讨和争议而展开的,不过不同流派的侧重点不同。概括起来说,主要有来自三个方面的反驳。

第一,来自当代自由至上主义(libertarianism)的反驳,其代表人物有诺齐克和高契尔(David Gauthier)等。诺齐克提出自我所有权的观念,认为天赋、出身等属于个人所有,差异原则侵害了个人的经济自由,从而是不正义的。高契尔则运用契约论的方法,提出一种以自由至上为主旨的互利(mutual advantage)理论。简单地说,自利的个人要展开有效合作,就必须采取互利的方式,否则将面临"囚徒困境"。因此,社会契约的基础只是不相互侵害的理性约束,是以这样的自然义务而不是以罗尔斯所谓的道德义务为特征的,由此罗尔斯正义原则所蕴含的相互尊重、对最不利者的关切等,在高契尔看来都不应该是原初契约的内容②。在相当程度上,自由至上主义的观点是在维护近代自由主义的基本立场,强调政治在道德上的中立性;只是他们针对罗尔斯的相关观点提出了反驳,从而为近现代的自由观提供了具有当代理论特征的新论证。

第二,来自以麦金太尔、泰勒(Charles Taylor)、桑德尔(Michael J. Sandel)等为代表的社群主义者的反驳。社群主义者主要反对罗尔斯的思考方法③。在他们看来,这样的思考方法脱离历史与文化传统,只是远离现实的理论抽象。哲学上说,罗尔斯坚持自由主义的、个人式的自我观,认为自我优先于其社会角色和关系,自我决定只有是理性的,才可能

---

① RAWLS, J. A Theory of Justice (Revised Edition). Massachusetts: Harvard University Press, 1999: 374.

② 金里卡. 当代政治哲学. 刘莘, 译. 上海: 上海译文出版社, 2015: 132 - 134, 138 - 141, 165 - 174.

③ 对该要点的论述主要参考了 MACINTYRE, A. After Virtue. Indiana: University of Notre Dame Press, 2007: 191 - 199; 金里卡. 当代政治哲学. 刘莘, 译. 上海: 上海译文出版社, 2015: 132 - 134, 138 - 141, 165 - 174; 俞可平. 社群主义: 修订版. 北京: 中国社会科学出版社, 2005: 109 - 112, 137 - 146.

是自由的。社群主义者反对这种观点，认为自我是置身于其社会角色和关系之中的，由此不能脱离承载着其历史文化的社群来理解自我。从政治上看，社群主义者认为，应该把社群理解为一种有机的整体，因为它不仅凝聚着共同的文化和传统，而且是由具有一致认同和情感的成员组成的。因此，社群主义者倡导社群权利，它先于个人权利，强调社群成员的资格是个人权利的前提。绝大多数社群主义者认为，应该把国家理解为最大的政治社群。因此，他们反对自由主义对国家的定位以及人民消极对待公共事务的观点，主张国家应该充分发挥各方面的职能，提供保护、分配、经济管理、公共益品等服务，人民则应该积极参与公共事务。

可以说，社群主义者是以整体的、历史的视角来取代以罗尔斯为代表的自由主义的、个人式的理性视角，由此政治与伦理本身就应该是结合在一起的，似乎也没有必要把社会伦理与个人德性（或美德）区分开来。这一点可见于麦金太尔对美德特点富有代表性的概括：（1）美德是人们习得的品质，拥有和运用美德能够使我们获得内在于实践的益处（goods）。（2）美德来自人们的"实践"，而这种"实践"根本上说并非个人性的，而应被理解为在特定社会惯例背景中展开的人类合作，对美德给予卓越之评价的标准也是社会性的。（3）美德不是通过个人的个别行为，而是通过其生活整体或其生活中展现的一系列相关行为而养成的。

第三，来自德性伦理学和女性主义[①]的反驳。德性伦理学和女性主义虽然在具体的反驳理由上有明显的区别，但有大体相似之处，这里一起做个简要的概括：

其一，反对罗尔斯《正义论》所蕴含的理论立场。"正当优先于善"，这是罗尔斯对现代伦理理论的一个基本判断。落到正义的问题上说，社会正义优先于个人的正义感，后者由前者衍生，依赖于前者并转而为前者的稳定持续提供支持。在德性伦理学和女性主义看来，这种理性主义的理路存在明显的偏颇。如德性伦理学家麦金太尔基于亚里士多德的伦理传统，

---

① 其中德性伦理学与第二点的社群主义颇多交集，不少德性伦理学家也被视为社群主义的代表人物，如麦金太尔等。而德性伦理学与女性主义是两个不同的流派，或者说应该是从不同的视角做出的判别，但它们针对罗尔斯的批评颇多类似或彼此有所呼应。总之，这里如此概括，是为了便于论述本部分的问题。

倡导"德性的正义"(justice as a virtue)观念，认为从共同体的观点看罗尔斯所坚持的上述优先性并不能成立①。斯洛特(Michael Slote)则考察了西方思想史上从个人德性的进路对正义的代表性解释，认为如果引入当代女性主义的道德心理学成果及其关怀伦理观念，就可能对正义提出某种具有竞争力的德性伦理解释②。

其二，反对其理性或男性的视角及方法。德性伦理学或基于历史传统（如麦金太尔）、或基于道德理论［如斯洛特等提出基于行为者（agent）的德性伦理学］，对罗尔斯的理性主义道德哲学及其方法提出了有力的批评。女性主义则认为，罗尔斯的理性主义方法只是从男性的道德视角来看问题，代表的是父权制下的正义观。我们如果从女性的道德视角看，就可能采取不同的道德方法，提出迥然相异的理论方案。这一点首先要归功于卡罗尔·吉利根(Carol Gilligan)所进行的心理学实证研究，由此从道德心理学的角度揭示，女性有着明显不同于男性的道德成长过程，有着女性特有的自我概念、道德概念，从而形成不同的道德判断③。以吉利根的研究为契机，女性主义关怀伦理学已成为当代伦理研究的一个领域。女性主义伦理学研究者以及一些德性伦理学家（如斯洛特对正义与关怀关系的研究④）都颇为关注的一个重要议题在于，从关怀伦理的角度提出某种正义观，并给予罗尔斯所代表的理性主义正义观以有益的修正或补充。

其三，反对忽视道德情感和个人德性在政治领域中所发挥的作用。罗尔斯在正义原则的论证中有意排除各种道德情感和个人德性的因素，其差异原则虽然似乎蕴含着关怀弱者的道德取向，但在德性伦理学和女性主义看来却是不够的。德性伦理学和女性主义从诸多方面说明，政治生活中的道德情感和个人德性发挥着重要作用，是不容忽视的因素。如努斯鲍姆

---

① MACINTYRE, A. After Virtue. Indiana: University of Notre Dame Press, 2007: 244-255.
② 斯洛特，阮航. 作为德性的正义//价值论与伦理学研究（2015年卷）. 北京：社会科学文献出版社，2016: 29-43.
③ GILLIGAN, C. In a Different Voice: Psychological Theory and Women's Development. Massachusetts: Harvard University Press, 1993.
④ SLOTE, M. The Ethics of Care and Empathy. The Taylor & Francis e-Library, 2007: 1-2.

(Martha Nussbaum)指出,无论是传统政治体还是现代的自由民主国家,其政治生活中的政治情感如各种形式的爱与恨无时无刻不在发挥重要作用,她尤其强调爱国主义对于维系政治体的重要性。因此,在她看来,培育积极的公共情感是政治生活的一个重要方面,爱对于正义观的形成是至关重要的①。

综上所述,当代西方政治伦理研究的兴起,与西方社会从传统进入现代以来政治和伦理生活发生的巨变有莫大的关联。从社会现实看,政治与伦理的关联日渐薄弱,尤其是政治生活排除特定道德取向、弱化个人道德的作用,由此引发了一系列社会问题。理论上说,占主导的现代理性主义政治哲学所提出的社会契约论,虽然在相当程度上为现代西方民主政治提供了观念基础,但对于政治与伦理关系的处理仍存在明显的偏失,并没有为现代民主政治提供足够的伦理支持。罗尔斯的《正义论》进一步明确了这些问题,并将对这些问题的思考推向了一个新的哲学高度,进而提出了具有理论自洽性的理性主义的解决方案,也因此引发了西方思想界的广泛反响和探讨,而反思政治与伦理的关系正是其中的一个核心议题。

本书选取政治伦理而不是政治哲学的角度来探讨《大学》的政治思想及其当代价值,在相当程度上也是考虑到上述背景。以罗尔斯为代表的当代理性主义思想家,其方法是从抽象的哲学理论探讨入手来思考和处理相关论题,或者说是采取以理论指导或规范现实的方式,但要看到,其主旨还是对现实的政治伦理问题提出某种理想的方案。这种理想方案在突出理性之作用的同时,也存在着当代其他流派所指出的各种偏弊,如忽视历史传统和个人德性在政治生活中的作用等。即使在自由主义的阵营中,罗尔斯所代表的也只是其中一种理想方案。对此,当代英国政治思想家格雷(John Gray)的敏锐洞见颇有裨益。格雷指出,西方自由主义国家的建立,源自对"暂行架构"(modus vivendi)的追求,也就是说是通过各方妥协而形成的政治方案,其中体现的是自由主义的宽容理想。而这一宽容理想可以采取两种不相容的哲学进路:一种是就最佳生活方式达成理性共识,由此自由主义制度被视为对普遍原则的运用,从而确立具有普遍意义

---

① NUSSBAUM, M. Political Emotions: Why Love Matters for Justice. Massachusetts: The Belknap of Harvard University Press, 2013: 1-24.

的政权；另一种是相信，要达到人类繁荣昌盛的目的，其途径应该是建立多种多样生活方式共存的社会，从而自由主义的宽容理想可体现为和平共存的政治方案。罗尔斯所代表的无疑是前一种：无论是其《正义论》提出的"重叠共识"方法，还是其后《政治自由主义》《万民法》中的基本观点，都表明了这一点。后一种则表现为价值多元主义①。格雷指出，自由主义要有未来，就必须放弃达成理性共识的理想②。当然，这并不是说应该彻底否定以罗尔斯为代表的理性主义思路及其方案，而是说它在理论上存在偏弊，作为实践方案有根本行不通之处。以上梳理的三方面的反驳，可以说正是针对这些偏弊而发。

在相当程度上，以罗尔斯为代表的理性主义的政治伦理方案之所短，正是《大学》所代表的儒家政治伦理思想传统之所长。儒家的政治伦理思想传统，是儒家传统的有机组成部分。而后者不仅是人类几大思想传统之一，而且其本身就重视历史传统，注重"以古鉴今"；同时它还强调个人德性在政治生活中具有根本的意义，也没有理性与情感的明确分别，当然也就不存在偏重理性之弊。问题在于，一方面，包括儒家传统在内的任何思想传统都不可能是完美无缺的，或者换个说法，对于政治与伦理的关系，我们不可能一劳永逸地拿出某种理想的方案，必须随着时代和问题的变化而不断调整和优化；另一方面，《大学》作为在中国传统社会发挥指导作用的儒家政治理想，要在当代社会重新焕发其理论活力，就必须找到切入点，而要能切入对当代相关问题的思考和研讨，那就首先要完成恰当转换背景和语境的任务。质而言之，一方面，古人不可能针对当代的问题来论说，我们必须在把握原典精神的基础上，面向当代问题来展开思考和论说。借用诠释学的观念来说，我们要在同情理解的基础上帮古人说话，进而与之对话；另一方面，传统的语汇和观念体系必须恰当转换到当代的相关话语体系，也就是要重建《大学》思想发挥作用的当代语境，由此才

---

① 需指出，这与罗尔斯所谓价值合理多元的事实是不同的。价值多元主义是从"应当"的意义上讲的，其理想是价值多样化共存。罗尔斯虽然承认价值合理多元是西方民主社会的事实，但认为应当通过"重叠共识"的方法来积累价值共识，从而逐步达成理性的生活方式，实现理性主义的价值理想。

② GRAY, J. The Two Faces of Liberalism. New York：The New Press, 2000：1-2.

能真正切入论题,展现其理论活力。笔者以为,与《大学》思想相契合的,应该是当代的政治伦理而不是政治哲学研究的语境。这也是笔者先做本部分论述的用意所在。

二、国内外对《大学》及其政治伦理的研究现状

如上一部分所述,政治伦理是一个正在成长中的新兴研究领域,因而目前尚缺乏从政治伦理角度对《大学》的专门研究。这里只能就国内外相关研究现状做简要的梳理。先看国内研究现状,可概括为四个方面:

第一,对《大学》版本问题的研究。对《大学》版本的选择和厘定,是解读《大学》思想的前提。而自宋明理学以来就一直存在《大学》今古本之争,近年来对该问题的研究有所推进。代表性论文有:《〈大学〉早出新证》(梁涛,2000),《〈大学〉本义试探》(任蜜林,2011)。以下分别做简要介绍。

《〈大学〉早出新证》基于《大学》与帛书《五行》经、传的对比,认为《大学》的成书年代并不是近代学者所认为的秦汉之际,而应该是成于曾子或其弟子之手。《大学》古本应为独立的一篇,而朱子的《大学》新本分"经"与"传"并不能成立[①]。

《〈大学〉本义试探》基于对"三纲领""八条目"本义的考察和分析,认为《大学》古本本身的文义结构是完整的,不存在错漏的问题;且按照古本的次序,其文义是连贯的,没有"经""传"之分。但他同时指出,应该充分肯定朱子《大学》新本的意义,因为新本带来的一系列问题,对朱子之后的中国思想史产生了重大影响,促进了宋明理学的发展和演变[②]。

以上论文在相当程度上代表了对《大学》版本问题的最新研究成果。它们的判断是,《大学》古本是独立而完整的,基本反映了其成书时的原

[①] 梁涛.《大学》早出新证.中国哲学史,2000(3):88-93.
[②] 任蜜林.《大学》本义试探.哲学研究,2011(8):64-69.

貌。那么朱子编定的《大学》新本,显然包含着朱子自己的理解,是沿着理学思路对《大学》思想的创造性发挥。但本书的立意不在于考证,而在于在把握其义理的基础上阐发《大学》政治伦理,进而阐发儒家"德治"的精神,并对之进行适当的评估。因此,本书的解读其文本依据仍主要是朱子的《大学》新本①,这么做的部分理由一如《〈大学〉本义试探》所述。另外,朱子的新本,更便于展开义理层面的讨论,因为其本身就是沿着理学讲求义理的思路来梳理的,包括"三纲领""八条目"的说法都是根据新本而提出的。关于文本及其选择方面的问题,本书将在第一部分第一章做进一步的说明。这里想指出的是,上述新成果无疑凸显了如下问题:宋明理学的诠释能否与《大学》古本相容?进一步说,理学之后的诠释及其探讨,既然蕴含着面向其时代问题的意识,那么由此提出的诠释是否符合《大学》原典的精神,或者至少说没有逸出《大学》文本的诠释空间②,这些问题也是本书从当代政治伦理的角度梳理和评估相关观念必须注意的。在此意义上,关于版本问题的上述成果,为恰当解读《大学》提供了参考。

第二,对"格物致知"的解释。20世纪前半叶,学者们对此问题颇为关注,其主要意旨在于接引西方的科学精神。国学大师如刘师培、章炳麟、钱穆、熊十力等均有专文论述。若做进一步分疏,则大体有两种观点:一种认为沿着朱子格物致知说所蕴含的"穷理"之路向,未始不能与科学的"求真"精神对接。进而若按照宋儒"德性之知"与"见闻之知"的分疏,则"见闻之知"当涵摄科学知识;另一种则认为,朱子"穷理"之路向,虽然与科学的路向不矛盾甚至可以相容,但根本上说,"格物致知"仍是指在人伦日用中历练的道德修养工夫,属于人文而非科学的路向③。

近年来也有一些讨论《大学》"格物致知"与科学之间关系的论文,但其中富有代表性者基本未出上述两种观点的范围。另外值得注意的是乐

---

① 朱熹. 四书章句集注. 北京:中华书局,1983:1-13.
② 阮航. "仁"与"礼":对《大学》文本的诠释立场与解释方法. 理论与现代化,2007(3):77-81.
③ 王绪琴. 格物致知论的源流及其近代转型. 自然辩证法通讯,2012(1):94-99.

爱国的专著《朱子格物致知论研究》(2010)，基于对朱子"格物致知"说之源流的梳理，较为系统地阐发相关问题，认为它具有开出儒家知识论的潜力，代表了朱子的一大理论贡献①。但总体上看，从宋明理学或儒家伦理的角度探讨"格物致知"的义理，已逐步成为相关研究的主流。后者也是本书主要采取的视角，但鉴于近代思想史的相关讨论，拟对它与现代科学的关系问题有所分析和交代。

第三，对"三纲领""八条目"的现代诠释。这主要散见于各种中国传统哲学与伦理思想史和问题史的片段论述，如《中国哲学史新编》(冯友兰，1999)，《中国传统伦理思想史》(朱贻庭，2009)等。这些论述的主要处理方式是，将"三纲领""八条目"视为儒家"德治"思想的经典来理解，并做简要评述。代表性论文有：《试读〈大学〉》(叶秀山，2000)，《〈大学〉"亲民"与"新民"辨说》(赵法生，2011)。

《试读〈大学〉》融合中西哲学思想，提出《大学》的宗旨在一个"止"字，从"位"与"德"相结合的角度贯穿对《大学》思想的整体理解，阐发《大学》的形而上意蕴②，颇有新意。《〈大学〉"亲民"与"新民"辨说》以朱、王关于"新民"与"亲民"的争论为契机，通过分析朱、王的立论动机及相关论说，指出两种诠释各自存在的问题。作者进而主张跳出宋明理学的思维模式，回归《大学》思想的古代源头来探寻"新民"与"亲民"的原始含义，从而对"新民"做出了新的解释③。这些研究都有助于加深对《大学》政治思想的理解，两篇论文的思路对于如何解读《大学》也颇有启发。

第四，就儒家政治思想及其现代意义立论，兼及《大学》的思想。这集中体现于当代港台新儒家的相关著述，如牟宗三的"新外王三书"，徐复观的《中国人性论史·先秦篇》(1969)，唐君毅的论文《〈大学〉章句辨证及格物致知思想之发展》(1964)等。

牟宗三的"新外王三书"包括《道德的理想主义》、《历史哲学》和

---

① 乐爱国. 朱子格物致知论研究. 长沙：岳麓书社，2010.
② 叶秀山. 试读《大学》. 中国哲学史，2000 (1)：109 - 114.
③ 赵法生.《大学》"亲民"与"新民"辨说. 中国哲学史，2011 (1)：97 - 106.

《政道与治道》这三本专著,贯穿"三书"的一个核心议题则是"内圣"能否开出"新外王"。《大学》的"三纲领"与"八条目",也可进一步提炼为"内圣外王"。而牟先生所谓"新外王",是指适应现时代要求的科学与民主,那么儒家的"内圣"开出"新外王",也就意味着儒家的道德理想主义至少应该贯通于现代的科学和民主精神。这一点需要儒家学者做出相应的理论努力,牟先生称之为儒家学术第三期发展的使命①。牟先生的判断是,儒家的"内圣"可以且应该通向"新外王",但只能"旁通",不能"直通"。为此,他提出"良知坎陷"说来做观念上的疏导,其实是面向现时代的需要,对儒家"内圣"蕴含的诸观念之次序及重心提出新的解释,做出相应的安排。牟先生所关注的这个议题,应该是对《大学》政治伦理做当代评估的一个重要方面。本书在最后部分做专门的论述,对于牟先生的相关观点,也将做进一步的梳理和评估。

徐复观的《中国人性论史·先秦篇》专辟一章讨论《大学》的思想,并将"大学之道"视为先秦儒家思想的综合。徐先生对"三纲领""八条目"做了较详细的义理疏通,并讨论了朱子新本的问题以及朱、王在诠释《大学》上的分歧,提出了不少创见。其中尤有启发的是徐先生对《大学》特点的概括②。

唐君毅的论文《〈大学〉章句辩证及格物致知思想之发展》,首先考察了朱子修订《大学章句》、作格物致知补传所带来的问题,然后依次考察王阳明、晚明儒者、清儒颜元及戴震,乃至清末儒者对格物致知的解释,在此基础上评估各自的得失,进而论述德性之知、见闻之知以及它们与科学知识之间的关系。唐先生的这一思想史考察注重义理的疏解,明确勾画了朱子以来格物致知说之发展的源流,其归宿则在于中西学术思想之融通③。

对于深入理解《大学》的相关观念进而探讨《大学》政治伦理的当代

---

① 牟宗三. 儒家学术的发展及其使命//庞朴,马勇,刘贻群. 先秦儒家研究. 武汉:湖北教育出版社,2003:427-438.
② 徐复观. 中国人性论史:先秦篇. 上海:上海三联书店,2001:231-273.
③ 唐君毅.《大学》章句辩证及格物致知思想之发展//中国哲学原论:导论篇. 北京:中国社会科学出版社,2005:181-223.

意义来说，这方面的研究具有重要的参考价值。本书拟在相关观念的诠释以及最后的当代评估部分，予以借鉴或评述。

总体上看，大陆学界对《大学》的研究取得了一定的成果，但主要着力于文本辨析与观点的解读，特别是从政治伦理的视角对《大学》的系统研究尚待展开。港台新儒家较为重视儒家的政治思想传统，但尚未就《大学》的政治思想开展专题研究。再看国外的研究现状。

在国外学术界，主要在美国有一批关注儒家政治思想的学者，如狄百瑞、墨子刻、费正清、列文森、史华兹、郝大维、安乐哲等。其中狄百瑞对《大学》关注较多，代表性专著有：《中国的自由传统》（1983，中译2009）、《东亚文明——五个阶段的对话》（1988，中译1996）、《儒家的困境》（1996，中译2009）等。狄百瑞认为，儒家政治思想传统（包括《大学》的政治传统）蕴含着一种自由观，它可以为化解当代的各种政治难题提供重要思路，也与西方的自由主义相容。墨子刻的《摆脱困境——新儒学与中国政治文化的演进》（1977，中译1996）从探讨宋明儒学的困境意识入手，说明儒家政治文化仍有发挥现代活力的可能。郝大维、安乐哲合著的《先贤的民主》（1999，中译2004）则关注儒家政治思想传统能否与杜威的民主思想相融通。

这些海外研究，其主旨或在于补救西方政治理论的偏失，或在于寻找中西沟通的途径。它们广阔的视野以及比较研究的方法，都可资借鉴，对于思考《大学》政治伦理的当代意义颇有裨益。但它们的主要关切还在于西方的政治问题，且多是就儒家政治思想传统立论，附及《大学》的思想。

三、本书的研究方法与基本框架

针对第一部分所提出的立意，本书拟定的基本思路是：先从分析《大学》的文本入手，提出《大学》政治伦理观念的基本内容；然后通过梳理历代富有代表性的诠释及其相应的社会历史背景，考察这些观念诠释及其相应制度的历史效果，由此说明《大学》政治伦理在思想史上的发展脉络及其对中国传统社会政治的作用；最后对《大学》的政治伦理做出当代评估。为落实这一基本思路，本书注重运用如下研究方法：

其一，诠释学思维与文本分析相结合的方法。在厘清文本源流、了解相关社会历史背景的基础上，通过比照、分析思想史上有代表性的诠释，解读《大学》原典。

其二，知识社会学的方法。通过梳理《大学》政治伦理的观念诠释之演变、相应的社会历史背景、观念的效果这三者之间的互动关系，说明《大学》的政治文化精神及其历史效果，揭示《大学》政治伦理的诠释空间及进一步发展的可能性。

其三，比较分析法。通过比较传统政治生活与当代政治生活的异同，揭示当代政治生活的特征及其问题所在。通过对中西政治文化思维的比较分析，说明政治现代化的内涵及其与文化传统的关系。

本书的研究拟分为三大部分，即文本解读部分、观念史梳理与社会史分析部分以及当代考量部分。

第一部分　文本解读篇

本部分拟说明《大学》版本流变并概述用来解读《大学》文本的方法和思路，在此基础上梳理《大学》的主要政治伦理观念，分析其精神实质。本部分主要是要划出考察的观念范围，为后面的研究做准备。

第一章 解读《大学》文本的诸前提性问题

第一节 《大学》的成篇年代及其作者

《大学》成篇于何时？作于何人之手？这是两个联系在一起的问题，对此主要有"早出"与"晚出"两种说法①。

"早出"说是传统时代流行的说法。班固在《汉书·艺文志》中指出，《大学》为"七十子后学"所作。朱子将《大学》分为"经"与"传"，认为"经""盖孔子之言，而曾子述之。其传十章，则曾子之意而门人记之"②。宋人王柏和明人丰坊认为，《大学》为子思所作。按照这些关于《大学》作者的说法来推断，《大学》的成篇，至少当在孟子之前。朱子以降，"早出"说在传统时代占主导。

清代随着对理学末流的批判趋于激烈，对《大学》的考证也开始展开。对于朱子编订的《大学》版本，不少学者提出质疑，由此也动摇了朱子"早出"说蕴含的推断。其中陈确、毛奇龄的批判尤力，且主张否定

---

① 关于两种说法的梳理，参见张造群，张倩．《大学》研究的新开展．文化学刊，2009(4)：124-129。

② 朱熹．四书章句集注．北京：中华书局，1983：4．

《大学》单行本的地位，使之重新归为《礼记》之一篇①。按照清人对《大学》考辨得出的结论，似乎应该把《大学》成篇与《礼记》成书的年代建立更紧密的关联。朱子的相关说法既被考辨为臆断，则必须重新考虑《大学》的成篇年代及作者问题。清末陈澧等学者基于对古代学制的考辨，推断《大学》成篇当在秦汉之际，作者则无从考证，此即关于《大学》的"晚出"说。近现代中国哲学史家如冯友兰、任继愈、徐复观等都支持"晚出"说，并补充了若干理由。如徐复观沿着考辨古代学制的思路做了更详尽的说明，并以《大学》的思想内容及其特点为据作为补充②。经过这些哲学史家的倡导，《大学》"晚出"说蔚然成为主流。

20世纪90年代中期开始，郭沂通过对郭店楚简与《大学》的比较，曾多次撰文认为，《大学》为子思门人所作③。20世纪90年代下半叶开始，"早出"说则有抬头且渐占主导之势。罗华文回顾了从班固到朱子的"早出"说，在总结各家观点的同时表示支持"早出"说④。李学勤根据简帛佚籍《五行》与《大学》体例相一致，指出可以把《大学》视为曾子所作，但似乎只是在论述《五行》体例时顺便提及，没有做专门的考证⑤。梁涛于2000年发表的论文《〈大学〉早出新证》则就此做了专门的论证。通过《大学》与帛书在相关观点和文本形式上的对比分析，他重新提出"早出"说，认为《大学》出自曾子或其弟子之手，并对"晚出"说的理由给予了相应的反驳。但他不赞成朱子《大学》新本对古本的相关处理，尤其是分"经"与"传"的做法。罗新慧（1999）、胡治洪（2008）等学者也撰文支持"早出"说。这段时期虽然也有学者撰文支持"晚出"说，但他们并没有提出新的论据。

要之，清末兴起的"晚出"说虽然在近现代以来的大多数时间内占据

---

① 涂耀威，周国林. 清代《大学》研究的新趋向. 湖北大学学报（哲学社会科学版），2009（3）：88-92.

② 徐复观. 中国人性论史·先秦篇. 上海：上海三联书店，2001：233-240.

③ 郭沂这方面富有代表性的论文当包括：《大学》新论：兼评新儒家的有关论述//郑家栋，叶海烟. 新儒家评论：第2辑. 北京：中国广播电视出版社，1995；子思书再探讨：兼论《大学》作于子思. 中国哲学史，2003（4）.

④ 罗华文. 《大学》成书时代新考. 孔子研究，1996（1）：114-118.

⑤ 李学勤. 从简帛佚籍《五行》谈到《大学》. 孔子研究，1998（3）：47-51.

优势，但近十多年来基于新出土文献的比较研究表明，"早出"说的理由可能更充分。做个简单的概括：其一，"晚出"说源自清代对理学末流的批判以及"疑古辨伪"的思潮，其本身缺乏充分的文献支持。"晚出"说最主要的论据是古代的大学学制，但目前看来这一论据并不可靠。在这方面，梁涛论文提出的质疑是关键性的。对于通过思想内容的比照而提出的理由，反向的解释可能更符合思想发展的脉络。关于这一点，近年支持"早出"说的论文多有论证。其二，重新提出的"早出"说，其主要依据是《大学》文本与新出土的楚简和帛书之间的比较，而后者的成书年代是可以明确断定的。

"早出"与"晚出"之争虽未有定论，但基于上述理解，笔者更倾向于"早出"说。近代的"晚出"说建立在考证大学学制上的立论根据既已动摇，那就不足以压倒延续一千多年的"早出"说。"晚出"说关于思想内容方面的其他佐证，则不乏由于辨伪朱子新本而带来的主观因素。我个人以为，重新提出的"早出"说，其立论是有说服力的。这里拟从先秦人性思想发展的角度，基于《大学》与《中庸》、楚简相关内容的比较，做点补充说明，在支持"早出"说的同时也为后面解读《大学》做些铺垫。

第一，按照先秦思想的发展脉络，人性观念的提出，虽最早可追溯至《左传》成公十三年刘康公的一段话，但就现有文献看，人性问题到孟子时代才成为焦点，才真正展开关于人性善恶与否的各种辩说。孔子未明言人性善恶。孟子之前的其他儒家文献，一般都是以论"性情"的方式表达某些与人性相关的观点。《中庸》首章说：

> 天命之谓性，率性之谓道，修道之谓教。道也者，不可须臾离也，可离非道也。是故君子戒慎乎其所不睹，恐惧乎其所不闻。莫见乎隐，莫显乎微。故君子慎其独也。喜怒哀乐之未发，谓之中；发而皆中节，谓之和。中也者，天下之大本也；和也者，天下之达道也。致中和，天地位焉，万物育焉。

这一段尤其是第一句被宋明理学推为儒家性善说之经典表述，并沿着天地之性的思路加以发挥，但就文本本身看，却是联系着"喜怒哀乐"之情来讲的。《中庸》虽表现出浓厚的形而上色彩，其核心观念却是"诚"与

"中庸"。通篇未明言性善,更未专门论说人性善恶问题。郭店楚简之中,《性自命出》篇是与人性问题最相关的文献。按照李零的校读,其篇首说:

> 凡人虽有性,心无定志,待物而后作,待悦而后行,待习而后定。喜怒哀悲之气,性也。及其见于外,则物取之也。性自命出,命自天降。道始于情,情生于性。始者近情,终者近义。知情〔者能〕出之,知义者能入之。好恶,性也。所好所恶,物也。善不〔善,性也〕。所善所不善,势也。①

经考证,《性自命出》篇出自七十二子或其门人之手,按照陈来的推断,当出自子游、公孙尼或子思这三人之一。其中未明言"性"本身之善恶,而只是以"情"之好恶、喜怒哀乐之气来论"性",也就是说"性"由"情"来表现。在其他段落的论说中,《性自命出》的作者还强调,要通过礼乐来引导心志,做到身心如一②。

《大学》同样未明言人性之善恶,其中的人性相关论说,表现出与《性自命出》类似的倾向,这集中表现在《大学》对"诚意""正心"、齐家在修身的解说(为了论说的方便,引文出处仍按朱子新本):

> 所谓诚其意者:毋自欺也,如恶恶臭,如好好色,此之谓自谦,故君子必慎其独也!(《大学·传六》)

> 所谓修身在正其心者,身有所忿懥,则不得其正;有所恐惧,则不得其正;有所好乐,则不得其正;有所忧患,则不得其正。心不在焉,视而不见,听而不闻,食而不知其味。此谓修身在正其心。(《大学·传七》)

> 所谓齐其家在修其身者:人之其所亲爱而辟焉,之其所贱恶而辟焉,之其所畏敬而辟焉,之其所哀矜而辟焉,之其所敖惰而辟焉。故好而知其恶,恶而知其美者,天下鲜矣!(《大学·传八》)

这三段解释表现出与前引两段类似的特点。它们从"好恶"或喜怒哀乐来

---

① 李零.郭店楚简校读记:增订本.北京:中国人民大学出版社,2007:136.另参见李零.上博楚简校读记.北京:中国人民大学出版社,2007:52-53.
② 陈来.郭店楚简《性自命出》篇初探.孔子研究,1998(3).另参见陈代波.郭店楚简《性自命出》篇的人性论简析.东疆学刊,2000(4).

论说相关观念，强调要修正"情"之表现的各种偏弊，做到身心如一。可以其中对"诚意"的解说为例做简要分析。"谦"通"慊"，指惬意。如果排除后世理学形而上趋向的影响，那么这里显然是以"好恶"来解说"诚意"："恶恶臭，好好色"是我们自然而然会做出的反应，是作为有机体身心一致在生理上的表现；将"诚意之毋自欺"比作"恶恶臭，好好色"正是要说明，不做作、不虚饰，需要我们在日常生活中做到自然而发，外在表现是由己作主，完全是心意的自然流露。这种做法之关键在于自我控制、身心如一，不依外在条件、是否有他人监督而改变，因而也就是要"慎独"。强调以正道或者恰当的方式来约束或表现自己的"好恶"，这层意思在《大学》其他部分的论说中也不时流露。如对"絜矩之道"的论说（参见《大学·传十》）；对"民之父母"的论说："民之所好好之，民之所恶恶之，此之谓民之父母"（《大学·传十》）；还有一段似乎蕴含着以"好恶"论"性"的意思："好人之所恶，恶人之所好，是谓拂人之性"（《大学·传十》）。

可以说，就与人性相关的思想内容及其论说方式来看，同为儒家文献，《大学》与《性自命出》《中庸》颇多相似，由此自然可能产生这样的想法：《大学》可能也是出于七十二子或其门人之手，成篇于孟子之前。但仅凭这一点，尚不足以给"早出"说提供明确的支持，因为后出的文献也可能出于种种原因沿袭前人的思路。虽然从两者较高的相似度看，这种可能性很小，但毕竟不能排除。因此，这里要提出第二点作为辅助说明。

第二，如果按照"晚出"说，《大学》成篇于秦汉之际，那就难以解释，为何《大学》的人性相关论说根本没有涉及任何与孟荀人性论相关的观点。人性论是孟荀时代的热点论题，秦汉之际乃至西汉的儒家学者在论"性"时或多或少都受到孟荀观点之影响，而明显有别于七十二子时代从性情好恶论"性"的方式。汉初的陆贾、贾谊，虽然还不能算是严格意义上的儒者，但对"性"的论说明显受到了荀子的影响。如陆贾说："凡人莫不知善之为善，恶之为恶；莫不知学问之有益于己，怠戏之无益于事也。然而为之者情欲放溢，而人不能胜其志也。"（《新语·资质》）[1] 其中蕴含着与

---

[1] 王利器. 新语校注. 北京：中华书局，1986：114.

荀子相近的思路：每个人都具有认识善恶的能力，为恶者只是放纵了情欲这一自然趋向。在《新语·道基》中，他表现出以"气质"论"性"的倾向。贾谊则明确以"气"论"性"："性生气，通之以晓"；"性者，道德造物。物有形，而道德之神专而为一气，明其润益厚矣。浊而胶相连，在物之中，为物莫生，气皆集焉，故谓之性。"① 董仲舒则在《春秋繁露·实性》专门考察并批评了孟荀的人性观点，进而提出"性三品"说②。

由此看来，作为儒家文献，《大学》如果成篇于秦汉之际，那就无法解释其为何不受孟荀相关观点的影响。或许可以反驳说，《大学》的主旨在于阐发儒家的政治理想，因而不甚措意于人性问题，当然也就无法看出孟荀人性论之影响。但如第一点所表明的，《大学》并不缺乏关于人性方面的论述，因而这样的反驳是不成立的。

综上所述，从与人性相关的论述看，《大学》的成篇当在孟子之前，作于七十二子或其门人之手。但实际上，当代学者往往把《大学》的人性观点视为先秦儒家人性论发展的一个重要环节，如徐复观把《大学》的"大学之道"视为先秦儒家思想的综合，并专辟一章来讨论。笔者以为，这主要是由于两方面的因素：一是以其时占主导的"晚出"说作为先入之见，二是其诠释立场和解释方法仍是沿着宋明理学的理路展开的③。

进一步的问题在于，如果按照"早出"说，把《大学》的成篇年代置于孟子之前，那么近现代对《大学》思想的解读就必须予以调整，原来的解读要能成立至少得附加说明。而基于前面的论述，对于《大学》的成篇

---

① 贾谊. 新书校注. 阎振益，钟夏，校注. 北京：中华书局，2000：325，326.
② 苏舆. 春秋繁露义证. 钟哲，点校. 北京：中华书局，1992：310-313.
③ 徐复观先生的处理方式建立在"晚出"说的基础上。《中国人性论史·先秦篇》第九章题为"先秦儒家思想的综合——大学之道"，该章在概述之后即以较长的篇幅考证古代学制，以支持"晚出"说。这表明徐复观先生意识到了这一前提的重要性。但一方面该书完成于1968年，正是"晚出"说占主导地位的时期，徐先生也是沿着"晚出"说的基本思路来做进一步考证的；另一方面，后来重新提出"早出"说所依据的出土文献尚未问世，这些文献是不利于"晚出"说的。至于其诠释立场，有一段话值得注意："冯友兰氏在其《中国哲学史》第十四章《大学》一条下，以为秦汉之际，荀学之势力甚大，故认为'《大学》中所说的大学之道，当亦用荀学之观点以解释之'。秦汉之际，荀学之影响颇大，原系事实……《大学》一书之受有荀学影响，亦势所必然。但就其主要内容而论，则恐受孟子思想系统之影响，远过于荀子。"参见徐复观. 中国人性论史：先秦篇. 上海：上海三联书店，2001：240-241.

年代及作者，本书采取"早出"说，这就给文本解读带来了另一重困难。具体当如何处理，还必须联系《大学》的宗旨及其文本流变问题来考虑。

第二节 《大学》的宗旨及其文本流变

这里要讨论的《大学》宗旨是从形式上说的，亦即其中的观念、思想是针对谁来讲的，旨在说明其言说对象应当成为什么样的人、具备怎样的能力。类比现代的大学来说，也就是指其教育对象和目标是什么。我们必须联系古代"大学"的情况来理解《大学》的宗旨，朱子对此的说法最有代表性，在其后的思想史上也最有影响力：

> 《大学》之书，古之大学所以教人之法也。盖自天降生民，则既莫不与之以仁义礼智之性矣。然其气质之禀或不能齐，是以不能皆有以知其性之所有而全之也。一有聪明睿智能尽其性者出于其间，则天必命之以为亿兆之君师，使之治而教之，以复其性。此伏羲、神农、黄帝、尧、舜，所以继天立极，而司徒之职、典乐之官所由设也。
>
> 三代之隆，其法寖备，然后王官、国都以及闾巷，莫不有学。人生八岁，则自王公以下，至于庶人之子弟，皆入小学，而教之以洒扫、应对、进退之节，礼乐、射御、书数之文；及其十有五年，则自天子之元子、众子，以至公、卿、大夫、元士之适子，与凡民之俊秀，皆入大学，而教之以穷理、正心、修己、治人之道。此又学校之教、大小之节所以分也①。

这里朱子将"大学"与"小学"对举，认为它们是自三代以来就存在的两种学习形式。"小学"自八岁开始，其教育对象是"自王公以下，至于庶人之子弟"，其教学内容是"洒扫、应对、进退之节，礼乐、射御、书数之文。"大学"则从十五岁开始，其教育对象是"自天子之元子、众子，

---

① 朱熹．四书章句集注．北京：中华书局，1983：大学章句序 1.

以至公、卿、大夫、元士之适子，与凡民之俊秀"，其教学内容则是"穷理、正心、修己、治人之道"。这就是说，"小学"主要是学习基本礼节、学习古代的基本生活技巧，其着重点在于培育外在行为的合规范性和实践能力；它是普及性质的，并不规定特别的教育对象。而"大学"则是在前者的基础上更进一步地学习伦理和政治的理论知识，其重点是学习提高道德修养的途径；它有特定的教育对象，即王室、贵族或平民精英。前者是学"术"，后者是学"道"。

朱子的说法看似非常清晰，但只是从理学角度提出的理想说法，掺杂了不少不符合史实甚至主观的成分。在《我国古代大学的特点及其起源》一文中，杨宽基于较充分的文献整理和考证，认为从可靠的文献资料看，古代的大学最早可追溯至商代贵族的学校制度，西周时期的学校制度则较完备。就西周时期来说，学校有大学与小学之分，但都仅面向贵族子弟。关于进入小学与大学的具体年龄，有多种不同的说法，但幼年入小学、成年入大学这一点是一致的。西周的大学有辟雍和泮宫，前者是天子的学宫，后者则是诸侯的。它们除作为贵族子弟学习场所外，还兼有演礼、集会、宴饮、练武、习乐等功能，实际上是贵族的公共活动场所。其教学内容主要是礼乐和射御①。在笔者看来，杨宽得出的结论更切近史实。相比之下，朱子关于"大学起自三代""教育对象包括凡民之俊秀""大学的目的在传道"等说法显然与史实不合。

当然，朱子作序的主要目的不是进行事实描述，而在于维护和宣扬儒家"道统"。这样看，朱子的说法自有其独特的意义，且似乎接近汉代对大学的定位。在汉代，大学也称"太学"。董仲舒在《举贤良对策》中明确提出了"立太学"的主张，认为它是"贤士之所关也，教化之本原也"（《汉书·董仲舒传》）。这一主张为汉武帝所采纳，自此"太学"就以较为稳定的中国古代官学形态延续下来。另外，《礼记》的其他章节也有与朱子类似的说法。如平民子弟要进入"大学"，必须"或以德进，或以事举，或以言扬"（《礼记·文王世子》）。而从"凡学，官先事，士先志"（《礼

---

① 杨宽.我国古代大学的特点及其起源//古史新探.北京：中华书局，1965：197-217.

记·学记》)可以看出,汉代的"大学"可分为"学做官"和"学做士"。"学做官"者先学习与职务有关的知识,"学做士"者则要先树立道德的志向。两者都必须"教以大伦"(《礼记·学记》),即以伦理的实践和理论知识为基础。就此而论,汉代的"大学"不仅是一种"成人之学",而且具有明确的政治指向,这就是要为国家治理培养人才,并提供理论支持。就其内容说,这两方面的特征都建立在学习伦理理论的基础上。

那么,《大学》的作者本人心目中的"大学"是怎样的呢?这个问题至少需要结合三方面的因素来考虑:一是古代大学的发展情况,二是《大学》的成篇年代,三是《大学》作为儒家文献及其作者作为儒者的定位。基于上一节关于其成篇年代的讨论,笔者以为,或许应该将之理解为曾子一系理想中的"官学"形态。作者所处的先秦时期正是"官学"散落民间,由统一的"王官之学"分裂为诸子百家之学的时代。由此来看,作者固然要参照西周大学的情况,但更多是面向未来表达儒家的立场及其政治理想,强调政治家要以道德修养为本,实现某种理想的德治。这种理想意义上的大学理念,或许部分地落实为汉代太学的指导思想。就此而论,朱子将"大学"释为"大人之学"①,或许可以恰当地概括汉代太学的性质和教育目的。

再看《大学》的文本流变。《大学》原为《小戴礼记》(以下简称《礼记》)中的一篇。在先秦古籍中,"记"一般是"经"的辅助资料,因而从文体看,《礼记》可以说是《仪礼》的辅助资料,其极大部分内容与《仪礼》相配合。一般认为,《礼记》汇辑成书于东汉,而《大学》是与《仪礼》配合不甚紧密的篇章之一②。汉末郑玄为《礼记》作注,唐代孔颖达为之作疏,《大学》亦在其中。

唐韩愈在《原道》一文中引"古之欲明明德于天下者"一段,以其为

---

① 关于"大人之学",狄百瑞提供了一种西方学者的理解,可用作比较与参考。他认为,"'大'可以被理解为'巨大、伟大或重大'……作为个人成长过程来说,'大人'也有长大成人的意思,象征着从家族到地方到社会,从狭窄的眼界到更广阔的视野这样一种教育过程。在此,'大学'代表'高等学习'";"《大学》作为成人之学,以上解释既肯定了没有性别的区分下,人类道德理智天性中的共性,又证实了个人天性成长过程的重要"。参见狄百瑞.《大学》作为自由传统//哈佛燕京学社,三联书店.儒家与自由主义.北京:生活·读书·新知三联书店,2001:186.

② 钱玄.《礼记》前言//十三经今注今译.长沙:岳麓书社,1994:705-707.

禹汤文武周公孔子之道，而《大学》始引起儒家学者特别注意。而在宋代以前，《大学》并不单行。宋司马光作《大学广义》一卷以及《致知在格物论》一篇，《大学》始出现单行本①。此后，《大学》常与《中庸》并称。北宋二程对《大学》分别做了一些修订，程颐还做了不少注解，进而将它与《中庸》《论语》《孟子》相配，合称"四书"，由此奠定了《大学》作为儒家基本经典的地位。

朱熹进而将《大学》列为"四书"之首，认为学者应"先读《大学》，可见古人为学首末次第"②。在宋明理学家中，他对《大学》的研究极其重视，也着力最勤。可以说，其学问就是以《大学》为中心而展开的。在二程的基础上，他对《大学》文本做了全面的重新校订，由此形成了《大学》新本，郑玄作注所用的文本则被称作《大学》古本。相对于古本，朱子新本主要有三方面的变化：一是划分"经"与"传"，并按此思路对文本的篇目次序做了多处调整；二是删去一段他所判定的"衍文"；三是作格物致知补传。在新本的基础上，朱子对文本内容做了全面而系统的诠释，其中融贯了他的基本理学思想。如果把儒家的政治理想概括为"内圣外王"，那么简单地说，朱子以格物致知补传为枢纽，不仅通过文本的重新编排而突出"内圣"的维度，而且在注释中补入了不少理学的道德形而上观念，由此充实了《大学》"内圣"的一面③。经过朱子的研究和倡导，《大学》的文本地位达到了前所未有的新高度。元代以降，历代科举考试均将"四书"列入经考范围，而以朱子的《四书章句集注》为标准，由此朱子的《大学章句》成为士人必读的经典，围绕《大学》版本与义理的研讨和争论，也成为儒家学者探讨的核心论题。以下选择其中较具影响者略做说明。

宋末著名儒臣真德秀（1178—1235）作《大学衍义》。所谓"衍义"，有在原义的基础上予以充实和发挥的意思。作为朱子后学，真德秀是沿着朱子《大学章句》的思路来发挥的。同时《大学衍义》又是"阴切时事以立言"，尤其包含针对宋理宗个人弱点的用意，因而强调帝王修身要以

---

① 徐复观. 中国人性论史：先秦篇. 上海：上海三联书店，2001：233.
② 黎靖德. 朱子语类. 王星贤, 点校. 北京：中华书局，1986：250.
③ 周后燕. 朱熹对《大学》的改造. 科学·经济·社会，2014（2）：11-15.

"诚心"为本,汲汲于《大学》"八条目"中的前六条,并将之概括为"四要",即格物致知之要、诚意正心之要、修身之要、齐家之要。作为真德秀为宋理宗所作的谏言,《大学衍义》虽有经世致用之意,但仍是遵循朱子学的理路,突出《大学》"内圣"的一面①。明朝著名儒臣丘濬(1421—1495)作《大学衍义补》。从其书名看,丘濬做的是与真德秀类似的工作,即以《大学章句》阐发的观念来经世致用。不过,丘濬认为,真德秀的《大学衍义》偏重"内圣"之体,在阐发"外王"之用的方面则不足。而儒学当体用兼备,就政治方面来说,不仅要明其"理",还当用于"事",以求"明体达用"。因此,其《大学衍义补》的主旨在于,基于《大学》的相关观念来阐发儒家的外王事功。由此他结合对其时政治经济状况的考察,提出了不少政策设想和政务建议。可以说,与《大学衍义》相比,《大学衍义补》主要关注制度方面的问题,其对象不再仅限于"君",而是可供君臣共学②。总体上说,《大学衍义》和《大学衍义补》都是以"内圣"为本,求"外王"之发用,可视为承接朱子《大学章句》诠释的理路,针对政治现实的一种理论运用。

《大学衍义》和《大学衍义补》的形成,都是建立在认可朱子新本及其诠释的基础上。与此恰成对照的是,明代大儒王阳明(1472—1529)反对朱子对《大学》的重新编排,主张恢复《大学》古本,同时对朱子的若干诠释提出质疑。他认为,朱子新本使"旧本析,而圣人之意亡矣……合之以《经》而益缀,补之以《传》而益离。吾惧学之日远于至善也,去分章而复旧本,傍为之什以引其义,庶几复见圣人之心,而求之者有其要"③。由此可见,王阳明主张古本的理由,并非基于考据,而是根据其所理解的《大学》义理,或者更确切地说是认为朱子的编排以及理解《大学》的方法支离原意,不利于把握《大学》的精神。在《大学问》中,他

---

① 真德秀. 大学衍义. 朱人求,点校. 上海:华东师范大学出版社,2010. 另参见朱鸿林. 中国近世儒学实质的思辨与习学. 北京:北京大学出版社,2005:1-16.
② 丘濬. 大学衍义补. 林冠群,周济夫,校点. 北京:京华出版社,1999. 另参见李焯然. 丘濬评传. 南京:南京大学出版社,2005:157-165.
③ 王守仁. 大学古本序//阳明先生集要. 施邦曜,辑评. 北京:中华书局,2008:328-329.

以问答的形式对《大学》的经文部分做了较全面的解说。与朱子的诠释相比，王阳明的诠释不拘文字，旨在把握微言大义，只是对一些关键字眼，如"亲民"与"新民"之别、"格物"之"格"等做了一些辨析，其中蕴含对朱子相关注解的质疑①。但根本上，王阳明的诠释立场仍是要突出《大学》"内圣"的层面，这一点与朱子是一致的且犹有过之；只是基于其"心学"的取向，提出了一种更注重把握《大学》之大体和精神的解释方法。鉴于阳明心学对后世的重大影响，王阳明的上述论说，也是《大学》文本流变及其诠释历史中的一个重要环节。

延及清代，《大学》已经衍生并流传有多个版本。据毛奇龄《大学证文》稽考，清代的《大学》传本有古注疏本、程颢改本、程颐改本、朱子改本、王柏改本、季本改本、高攀龙改本、葛寅亮改本等，另有古本石经。《大学》的版本及其义理问题，也是清代儒者重点关注且聚讼纷纭的一个研究领域②。清前期，李光地、陈确、毛奇龄等反对朱子新本的编排，主张恢复《大学》古本；同时认为朱子和王阳明对《大学》的诠释，不符合《大学》的原义。其中陈确基于考辨的观点尤为激进。陈确认为《大学》非圣贤之书，朱子新本的修订和诠释当然更不成立。为此，他作《大学辨》四卷，从文献比较、训诂、义理剖析等各方面展开论说，以支持其观点③。然观其主旨，仍在于反对理学尤其是王学末流之弊。至清中期，《大学》古本与新本之争，俨然已成为汉学与宋学之争的一端，其间则夹杂朱子学与王学之争。治"宋学"者如翁方纲、唐鉴等坚持朱子的《大学》新本为正本，极力为朱子《大学章句》的诠释辩护。治"汉学"者汪中、惠士奇等则坚持应该保持《大学》古本之原貌，且使之回归其作为《礼记》之一篇的定位，与《礼记》其他各篇等量齐观，这实际上是要求推翻《大学》作为儒家经典的地位。继承"王学"者如彭绍升等则从心学的角度批判朱子对《大学》的解说，主张以古本为正本，但并不否认《大学》作为儒家经典的地位。清后期，随着今文经学的兴起，儒者虽基

---

① 王守仁. 大学问//阳明先生集要. 施邦曜, 辑评. 北京：中华书局, 2008：145-153.
② 这一段论述参考了涂耀威, 周国林. 清代《大学》研究的新趋向. 湖北大学学报（哲学社会科学版), 2009 (3)：88-92.
③ 陈确. 陈确集. 北京：中华书局, 1979：552-624.

于此前的考据而大多认同《大学》古本，但对《大学》的诠释，其主流方式却是借《大学》来阐发己意，以求经世致用。要之，清代学术以考据、训诂等"小学"见长，以经史研究为主流，关于《大学》文本方面的主要成果当在于通过考证表明：朱子的《大学》新本确系改造，是基于理学立场对《大学》思想的一种创造性发挥，不复为《大学》原貌。但其新本是否与《大学》的思想系统相容？又该如何看待朱子的创造？各家基于各自的立场可能有不同的答案。

现当代的《大学》研究，是在以"接着宋明讲下去"这一理学方向为主流的背景下展开的。因此，《大学》研究的文本依据，仍以朱子的《大学》新本为主，不过大多承认，它是经过朱子理学思想改造而成的另一版本。对于如何看待朱子的改造，唐君毅的观点颇有启发，也富有代表性："以吾人今日之眼光观之，朱子之论格物穷理，阳明之言致良知……虽皆恒自谓不过发明古人之遗义，实亦诸贤之谦德使然……各在儒学史上，树立一新义，亦未尝不与大学之思想，有相衔接之处。然若视之为大学一文文义之直接注释，则皆不免于枘凿。而其思想与大学相衔接之处，亦皆不在大学之明文，而惟在其隐义。""朱子之章句虽误，然朱子之思想，仍与大学相涵接，而其即物穷理之说，亦实有进于大学之新意在。"[①]

总之，《大学》的文本及其诠释，经历了一个复杂的思想史演变过程。尤其是自宋代理学以来，对于《大学》的版本选择及其诠释，已成为儒学内部重点关注的一个问题域，各家各派的相关争论持续不断，发明的新义亦层出不穷。那么，本书将采取何种方式来处理相关问题，又以何种思路来展开文本解读？下一节将结合前文论述，做一个概要的说明。

第三节 解读《大学》文本的基本方法和思路

先在总结前两节相关结论的基础上，提出本书在文本解读中需要考虑

[①] 唐君毅. 中国哲学原论. 导论篇. 北京：中国社会科学出版社，2005：182，183.

的问题。以下分四个方面做简要梳理。

第一，采取重新提出的"早出"说需要处理的问题。按照第一节的结论，《大学》成篇当在孟子之前，作于七十二子或其门人之手。基于此，如果把对《大学》的解读理解为对《大学》原始含义的追问，进而理解为对其本义的历史性描述，那么历代的《大学》注疏根本上都是成问题的。但这些注疏或解读显然并不是出于这种历史或考古的兴趣，至少不限于此，而是要通过注疏向读者打开《大学》的意义世界，用古人的话来说是旨在求其"微言大义"，其中都或多或少包含着解读者的创造和发挥。但即使从这样的观点来看，也似乎由于文本历史因素的变化，需要我们对此前文本诠释的合法性予以重新审视。进一步的问题在于，我们是否因此就要对近现代以来基于"晚出"说的《大学》诠释予以根本调整呢？

第二，基于对"大学"宗旨的判断而引出的问题。对古代"大学"宗旨的判断，其实涉及的是这样一个问题：《大学》的原始文本是在何种背景下生成的？它进而引出与我们理解《大学》相关的另一问题：我们如何恰当地定位《大学》文本的性质？《大学》无疑是儒家表达政治理想、代表"德治"传统的经典文献，但这样笼统的说法对于我们具体地理解和诠释《大学》来说是不够的。借用牟宗三先生的说法，儒家传统包含"道""学""政"三个维度，《大学》所展开的儒家政治思想传统亦如此。但《大学》文本到底侧重哪个维度，或者说我们应该重在从哪个维度去把握《大学》的政治伦理思想？这可能是一个需要依时代不同而做出不同回答的问题，实际上不同时代最具影响的《大学》诠释，在此问题上的选择也是不同的。那么，对"大学"宗旨的判断，对于我们现在理解和诠释《大学》会产生什么样的影响？或者说我们给予其多大的权重？又当以何种方式将其纳入我们诠释的考虑之中？

第三，《大学》古本与新本的选择问题。如上一节所述，《大学》版本有古本和新本之分，严格说来，古本还应分为作为《礼记》之一篇的古本，以及王阳明所主张的古本，因为两者的文本地位有显著的区别。那么我们现在诠释《大学》，应以哪个版本为正本？在此问题上我们是否必须做出非此即彼的选择？

第四，历代诠释的歧异及其与《大学》文本的相容性问题。与上一点相关，历史上至少有三种富有代表性的《大学》诠释，彼此存在相当大的歧异。尤其是朱子作《大学章句》之后，围绕《大学》诠释的争论持续不断，王阳明对朱子《大学章句》的针对只是其中最有影响的一种。那么如何理解这些诠释上的歧异？它们能否与《大学》的文本相容？我们又当如何看待这些歧异？

由此看来，现在要卓有成效地展开对《大学》的诠释，面临的问题不可谓不多，且诸问题之间的关系错综复杂。要处理好这些问题，需要先有个通盘的考虑，具备一定的方法论自觉。笔者以为，借鉴当代哲学诠释学的思路来处理这些问题，是一个恰当的选择。这首先是基于如下判断：《大学》历史文本的形成以及后世对之的诠释，都与诠释学的基本思路相当契合。进一步说，儒家经典的解经乃至语录等学问方式，都带有明显的诠释学特点。

其一，就其主旨看，包括《大学》在内的儒家经典所着重的，往往不是论证某个结论，而是给读者提供启发，通过对某些典型形象或场景的描述，提点出与某观念相关的意义空间，由此达成解释的目标。如《大学》各"传"之中大量引用《诗经》《尚书》，最后做极其简约的评点，其旨趣显然不在于事实描述，而在于启发读者通过联想来把握作者想要表达的意思。用现在的话来说，这就是要通过"在场"提供的线索来寻求"不在场"的意义。后世求经典之"微言大义"，其实也是通过类似的方式。如对于《大学》意蕴丰富之处，朱子在注解中往往提示"学者当把玩之"，这里所谓"把玩"，其实也是要通过联想、切己体会来寻求意义。

其二，其理解和诠释的方式也表现出类似当代诠释学的特点。在相当程度上，儒家是把文本的意义理解为需要不断挖掘，并且可以结合解读者自身的经验而不断生成的。程颐关于读《论语》的说法具有代表性："某自十七八读《论语》，当时已晓文义，读之愈久，但觉意味深长。《论语》，有读了后全无事者，有读了后其中得一两句喜者，有读了后知好之者，有读了后不知手之舞之足之蹈之者。"又说："如读《论语》，旧时未读是这个人，及读了后又只是这个人，便是未曾读。"① 这就是说，理解《论语》

---

① 程颢，程颐．二程集．王孝鱼，点校．北京：中华书局，2004：1161.

的方式应该是切己的，不能视之为与己不相干的纯粹知识，由此必须与自己的生活阅历以及对相关问题的理解两相印证，从而有所进益。进一步说，与文本建立联系，需要一种"设身处地"式的身心投入，而对文本的理解，实际上是理解者在此基础上相互交流的过程，而对文本的诠释也必然蕴含着诠释者自身的经验和视角，从而有所发挥和创造。

其三，儒家传统诠释所采取的注解或问答方式，与当代哲学诠释学的主流主张也是一致的。按照伽达默尔的观点，一种有效的文本诠释是在诠释者与文本之间的交流关系中展开的，根本上说是以"问"与"答"的形式呈现的：诠释者带着前理解进入文本，向文本提问，通过自己与文本就该问题达成一致而得到相应的答案，亦即诠释结果①。

当然这并不意味着，《大学》的学问方式完全符合当代诠释学的理路，乃至可视为一种具有现代意义的诠释学；或者说，我们借鉴诠释学的思路来解读《大学》，只需要按照中国传统的解经方式即可。两者仍然存在根本的区别②。首先，包括儒家经典诠释在内的古典诠释，均建基于真理一元的预设，追求某种本质上是排他性、普遍性的解释，带有形而上学的独断论色彩；当代诠释学的预设则是相对性的真理观，认为理解应该是多元的，追求理解与运用的统一。对于同一文本，古典诠释的预设是，存在着唯一而绝对的、具有超越时间意义的解释，对于文本诠释的历史性缺乏充分的自觉，排斥多元解释的可能性。当代诠释学则认为，对同一文本可以且应该容有多种有效的解释，这是由于时代变化以及诠释者的各种主观因素而产生的必然结果。当然，这并不意味着"怎么解释都行"，其中有诠释是否合法的问题。这种意义上的合法与否，不是指解释的"对错"，就笔者的理解，应该是个"优劣"问题，在既定情境和视角下存在着某种恰当的解释。总之，古典诠释本质上是封闭式的，往往将与己存在根本分歧的解释斥为异端邪说；即使是同一传统内部，诠释的分歧也往往表现为是否代表正统的争论，从而分化出各种家传师说的约束，如朱子之后围绕

---

① 伽达默尔. 诠释学Ⅱ：真理与方法：补充和索引. 洪汉鼎，译. 北京：商务印书馆，2010：440-442.

② 洪汉鼎. 诠释学：它的历史和当代发展. 北京：人民出版社，2001：前言2-6.

《大学》诠释展开的争论。而当代诠释学则坚持诠释的开放性和相对有效性。其次,儒家的经典诠释并不像当代诠释学那样具备明确的方法论自觉。其虽然在相当程度上认为,文本的意义是可以因时应事而不断生成的,但对于当如何看待和恰当处理不同诠释之间的关系、又当如何自觉地依据文本的精神来创造和发挥,缺乏明确的方法指导①。最后,汉语的古今之别,也决定了我们现在的诠释不可能采取传统的注解方式。按照伽达默尔的观点,语言、书写文字对于文本的意义呈现来说具有根本的重要性。由于书写文字本身的局限性,历史文本只是原作者表达意义的载体,而不可能完全显示他想要表达的意义,或者说历史文本中的书面文字只是意义符号,其本身是"言不尽意"的,难以充分表达作者之隐义②。因此,对文本的诠释,必须先解构文本以发现其隐义,再结合诠释者的理解和体验,以自己的语言来重构文本,从而达成富有成效的诠释。其中文本意义之或显或隐,固然要基于诠释者的理解和体验,但语言文字的作用亦不容忽视。

但无论如何,《大学》文本及其传统诠释,其基本脉络是可以与当代诠释学的思路相通的。按照这样的思路,上述四方面的问题都可以得到合理的解答,做相应的处理。

首先,第一、二方面的问题,所涉及的是调整我们现在诠释《大学》的前见,而不会导致对各时代《大学》之经典诠释的颠覆式理解。换句话说,无论是成篇年代还是《大学》作者采取何种角度,关涉的都是我们对其历史文本的判断,而这种判断只是我们"前理解"的要素之一,远非全部。当然,我们的"前理解"进而诠释,应该给予这个要素以相当的权重。用诠释学的话来说,历史文本是我们意义回溯的终点,同时又是基于"前理解"而进行诠释的起点。对第一、二方面问题的判断,是我们定位

---

① 应该说,传统儒家具有相关的智慧或观念,如今文经学的"托古改制",儒家关于"道"与"器"、"体"与"用"之关系的说法,以古鉴今的学术精神,等等。但它们并没有转化为明确的方法,也就是说,这么做的道理何在,其内在机理如何,又当如何付诸诠释实践,这些都没有明确的说法。因此,经典诠释之有效性的根据,往往是借助各种形而上的权威,表现出囿于家传师说的局限。

② 洪汉鼎.诠释学:它的历史和当代发展.北京:人民出版社,2001:215-220.

历史文本的重要根据。

其次，对于第三方面的问题，笔者以为，朱子的新本可视为在古本基础上生成的新文本。一方面，朱子的重新编排和诠释蕴含着大量可见的创造和发挥，因而不能简单地将新本与古本混为一谈。另一方面，这些创造和发挥，与古本的理路仍然是可以"相涵接"的，在此意义上，朱子的新本及其诠释与《大学》的历史文本相容。更重要的是，此后对《大学》的讨论和争议大多是围绕新本展开或由之引发的，并且经过传统社会的官方倡导，新本已成为士人必读的经典。就此而论，新本的创造和发挥，为《大学》文本焕发思想活力做出了极为重要的贡献。由此看来，朱子的新本及其诠释无疑应视为《大学》文本诠释系统的一个重要组成部分，只是其中蕴含着朱子基于其理学立场而对文本的创造性重构，也因此而明显有别于古本。具体如何处理，将在后面的讨论中逐步说明。

最后，历代诠释的歧异问题较为复杂，应该根据具体情况来分析。不过这里可以从诠释学的观点来做一个大体的判断：(1)诠释的歧异往往是诠释者前理解结构的差异而造成的，这些前理解结构是由多方面的因素组成的，可能包括诠释者对时代问题的判断、其本身的学术背景和价值立场、诠释的视角等。就此而论，彼此诠释的歧异是正常的。但这并不是说，所有的歧异都是可接受的。有些诠释由于其前理解结构中蕴含不合理的因素，不能与文本形成视域融合，因而应被判定为不合法的诠释。(2)就不同时代主流的或产生重要影响的诠释而言，它们彼此的歧异往往是由于时代背景的转换，从而诠释者出于不同的问题意识而采取不同的诠释视角。因为这些诠释产生重要影响或占主流，这本身就说明它们在一定程度上体现了其所处时代的精神，从而能够在同时代的学者中引起共鸣或得到回应。从诠释学的观点看，这种由于客观因素而产生的歧异是合理的，一般也应该是与文本相容的，是文本意义多元开放的表现。(3)诠释的歧异如何表现出来，诠释者对异己的歧见采取何种态度，这也是一个值得关注的问题。如前所述，古典诠释往往持有真理一元的形而上预设，总是把对方的诠释斥为不合法或不能与文本相容的，从而陷入各执一词、无法解决的争端。我们如果从当代诠释学的真理观点来看，就应该有理解和解决这些歧异的更优选择。

进一步的问题在于，本书将如何把诠释学的方法运用于对《大学》文本的诠释？简单的模仿乃至照搬，要么陷入烦琐的文献比照，要么呈现为以符号化形式进行的结构分析；前者对于本书的目的来说是不必要的，后者则与《大学》的思想内容不相应。这样的做法并不可取。笔者以为，应该借鉴的主要是诠释学的哲学思考方法，而不是其带有西方哲学特点的诠释技术。这么做的目的在于，合理安排对《大学》文本的解读，能够基于诠释学思考方法的自觉而先有个通盘的考虑，然后有序地展开。大体分三步进行：

第一，对《大学》文本诠释的初步探讨。先以朱子的《大学章句》为底本，参照各时期富有代表性的《大学》诠释，讨论《大学》的基本观念；然后通过比较分析，整理出思想史上诠释《大学》的基本类型，并概括出从不同诠释类型来看的《大学》主旨及其基本义理。

第二，对《大学》新本与古本整体结构的比较分析。基于第一点的讨论，探讨在不同诠释类型的视野之中《大学》文本的整体结构，并对其中的重点篇章做基本结构分析，以探讨《大学》思想的脉络。第一、二点的工作将纳入本书的文本解读部分，从诠释学的角度看，其主要目的在于与文本建立联系，同时为进一步的讨论提供可靠的基础。接下来的观念史与社会史分析部分，其主要目的则在于，通过与文本的进一步交流，以积累本书诠释的"前理解"；不过这种交流将有所选择以突出重点，不再拘于文本论说，也不求面面俱到，而是聚焦于其中的政治伦理观念。

第三，对《大学》政治伦理观念的当代诠释。这部分的内容作为本书结论的一个重要方面，将在第三部分即当代考量篇展开。

第二章 从《大学章句》看《大学》的基本观念

本章拟围绕对朱子《大学章句》的探讨来梳理《大学》的基本观念。以朱子《大学章句》及其诠释为中心展开，主要考虑如下。一方面，对《大学》观念的梳理要有条理分层次地展开，就必须有整体上的考虑，合理安排叙述的线索和次序。历代关于《大学》文本及其诠释的文献极其繁杂，据不完全统计，仅清代就有 70 余种。我们不可能面面俱到，就写作本书的目的来说也没有这个必要。但要富有成效地推进对《大学》观念的探讨，就必须有所选择，并对所选择的诠释予以甄别和分类。鉴于此，本章的做法是，以讨论最典型的文本诠释为起点，并以此为中心逐步扩展到与其他典型诠释的比较分析。这样既便于说明《大学》诠释的类型，也有利于对《大学》文本理解的逐步深入。另一方面，从上一章的讨论来看，以讨论朱子的《大学章句》为中心无疑是最适合的选择。《大学》文本能够从"边缘"走向"中心"，成为儒家经典，朱子的《大学章句》厥功至伟。其后对《大学》文本及其诠释的讨论才成为儒者的核心议题，而这些讨论大多是围绕《大学章句》展开的。可以说，朱子的《大学章句》为《大学》注入了新的活力，对于《大学》文本及其意义展开来说是一个承上启下的枢纽。

朱子的《大学章句》重新编排了《大学》古本（亦即《礼记·大学》）的次序，并划分了"经"与"传"两大部分，"传"被视为"经"之中相应观念的解释。按照这种体例和理解思路，朱子删了一处被判定为"衍文"的文句，并作格物致知补传以弥补原文的缺漏。由此，《大学》的观念实际上就是"经"之中的"三纲领""八条目","传"只是《大学》对这些观念的解说,朱子的注解则是对此的进一步解释。因此,从《大学章句》来看《大学》的基本观念,其实就是要探讨"三纲领""八条目"及其关联。以下从两个方面展开论述。

第一节 从《大学章句》看《大学》的"三纲领"

所谓《大学》的"三纲领",是就"大学之道"而言的。《大学》篇首说:

> 大学之道,在明明德,在亲民,在止于至善。

"大学之道"当作何解?这个问题关涉对《大学》一书的性质及其宗旨的判断,非常重要。朱子解释说,"大学者,大人之学也"。这不仅是对"大学"的解释,其实也是针对"大学之道"而言的。这一点明确可见于《大学或问》篇首的设问:"大学之道,吾子以为大人之学,何也?"朱子对此设问的解答大体有三层意思①:其一,大人之学是相对小子之学而言的,这两者的学制是依年龄特点而做出的合理安排,从而有大小、始终之别;其性质则一,都是为人格的成长提供教导,而不应将两者判为两截。也就是说,两者之别是在"旨归一致"这一前提下的为学"次第之当然",是为了循序渐进而做出的安排。其二,借用程门"主敬"的相关说法,视之为贯穿为学始终之精要,从而点出大学小学相通之处,而不拘于开始学习的年龄问题。其三,"大学之道"无非"修己治人""修己以安百姓"之法,将之解作"大人之学",是要突出以"修己"为本,首先要挺立自身的道德人格,以此为根本,才能在政治生活中发挥相应的积极作用。总之,这一解释中的"大人",首先是就道德人格来说的,"大人之学"强调的是道德修养。当然,这一解释并不排斥政治之"位"意义上的"大人",

---

① 朱熹. 四书或问. 黄坤,校点. 上海:上海古籍出版社,2001:1-3.

但从朱子对"修己"为本的强调来看,即使兼摄政治之"位",也必须有相应的"德"或者"以德配位",才可称作"大人"。用现在的话来说,朱子的意思或许是:对志于学的儒者来说,无论小学还是大学,其旨归都在于"学以至大人乃至圣人",这是可以贯穿为学之始终的;而关切社会政治、拥有政治抱负,也是儒者人格的应有之义;但能否实现政治抱负,不仅要以相应的道德人格为根本、为前提,而且依赖于自身的外部条件,尤其是政治清明与否①。

基于以上论述,朱子"大人之学"的解释,可以说从一个侧面体现了他对《大学》文本的预期及其解释的基本面向。进一步说,他是从"圣人之教"的角度来考察和诠释《大学》,意在为志于儒家的学者提供入德之门:"学问须以《大学》为先,次《论语》,次《孟子》,次《中庸》。"②从"四书"系统之首的定位来看《大学》,朱子所看重的是《大学》"内圣"的一面,也是个人内在的精神层面,进而是其中的道德修养工夫。这可以说为《大学章句》设定了基调,由此来看,朱子取程颐"亲,当作新"的观点乃势有必然。但"亲民"既为"大学之道"之一项,又是篇首提出的核心观念,这种改动是否妥当?显然需要更充分的依据,而不能让文本迁就己意。朱子在《大学或问》中对此做了专门说明:

> 曰:程子之改亲为新也,何所据?子之从之,又何所考而必其然耶?且以己意轻改经文,恐非传疑之义,奈何?曰:若无所考而辄改之,则诚若吾子之讥矣。今亲民云者,以文义推之则无理,新民云者,以传文考之则有据,程子于此,其所以处之者亦已审矣。矧未尝去其本文,而但曰某当作某,是乃汉儒释经不得已之变例,而亦何害于传疑耶?若必以不改为是,则世盖有承误踵讹,心知非是,而故为穿凿附会,以求其说之必通者矣,其侮圣言而误后学也益甚,亦何足取以为法耶③?

---

① 这层意思明确可见于朱子与陈亮的王霸义利之辩。参见田浩.功利主义儒家:陈亮对朱熹的挑战.姜长苏,译.南京:江苏人民出版社,2012:76-84.
② 黎靖德.朱子语类.王星贤,点校.北京:中华书局,1986:249.
③ 朱熹.四书或问.黄坤,校点.上海:上海古籍出版社,2001:5-6.

从这一段假设的问答来看，对于做如此改动可能面临的质疑，朱子有较充分的预计，由此提出两方面的依据：一是《大学》文本本身的依据，即在他认定为传文的部分有一段关于"新"或"新民"的解说，由经与传相对应的观点逆推，则这一改动可成立。二是从义理的角度说，朱子认为，依"亲民"之原文则义理不通。从考据的角度说，第一点依据具有一定的说服力。但朱子所着重的显然是第二点义理方面的依据，这是与其诠释的目的相关的，由此必求不至于"侮圣言而误后学"。当然，为妥当起见，朱子仍姑且遵循释经之体例，在注解中提出这一改动而未改原文。

那么，在朱子看来，《大学》的首段论说，其要在于指出大学之道表现在三个方面，即"明明德"、"新民"和"止于至善"。它们定下了大学之道的规模，朱子称其为《大学》之纲领。以下联系朱子所整理的相应传文，分述《大学》的"三纲领"。

一、明明德

按照朱子的分疏，《大学》释"明明德"的传文如下：

《康诰》曰："克明德。"《大甲》曰："顾諟天之明命。"《帝典》曰："克明峻德。"皆自明也。

从《大学》文本本身看，这段解释援引三段《尚书》的说法，只是为了突出"明明德"中的前一个"明"。"皆自明也。"事实上，这三段引文可能各有其义，但在《大学》的作者看来，它们都与"明明德"相关，并且有着"自明"的共同点。所谓"自明"，也就是说"明德"的彰显，要靠自己的努力而不是借助外力。按照引文出处的篇名，各句的说法出自不同的时期，《康诰》所指涉的是周代，《太甲》指涉殷商，《帝典》则指涉尧舜。其中的"明德""明命""明峻德"与《大学》"明明德"中的"明德"是否为一回事，很难下定论。如在宗教意识浓厚的商代乃至西周，"明德"

是指明白祖宗的意思①；而《帝典》"克明峻德"的原义可能是指能够尽孝道②。但《大学》并没有追究引文原义的意思，当然也不一定是根据对其原义的确切把握来"论证"最终的结语。结合《大学》其他地方的引用看，这些引用更多地是起某种中介的作用：或引起联想，或起衬托作用，或进一步引申，以突出作者想要表达的意思。用现在的话来说，其所措意的不是引文与结语之间的逻辑关联，更不是线性的因果论证，而是借用两者之间的意义关联来表达己意。这是一种发散式的想象，颇有"触景生情"、"断章取义"乃至"望文生义"的意味③。这也是先秦时期通行的做法，对《诗经》的引用尤其如此，这或许是因为这种引用方式本身就类似于《诗经》的赋、比、兴的表现手法。无论如何，《大学》这一段对"明明德"的解说，其实只是突出"自明"这一点，或者说作者只想指出这一点而无意于展开其他方面，乃至于对"明德"本身的含义都没有做说明。

但对"明明德"的诠释显然是朱子重点关注的。在"大学之道"那一段，朱子就对此做了较详的注解：

> 明，明之也。明德者，人之所得乎天，而虚灵不昧，以具众理而应万事者也。但为气禀所拘，人欲所蔽，则有时而昏；然其本体之明，则有未尝息者。故学者当因其所发而遂明之，以复其初也。

对于整个"大学之道"一段，朱子共做了四处注解，对"明明德"的这处注解占了差不多一半的分量；在答弟子问时，朱子讲得明白："《大学》之道，必先明此明德。若能学，则能知觉此明德……《大学》一书，若理会得这一句，便可迎刃而解。"④ 由此可见朱子对"明明德"的重视程度。换一个角度看，它又是高度凝练而简洁的，因为它几乎概括了朱子心性论的主要观念：天地之性与气质之性，"理"与"事"，天理与人欲，气禀之

---

① 陶希圣. 中国政治思想史. 北京：中国大百科全书出版社，2011：44. 又，按《尚书·太甲》的相关原文，"天之明命"带有浓厚的宗教色彩，与神祇及祖宗之意相关。附《尚书·太甲》相关原文：伊尹作书曰："先王顾諟天之明命，以承上下神祇。社稷宗庙，罔不祗肃"。
② 章太炎. 太炎先生尚书说. 诸祖耿，整理. 北京：中华书局，2013：50.
③ 朱自清. 经典常谈：插图本. 上海：上海古籍出版社，2004：28－29.
④ 黎靖德. 朱子语类. 王星贤，点校. 北京：中华书局，1986：262.

偏弊清浊，等等。在《大学或问》中，朱子又对此做了大段的展开说明：借用周敦颐的"太极"说来讲天地之性，并归结为"理"；进而讲到人、物的气质之性，它是指人、物所禀受的天地之性在各自形体中的表现，而此表现依人、物各自的气质差异而有别；最后又借助对孟子相关观念的解说，说明通过道德修养以去气质之偏弊而复本体之明的圣人之教①。《朱子语类》则记载了朱子就此为弟子详尽解答，其中体现了他对此问题的思考和反复推敲②。

  对于朱子这一段关于"明明德"的解释，这里做个简要的分析。首先，他是在人之性分所有的意义上来解释"明德"的，用理学的观念来说即"性德"。"德"通"得"，"明德"之"德"是"人之所得乎天"的，那么也就是人人都有的，其来源也是共同的，是为"性德"。"虚灵不昧，以具众理而应万事"可视为对"明德"之"明"的诠释，表明"明德"为纯粹至善之德。其中"虚灵不昧"侧重从状态描述的角度突出"明德"的纯净、上达下学之通透，亦即纯粹性；"具众理而应万事"则侧重从其道德活动能力方面说明其至善的性质，"明德"之活动无不发乎理，可应乎事，展现出纯善的方向。由此可见，朱子显然是从理学中天地之性的理路来解释"明德"的。其次，他从气禀所拘、人欲所蔽来说明，"明德"为何还有个"明"、"明德"或"明之"的问题。"明德"虽为纯粹至善之德，但落到现实来说还有个是否表现的问题。"明德"要通过形体活动来表现，个人的气禀材质有别，其具体表现"明德"的能力亦有别；另外，即使有能力还可能出于其他考虑而不愿意表现，具体说如果过分热衷于物质追求乃至压倒了道德追求，那就会优先选择物质欲望的满足，把道德人格方面的精神追求置于次要位置，从而不表现"明德"。前者是气禀所拘，是具体个人道德能力本身的差别；后者是人欲所蔽，是外在于人的原因。因此，"明德"虽为人人所有，但现实生活中的具体个人还有必要"明""明德"，否则会"有时而昏"，无以充分表现"明德"，不能成就大人人格。最后，个人没有充分表现"明德"，并不意味着失去更不是缺乏"明

---

① 朱熹.四书或问.黄坤，校点.上海：上海古籍出版社，2001：3-5.
② 黎靖德.朱子语类.王星贤，点校.北京：中华书局，1986：260-267.

德",因为"明德"的"本体之明,则有未尝息者"。这就是说,每个人都禀受而本有的天地之性,作为个人本源性的道德潜能从不曾丧失,也无时无刻不在发挥作用;不过"有未尝息者"之"有"字点出,在为气禀、人欲所左右的情况下其作用可能很微弱、发挥得极不充分①。但也正因为"有未尝息者",每个人都可以通过自身的努力,自觉进行道德修养而"复其初"。也就是说,每个人都有"明之"的可能性,也不缺乏"明之"的根据;能否"明之",取决于自己是否愿意克服"人欲之私"以去蔽,力求"复其初"之"明",以及通过道德修养来突破气禀之拘,不断改善自己表现"明德"的现实能力。总之,朱子可以说是在人性之普遍性的意义上,从承接孟子性善论的理学方向来解释"明明德",表现出浓厚的道德形而上学色彩。

正是在人性之普遍性的意义上,朱子对《尚书》中这三段与"明明德"相关的引文做出了似乎首尾一贯的解释。即使对于其中"天之明命"这一不针对"明德"的引文,朱子也从天之所予的意义上建立了与"明德"的有效关联:"天之明命,即天之所以与我,而我之所以为德也"。朱子的这一注解,与上一段关于"明德"的解释是相贯通的。在朱子看来,这三段引文似乎还呈现出递进的层次:

> 《康诰》通言明德而已。《太甲》则明天之未始不为人,而人之未始不为天也。《帝典》则专言成德之事,而极其大焉。其言之浅深,亦略有序矣②。

从《康诰》、《太甲》至《帝典》的三段引文,其义理是由浅而深的。也就是说,这三段之中,《帝典》所记载的帝尧之言,其义理最深刻,其次为《太甲》所记载的太甲之君师伊尹之言,周武王③告诫康叔之言又次之。如果从思想发展或考据的角度看,朱子的这一排序相当令人费解:对于同一种观念,后世言说之义理反而越来越浅薄于前代。但如果我们把理解的

---

① 在回答弟子的相关提问时,朱子将这层意思讲得更明白:"若人之明德,则未尝不明。虽其昏蔽之极,而其善端之发,终不可绝。"参见黎靖德.朱子语类.王星贤,点校.北京:中华书局,1986:261.
② 朱熹.四书或问.黄坤,校点.上海:上海古籍出版社,2001:12.
③ 朱子以为《康诰》所载乃武王之言,也有学者认为是成王、周公之言。参见朱熹.四书或问.黄坤,校点.上海:上海古籍出版社,2001:14.

角度从言说转向言说者，那么朱子的这一说法可能就顺理成章了。毕竟，按照"有德者必有言"（《论语·宪问》）的儒家传统观念，言说义理之深浅，往往取决于言说者德性之高下。尧为儒家所推崇的圣王，伊尹为引导太甲改过返性的君师贤相，武王则只能视为有德之贤君；从这一点来看，朱子上述"亦略有序"的判断就是可理解的。

总之，对于"明明德"，《大学》的作者只解释了前一个"明"的意思，说明是"自明己德"；对于何谓"明德"，并没有提出相应的解释。为什么不解释"明德"？可以有多种推想：或许在作者所处的时代，对于"明德"有统一的理解或说法，是人所共知的，从而无需解释；或许作者认为，"明德"这个说法很平易，就其字面意思理解即可；还可能《大学》文本并非独立的，而是作为某个文本系统的一部分，而该系统的其他地方已给出了对"明德"的解释；当然还不能排除作者的疏忽或有意忽略，或缺乏解释的兴趣，或以为这个问题无关紧要；等等。但无论如何，作者都不可能提出像朱子这样的理学解释，因为在作者所处的时代，人性问题还没有得到充分的讨论，更没有理学所谓天地之性和气质之性的分疏。那么，这是否意味着朱子的注解与《大学》的文本不相应或逸出了文本的意义空间？从诠释学的观点看，可能应该对这个问题换个提法，或者说关键的问题在于，朱子的注解能否与《大学》的相关论说相通、相承接？基于前文的论述，答案应该是肯定的。朱子的"明明德"注解与《大学》"自明"的说法是完全可以承接而相通的，或者说，如果沿着"自明"的理路往"上达"的方向引申，那么朱子的注解很可能得到《大学》作者的认同，用诠释学的说法就是很可能达成"视域融合"①。若如此，则意味着假如《大学》的作者处在朱子所处的时代，未始不会提出类似的说法，亦即如孟子所谓"圣人复起，必从吾言"（《孟子·公孙丑上》）。在此意义上，朱子只是在发挥《大学》之遗意。而经过朱子的补充和扩展，《大学》"明明德"的观念不仅呈现出更丰富的义理，而且从这种性善的观点看义理更通贯而有序。另外，为什么《大学》作者忽视的问题却成为朱子关注

---

① 伽达默尔. 诠释学Ⅰ：真理与方法：哲学诠释学的基本特征. 洪汉鼎，译. 北京：商务印书馆，2010：415-420.

的焦点？这应该是与朱子基于对其时代问题的判断而形成的前见相关的。关于朱子注解是否达成"视域融合"以及其前见是否合理的问题，这里只是暂时提出，较充分的讨论要在第二部分才能展开。

二、新民

《大学》释"新民"的传文如下：

> 汤之《盘铭》曰："苟日新，日日新，又日新。"《康诰》曰："作新民。"《诗》曰："周虽旧邦，其命惟新。"是故君子无所不用其极。

"新"是这三段引文的核心词，"君子无所不用其极"则是由引文引申出的意思，其大意是，君子总是想方设法来达成"新"这一目标。但在这三句引文中，"新"的指涉不同，其含义亦有别，在此略做辨析。其一，《盘铭》所载，为殷商立朝之君成汤刻在浴盆上面的自警之辞，是对自己提出的告诫和要求。其中的"新"当指"自新"，"苟"的通常含义是"如果"。那么这一段铭文的大概意思就是要求每天"自新"，时刻坚持，毫无间断。但"自新"的内容是什么？是要求不断提升自己的精神境界和道德人格，还是功业上不断进步、让事业呈现新面貌？从这段文字还无法做出判断，目前流传下来的文献也没有提供相关的佐证。其二，若将原文补足，则《康诰》的一段应为："已，汝惟小子，乃服惟弘。王应保殷民，亦惟助王宅天命，作新民。"①《康诰》所载乃武王诰命康叔为卫侯的叮咛之语，该封地为殷商遗民聚居之所。结合事件背景及原文语境来看，这里的"新民"主要指，殷商旧民归化为新周之子民，"作新民"则是指使新归化的殷商旧民摆脱殷商统治时的萎靡状态，重新振作起来，从而有助于达成安定周之天命的目标②。其三，最后一段引文出自《诗经·大雅·文王》的第一段："文王在上，於昭于天。周虽旧邦，其命维新。有周不显，帝命

---

① 孙星衍. 尚书今古文注疏. 陈抗, 盛冬铃, 点校. 北京：中华书局, 2004：363.
② 可参见孙星衍对"作新民"的注疏："惟王受殷民而安之，王方受保殷民，汝亦当思助王图度天命，与殷民更始也。卫民被纣化日久，故戒以作新之。"

不时。文王陟降,在帝左右。"① 结合该诗的主旨和这一段的语境来看,引文的大意是说,成周以前虽然只是一个诸侯邦国,却是新受天命者;这正是由于周文王之德及其功业,为"旧邦新命"奠定了根基。总之,就其原义看,这三段引文中的"新"分别指"自新"、"新民"和"新受天命"。与其说它们的解释对象是"新民",不如说是"新",更确切地说是如何能够达成"新"这一目标,强调由此需要坚持不懈地付出最大的努力。

再看朱子对"新民"的诠释。对于"大学之道"这一段经文中的"新民",朱子的解释是:

> 新者,革其旧之谓也。言既自明其明德,又当推以及人,使之亦有以去其旧染之污也。

这一解释的特点有二:一是联系"明明德"对于"新民"的基础性意义来解释"新"的含义。在朱子看来,"新民"是"明明德"以推己及人的方式自然而然产生的发用,在此意义上,它为"明明德"所统摄。二是强调从修养工夫的角度理解"新"之义理,"革""去污""去蔽"的解释都带有道德修养工夫的意味。这种解释倾向是"向内偏转"的,这一点更明确地表现于对传文的理解和诠释。

首先,对于"苟日新"中的"苟",朱子训为"诚"。从《朱子语类》的记载看,这一诠释是经过他反复琢磨而尤为着重的。

> "苟日新"一句是为学入头处。而今为学,且要理会"苟"字……
>
> 苟,诚也。要紧在此一字。
>
> "苟日新"。须是真个日新,方可"日日新,又日新"。
>
> "苟"字训诚,古训释皆如此。乍看觉差异。人诚能有日新之功,则须日有进益……②

上述说法都紧扣"苟"字训诚而言,又是从为学工夫这一方向来理解的。按照一般理解,"苟"本当为虚词而无实义。但朱子联系为学来理解,讲

---

① 王先谦. 诗三家义集疏. 吴格,点校. 北京:中华书局,1987:823.
② 黎靖德. 朱子语类. 王星贤,点校. 北京:中华书局,1986:318.

得斩截，使之呈现出"真切""确实"之类的义理蕴含。总之，朱子对"苟"的字训，其话头引向为学者的真切觉解，切实用功于德业之日新。也可以说，朱子是本于对"明明德"的理解来解释"新民"的。

其次，朱子基于"明明德"来解释"新民"，使传文呈现出明确的义理脉络而井然有序。孤立地看第一段《盘铭》之引文，只是"自新"而与"新民"无涉。但朱子以为，"此自其本而言之，盖以是为自新之至，而新民之端也"①。这里的"其本"，当指"明明德"之本。从这样的观点看，"自新"是指自己精神面貌、人格境界的不断提升，亦为"明明德"之事，而"新民"正是建立在如此"自新"基础上的发用。在朱子看来，第二段《康诰》之引文则是直接正面地提出"新民"，第三段《诗经》之引文则是以"新受天命"来指示"自新""新民"之极致，而对于最后"君子无所不用其极"的结语，朱子以为"极"有"极于至善"的意思②。经过这样的诠释，《大学》这一段传文隐然呈现出逐步递进的层次，其结语也有总结"新民"而又引出"止于至善"的承上启下之意。

最后，经过朱子的诠释，各段引文的义理以及"新民"观念的内容也表现出明确的道德指向。如对于《盘铭》引文的义理，朱子结合《商书》其他篇章关于汤之德性的描述③，认为所谓"日新"乃作存养省察之功，以义制利之事④。而对于"新民"之"新"，朱子强调其"自新"之义，要通过明觉自身的道德根基，才能更新自己的精神面貌，提升道德境界。虽然说在儒家"德治"传统中，"新民"是指对民众的道德教化，但朱子一方面强调以自身"明明德"为本是道德人格在政治生活中的发用，另一方面认为对民众的这种道德教化根本上是通过人格感召而不是外部制度

---

① 朱熹．四书或问．黄坤，校点．上海：上海古籍出版社，2001：14．

② 朱熹．四书或问．黄坤，校点．上海：上海古籍出版社，2001：14．另参见黎靖德．朱子语类．王星贤，点校．北京：中华书局，1986：267．

③ 值得注意的是，朱子所援引的《商书》其他篇章如《咸有一德》《仲虺之诰》《太甲》等，经清人考证为后人托古之伪作。对于朱子援引的关于汤"以义制事，以礼制心""与人不求备，检身若不及"等说法，从思想史的发展来看，也不是殷商时期可能出现的观念，而是发展到先秦才可能有的。当然，《古文尚书》一些篇章的证伪到清代才完成，宋代只是有学者提出怀疑。但无论如何，这也从一个侧面表明，朱子的诠释蕴含着较强的理学立场和价值判断。

④ 朱熹．四书或问．黄坤，校点．上海：上海古籍出版社，2001：13．

引导或规范来进行的，是通过道德感染力来启发民众的道德自觉，亦即"使之亦有以去其旧染之污"。

总之，从《大学》原文看，"新民"是一种典型的政治伦理观念，既强调要以伦理为根据，又有着明确的政治指向。朱子的诠释虽然不排斥"新民"的政治指向，但都是着意于其伦理根据，由此其诠释的重心在于"自新"以"明己之明德"，从而"有以新民"。基于这一明确的诠释向度，朱子所诠释的"新民"，其义理更为贯通而有序。从《大学章句》的注解、《大学或问》，以及《朱子语类》的相关论说看，朱子讨论"新民"的篇幅远少于对"明明德"和"止于至善"的讨论。可以说，在"三纲领"之中，"新民"是朱子相对较少关注的观念。

三、止于至善

按照朱子的重新编排，《大学》释"止于至善"的传文较长，按原文脉络分三段做简要分析。先看第一段。

> 《诗》云："邦畿千里，惟民所止。"《诗》云："缗蛮黄鸟，止于丘隅。"子曰："于止，知其所止，可以人而不如鸟乎！"《诗》云："穆穆文王，于缉熙敬止！"为人君，止于仁；为人臣，止于敬；为人子，止于孝；为人父，止于慈；与国人交，止于信。

出自《诗经》的三段引文都出现了"止"字，但含义显然有别。第一句引文大意为：封地千里的王都，为百姓安居之所。其中的"止"可训作"安"①。第二句引文大意为：优雅的小黄鸟，知道选择山丘一角作为休息之所。其中的"止"，是指"飞行途中的休息静养"②。孔子由此引发的感慨带有浓厚的伦理意味：人如果做不到"知其所止"，那就连小鸟都不如。

---

① 可参考王先谦的集疏：《笺》："止，犹'居'也……王幾千里之内，其民居安，乃后兆域正天下之经界。"参见王先谦. 诗三家义集疏. 吴格，点校. 北京：中华书局，1987：1106.

② 王先谦. 诗三家义集疏. 吴格，点校. 北京：中华书局，1987：814-815.

第三句引文大意为：文王有肃穆的天子之容，令人赞叹的是他能敬其光明之德。其中的"止"，有"安"的意思，联系上下文看，可理解为其"内在的德性"①。

《大学》由此引出关于"止于至善"的论说颇有特点，此处略做分析。其一，其所关注的或者说想要解释的，不是对"止于至善"的界定或理论把握，而是如何"止于至善"。其二，关于如何"止于至善"，《大学》在这里也不是做一般的理论探讨或提出某种抽象的理想境界，而是将"位"与"德"相结合做具体说明：每个人在特定的社会角色上有恰如其分的表现，亦即表现相应的"德"；同时君仁臣敬、父慈子孝对举，还意味着"至善"之"止"的情境性质，亦即总是在某种相互对待的关系中具体展开的。其三，把"至善"之"止"解释为因社会角色和对待关系不同而表现不同的德性，这是否意味着对"至善"或"止于至善"缺乏统一的说法，无法做出一贯的理论说明？我们如果换个视角，也就是把焦点从与"德"相应的"位"转向表现具体德性的个人，可能就不会产生这样的疑问。一个人在家族生活和社会生活中要扮演多种角色、处理多种关系，在不同的角色和关系中需要表现出来的德性内容当然有所不同。

由此来看，《大学》这里所倡导的各种"德"并非由"位"确定的，不能将之理解为某种身份伦理；毋宁说，它们是对"止于至善"的圣人在各种关系情境中恰当表现的一种描述和概括；就其一贯方式讲其实是"中庸"，无时而不中，无不恰如其分，就其可感的道德特点来说是各种具体的德目。毕竟在儒家伦理的视野中，无论何时何地，人才是道德表现的主体，才是具体道德图景之中的焦点。孔子"从心所欲而不逾矩"，或许是对此的最好诠释。由此可以说，《大学》的上述说法意味着，"止于至善"能够就着各种关系情境而做出相应的恰当表现，这些表现虽然因关系和情境不同而不一，但就"止于至善"者的道德境界来说则是一贯的。当然，这种一贯性有没有进一步的形而上根据，则是《大学》未及说明而朱子在其诠释中予以重点关注的。

再看第二段传文：

　　《诗》云："瞻彼淇澳，菉竹猗猗。有斐君子，如切如磋，如琢如

---

① 王先谦. 诗三家义集疏. 吴格，点校. 北京：中华书局，1987：823-824.

磨。瑟兮僩兮，赫兮喧兮。有斐君子，终不可谖兮！"如切如磋者，道学也；如琢如磨者，自修也；瑟兮僩兮者，恂栗也；赫兮喧兮者，威仪也；有斐君子，终不可谖兮者，道盛德至善，民之不能忘也。

这段的引文出自《卫风·淇奥》，按照《毛诗序》的说法，这首诗是赞美卫武公的①。与此前的引用不同，《大学》在此的评论是直接针对引文来发挥的。因此，这里拟结合《大学》的解释，简要说明这一段诗的行文线索及其意义脉络：第一句起兴，由令人向往的美景衬托出令人敬仰的有美德之人；然后说明君子之德是通过切磋琢磨的修养工夫而养成的，其中"切磋"是与他人共学以进德，"琢磨"则指自我的道德修养；接着描述了君子富有感染力的有德之貌；最后赞美君子之德流芳后世，按照《大学》的解释，其境界已臻"至善"，从而其德业不朽。我们如果按照朱子的编排，把这一段也当作解释"止于至善"的传文，那么或许可以在如下意义上与第一段建立关联：第一段是就德目来讲如何"止于至善"，这一段则进一步描述了一位"至于至善"的君子，以说明"止于至善"的典范人格是怎样的。

最后看第三段：

《诗》云："於戏前王不忘！"君子贤其贤而亲其亲，小人乐其乐而利其利，此以没世不忘也。

这一段的引文是《周颂·烈文》的结语，该篇为祭祀周文王和武王的颂歌。《大学》的评论可以说是由此结语引出的伦理思考，通过探究后世之人为何不忘文王和武王来阐发义理。其中"君子"与"小人"是从"位"或社会身份的意义上讲的，结合西周的社会政治状况看，或许可以把这里的君子理解为贵族，小人则为平民或未受教育之人。《大学》认为，"前王"之所以"没世不忘"，是因为后人感念其"恩""德"：君子能够领会从而敬仰前王之贤德，不忘血脉上的亲近关系②；民众则能感受其与民同

---

① 王先谦. 诗三家义集疏. 吴格，点校. 北京：中华书局，1987：265-268.
② 周代政治以宗法制为基础，一般说来贵族与王室之间都有着或近或远的血缘关系。从这个意义上讲，"亲其亲"有认祖归宗的意思，或者说"前王"之德业给予君子以同为一家的归属感。或许还可以结合儒家伦理做出更理论化的解释。"亲亲，仁也"，是先秦儒家都认同的解释。当然，这并不是说儒家倡导的"仁"仅止于此，而是说从最初的表现、起源处说，"仁"是由"亲亲"拓展而来的。在此意义上，"亲其亲"也有感念前王之仁德的意思。

乐的胸怀，感念其对后世的恩泽。儒家推崇周文王、武王为圣王贤君，也可说认为其德已达"至善"的境界。在此意义上，可以把这一段理解为解释"止于至善"所产生的效验。

"止于至善"也是朱子着重诠释的观念。在篇首"大学之道"一段，朱子给出了一种形而上的诠释：

> 止者，必至于是而不迁之意。至善，则事理当然之极也。言明明德、新民，皆当至于至善之地而不迁。盖必其有以尽夫天理之极，而无一毫人欲之私也。

先做个简要分析：第一、二句从义理的角度分别解释"止"和"至善"的基本含义；第三句是结合"明明德"和"新民"的进一步解释，点出"止于至善"与两者的关联；最后一句作为结语是贯通的讲法，借助理学的天理人欲观念来描述"止于至善"的状态。

朱子为何如此诠释？想要表达什么？或其中蕴含怎样的观念？《大学或问》和《朱子语类》有不少相关讨论，约其要①如下：其一，从道德内容上说，"止于至善"并非于"明明德"和"新民"之外别立一义，而无非将两者做到极致而呈现的理想目标和境界。这种"极致"，用朱子的话来说，是做到十分，一毫不差。所谓"十分"并非无挂搭的，而是"惟精惟一"、完全切中的意思，如射箭正中靶心而毫无偏差。就"明明德"来说，"止于至善"意味着无不中天理，就"新民"而言，"止于至善"意味着无不中事理。天理、事理其实无非一理：从"上达"的形而上方向讲是天理，从"下学"的方向讲则是见之于事理；天理散见于事理，必于事上表现才能真正呈现；事理必统一于天理，从而显示出明确一贯的道德信仰。就此而论，"止于至善"还意味着《大学》的"三纲领"在理想意义上是打成一片的。

其二，"止于至善"并非别立一义，其本身却有独特的意义。从形式上说，"止于至善"又可统摄"明明德"和"新民"，呈现为两者的共同目

---

① 朱熹. 四书或问. 黄坤，校点. 上海：上海古籍出版社，2001：4-5. 另参见黎靖德. 朱子语类. 王星贤，点校. 北京：中华书局，1986：267-273.

标。一方面,"止于至善"表明,"明明德"和"新民"还有个程度问题,从而有必要做相应的工夫。"明明德"有境界高低之别,"新民"有规模大小之分,那么"止于至善"这一理想目标也就意味着任重而道远,要完全实现前两者,为学者就必须坚持不懈地做相应的工夫。另一方面,"止于至善"还有坚定道德信仰的意义。要把"明明德"和"新民"做到极致,需要不容懈怠的努力,因而若缺乏"止于至善"所指示的道德理想方向,则为学者很可能半途而废;反之,若有"必至于是而不迁"的信念,则即使不能至,也终会有所成。

其三,就诠释方法而论,朱子用来诠释的观念基本来自理学的心性论,从而把"止于至善"推衍到较高的理论层面,呈现出较强的形而上色彩。但朱子也指出,"止于至善"这一理想并非抽象的悬拟,而是不离日用的,从而要求为学者于事上历练,切实地体验。

上述诠释也贯穿于朱子对传文的理解,体现为解读传文的基本思路及其诠释背后的义理脉络。这里结合《大学或问》和《朱子语类》的相关论说,对朱子的解读思路及其把握的义理脉络做简要说明①。为了便于对照,仍按照将传文分三段的方式进行。

先看第一段。朱子认为,其中出自《诗经》的三段引文都有其特别的用意,有助于阐发"止于至善"的义理。具体来说,《玄鸟》的引文是为了说明"物之各有所止",也就是说人、物各有其当止之处;引用《缗蛮》以及孔子的评论是为了阐发人应当"知其当止之处",小鸟犹知寻觅其安身栖息之地,人更应当知道寻求安身立命之所;《文王》的引文,则是由圣人之止引出对至善之所在的说明②。基于朱子的这种理解,《大学》的这三段引文,其关于"止于至善"的义理逐步深入,叙述的层次也相当明

---

① 由于此处传文的引用较多以及注解本身的局限,朱子的解读思路及其把握的义理,主要见于《大学或问》和《朱子语类》,而不是《大学章句》的注解。在相当程度上,注解只是基于解读思路和义理把握而呈现的结果。因此,此处的论述将主要依据前面的两本著作,而不是《大学章句》。另外,对于传文的基本含义,前面针对《大学》文本已有所分析。为免繁复,此处不赘述,但最后会将朱子的理解与前面所分析的文本意思做个简要的比较,以突出朱子所表达的义理及其诠释特点。

② 朱熹.四书或问.黄坤,校点.上海:上海古籍出版社,2001:15.另参见朱熹.四书章句集注.北京:中华书局,1983:5.

确：从具有道德意蕴的事实描述，进到人对此的认识，最后引出"止于至善"的观念。接下来《大学》的结语，则是就人之大伦来谈如何做到"止于至善"。总而言之，朱子认为，这一段已经较完整地说明了"止于至善"的义理。对照前面关于《诗经》之引文原义的分析，朱子的理解显然未必符合引文之原义，而毋宁说是以前面他对"止于至善"的诠释作为"前见"，对这一段文本之义理脉络的进一步梳理。朱子显然意识到这种质疑的可能性，因而以问答的方式指出："古人引《诗》断章，或姑借其辞以明己意，未必皆取本文之义。"① 也就是说，《大学》之引文想要表达的意思，未必取引文之本义，后者更多地是起着导引的作用。理解是否恰当，在朱子看来其关键在于把握《大学》作者的意思，并通过诠释使其义理更为分明。

至于第二段，朱子认为，其主要内容在于，通过引用《淇奥》来说明"止于至善"的修养工夫，以及"止于至善"所产生的效验②。其中朱子尤为重视的是"切磋琢磨"的修养工夫，甚至认为"《传》之三章，紧要只是'如切如磋，如琢如磨'。如切，可谓善矣，又须当磋之，方是至善；如琢，可谓善矣，又须当磨之，方是至善"③。至于这一段所讲的"止于至善"之效验，朱子认为是就"明明德"而言的，而发"新民"之绪。

朱子认为，第三段也是讲"止于至善"之效验，不过讲法与第二段的讲法恰成对照。第三段是通过引用《烈文》，从"新民"之"止于至善"反过来说明"明明德"的效验④。

总体上说，朱子认为，《大学》释"止于至善"的传文"前三节是说止字，中一节说至善，后面'烈文'一节，又是咏叹此至善之意"⑤。从上述说明看，朱子这一清晰的整体把握，与前面关于"止于至善"的形而上理解是一致的，或者说是建立在这样的"前理解"之上。其主要关注以

---

① 朱熹.四书或问.黄坤，校点.上海：上海古籍出版社，2001：15-16.
② 朱熹.四书或问.黄坤，校点.上海：上海古籍出版社，2001：16.另参见黎靖德.朱子语类.王星贤，点校.北京：中华书局，1986：320-322.
③ 黎靖德.朱子语类.王星贤，点校.北京：中华书局，1986：320.
④ 朱熹.四书或问.黄坤，校点.上海：上海古籍出版社，2001：17.另参见黎靖德.朱子语类.王星贤，点校.北京：中华书局，1986：322.
⑤ 黎靖德.朱子语类.王星贤，点校.北京：中华书局，1986：322.

及诠释的重心都在"明明德"的一面,从而强调"切磋琢磨"的修养工夫;关于"止于至善"之效验的解释,他主要关注"明明德"之"止于至善"的效验,对于"新民"之"止于至善"的效验,他也是落到反过来衬托"明明德"之效的意义上来讲的。可以说,朱子对"止于至善"的理解方式仍然是向内偏转的。

四、"三纲领"之间的关系

按照朱子的编排,《大学》经文中"大学之道"与"八条目"之间的一段,是讲"三纲领"之间的关系,"听讼"一段则为其相应的传文。以下分别予以讨论,先看经文:

> 知止而后有定,定而后能静,静而后能安,安而后能虑,虑而后能得。物有本末,事有终始,知所先后,则近道矣。

这一段是紧接"大学之道"那一段来说的。开头的"知止"上承"大学之道"的结语"止于至善",结尾的"近道"似乎是指"近乎大学之道"。然而要恰当把握这一段的义理,却是不易。对于第一句的理解,其困难在于:各中心词"定""静""安""虑""得"都应有其实义,否则不成文义;其指涉为何,也是未定之数;并且就"而后"这一连接词看,它们彼此应有紧密的意义关联。对于第二句的理解,其主要困难在于确定"本末""终始""先后""道"的指涉。如此看来,解读者如果不选取较明确的视角、不基于一定的价值预设,就很难把这段经文讲通。视角和价值预设不同,解读也会有根本的差别。因此,这里暂且搁置对《大学》原文文义的分析,而单讨论朱子的理解和诠释。而待各方面的讨论较充分之后,拟在本书的结论部分再面向当代问题分析其基本含义,进而提出一种诠释。以下分述朱子对此段的理解和诠释。

先看第一句。朱子认为,这一句意在说明,"明明德"和"新民"为什么应当"止于至善"。对于其中的中心词,朱子都给出了相应的注解:

> 止者,所当止之地,即至善之所在也。知之,则志有定向。静,谓心不妄动。安,谓所处而安。虑,谓处事精详。得,谓得其所止①。

按照这样的理解,一个人一旦对"止于至善"有所认知,就会对其身心、境界以及处事都产生道德方面的积极作用,最终能"得其所止"。用现在的话展开来说,一个人一旦认识到理想的价值目标,就有了明确、稳定的志向,就有了主心骨而不会三心二意,这样无论其社会地位如何、身处何种境地,就都能做到安之若素,保持安宁的心境,就能自己拿主意,运用自己深思熟虑的判断来处理好各种事务,就能让自己有所得。

朱子的上述注解似乎仍有不清楚之处,蕴含着一些不能确定的因素②。比如对"定"的理解,《大学章句》的注解是"志有定向",《朱子语类》中朱子认为"定以理言"。又如何谓"得其所止"?结合上下文看,似乎应该是指在"止于至善"方面有所得,这或许是指反过来会加深我们对"止于至善"的认知,有"知行相须"的意思,也可能意味着"明明德"和"新民"向着"至善"的方向有所推进。这两处恰为《大学》这一段的首尾两端,对于把握整段的义理很关键,有必要厘清朱子的这两处诠释。这里结合《朱子语类》的相关记载③,对此做简要说明。

其一,"定以理言"和"志有定向"可能是从不同的角度来理解的。"定以理言"更多地是单就"知止而后有定"做出的分析,由此说明之所以"有定",是因为我们对事理有所知。就此而论,"定以理言"又有强调

---

① 朱熹. 四书章句集注. 北京:中华书局,1983:3.
② 这种诠释的不确定性并非由于朱子的疏忽,而毋宁说是由于朱子遵循儒家传统注经方法而带来的局限性。如朱子说,"凡立说须宽,方流转,不得局定"(黎靖德. 朱子语类. 王星贤,点校. 北京:中华书局,1986:274)。亦即对于义理精微处的说法,讲究圆融而避免拘于一偏,由此这种思考方式在一定程度上影响了其注解的明确性。
③ 本书这一段的论述,主要参考了《朱子语类》的相关讨论,并在此基础上做了进一步的分析。参见黎靖德. 朱子语类. 王星贤,点校. 北京:中华书局,1986:273-281。值得一提的是,朱子的弟子就这一段的理解提问尤多,这一方面可能是由于朱子的注解涉及理学较深层次的义理,另一方面也是其注解蕴含不少难以确定的因素。

为学工夫的意味①。"志有定向"则是就"定"的效果立论，面向下文的"静""安""虑""得"来解说。在朱子看来，后面的说法无非基于"知止而后有定"的工夫而产生的效果。因此，他认为，"定""静""安"三个字大略相类而指涉不同，"定"以理言，"静"以心言，"安"则是就身上说的。就义理贯通处说，"心下有个定理，便别无胶扰，自然是静。如此，则随所处而安"②。

其二，"能得"虽不排斥"新民"之"止于至善"方面有所得，《大学或问》也明确指出是兼"明明德"和"新民"之"止于至善"而言的，但就《朱子语类》的记载看，朱子偏重"明明德"方面，甚至是仅就此立论。如在答弟子问时，朱子就曾指出，到《大学》这一段所讲的"能得"处，为学工夫尚未尽，只能说完成了修己之功，"明明德于天下"的"新民"却还需要其他条件③。在此，朱子显然是单单从"明明德"的一面来理解"能得"。这种与《大学或问》不同的讲法，一方面可能由于是针对不必有政治之"位"的弟子或志于儒学者而言，另一方面则体现了朱子强调"明明德"为本，重在从为学工夫的视角来理解这一段的意思。

再看第二句。朱子的注解如下：

> 明德为本，新民为末。知止为始，能得为终。本、始所先；末、终所后。此结上文两节之意。

这一注解大略包含两层意思：其一，这一段是对前面"大学之道"和"知止"这两段意思的总结，旨在指出"明明德""新民""止于至善"这"三纲领"之间的关系。其二，本、末是就"明明德"与"新民"的关系而言，终、始是就"明明德"和"新民"各自如何"止于至善"而言；先、

---

① 朱子认为，《大学》这一段文本的说法是"有定"，而不是"能定"，因而应联系"事物有定理"来理解，"知止而后有定"则是指事理有所知，然后心志有所定。这种理解思路类似于其格物致知补传的理路。朱子还认为"定亦自有浅深"，也就是说"定"也有程度之别。有略知事理者；有对某事之理知得尽而未贯通于他事，从而未全知者；有贯通全部事理，知得透彻者。就此而论，"有定"或许应解作"有所定"。朱子又说，"这数句，只是要晓得知止……不说知止，则无下工夫处"。以上意思参见黎靖德．朱子语类．王星贤，点校．北京：中华书局，1986：273-279。

② 黎靖德．朱子语类．王星贤，点校．北京：中华书局，1986：274。

③ 黎靖德．朱子语类．王星贤，点校．北京：中华书局，1986：277。

后则似乎是指，在明白三者本末终始关系的基础上着手处理的次第。

值得注意的是，《大学或问》和《朱子语类》中没有关于这一段的进一步讨论，这或许是因为在朱子看来，注解已相当清晰，无需进一步的解释；还可能是因为这一段作为结论，对之的理解恰当与否，在朱子看来取决于对此前两段意思的把握，从而如果有理解方面的问题，那么也当探究前两段的义理，而不是这里的总结。但现在看来，仍有需要探讨之处：其中"物有本末"之"物"，朱子没有作注，但在《大学章句》其他地方曾作注："物，犹事也。"朱子这里既然没有特别作注，似乎也取这样的理解；"物"与"事"通用，这也是先秦时期常见的用法。若如此，则"物有本末"与"事有终始"似可理解为对文。但在儒家观念中，"本末"和"终始"所指的对象应该是有区别的。"本末"观念，乃由树木的根与枝叶之关系引申出来，多就生命体或至少就某一整体而立论；"终始"则是就事件及其发展来说的。由此逆推，这里的"物"与"事"似应有微妙的差别。

最后考察《大学》被朱子认作"释本末"的传文。

> 子曰："听讼，吾犹人也，必也使无讼乎！"无情者不得尽其辞。大畏民志，此谓知本。

这一段大体可分两层：一是引用的孔子之言，二是《大学》对孔子之言的评论。结合朱子的注解①来看，孔子之言的意思是：就断案、判定民事纠纷本身来说，孔子自认为并无过人之处，如果一定要说有过人之处，那就是能够促使出现无民事纠纷可判的情形。《大学》的评论可以说是由孔子"使无讼"引发的联想：为什么会出现无讼的情形？是因为民众不敢虚言巧辩②，由此事实清楚，纠纷不起。为什么孔子能使民众不敢虚言巧辩而无讼？是因为其德令民众敬畏、敬服，由此"己德既明，而民德自新，则得其本之明效也"③。

---

① 朱熹.四书章句集注.北京：中华书局，1983：6.
② 朱子注："情，实也。引夫子之言，而言圣人能使无实之人不敢尽其虚诞之辞。"也就是说，"情"是实情的意思，无情者是指虚构事实者。
③ 朱熹.四书或问.黄坤，校点.上海：上海古籍出版社，2001：17.

总之，朱子认为，这一段传文是为了说明"明明德"为本而"新民"为末，强调在政治生活中为政者个人的道德人格具有根本的意义，而对民众的道德教化是由此自然生发的积极影响。但是，朱子通过重新编排将此段归为"释本末"的传文，似显突兀，与其认定的相应经文及其诠释理路略有不合。《大学》的这一段显然由"听讼"这一具体的行政项目引出，引出的观念也是就政治生活立论的。在此意义上，孔子的说法"道之以政，齐之以刑，民免而无耻。道之以德，齐以之礼，有耻且格"（《论语·为政》），更切合这一段的语境及其中的观念。而前面朱子对相应经文的解释，基本是就为学及修养而言的。虽然可以说，这只是出于朱子本人的致思旨趣，但既然两者经传对应，则不能不考虑两者语境及其理路是否相合的问题。

在《大学或问》中，朱子似乎意识到上述问题，从而提出归之为传文的两方面依据：一是这一段的结语为"此谓知本"，而与经文"物有本末"存在对应关系。二是若按旧本或程子置于经文之下的处理方法，则义理难通。另外，若将这一段作为传文，为何它仅释"本末"而未及"终始"？朱子注意到了这样的问题，认为要么是因为《大学》作者未必严格执行以传释经之法，从而仅释大略，而不求面面俱到；要么是因为《大学》原文有所佚失。

要之，在朱子看来，"明明德"与"新民"之间是"本"与"末"的关系，前者是根本，是立足点，后者则是前者的发用，应该是其自然生发的效果。"止于至善"则是前两者的共同目标，指示出"明明德"与"新民"还有个实现的程度问题，从而展现为一个通过不断的修养和历练而逐步接近乃至实现"止于至善"的历程。就两者"止于至善"的这一历程来说，"知止"为始，"能得"为终。最后落实到"先后"关系来说，朱子的理解是以"本"（即"明明德"）、"始"（即"知止"）为先，也就是先要立明德之本，从"致知"入手，而朱子对"知止"的相关解说也透出相应于其格物致知补传的理路。可以说，朱子的理解和诠释与其理学观念是融合在一起的，表现出较强的道德形而上色彩。其旨趣在于"明明德"或"内圣"的一面，进而关心各种人德的修养工夫①。就与《大学》原文的关系

---

① 从朱子如下说法可见一斑："《大学》首三句说一个笼统，用力处却在格物、致知。"参见黎靖德．朱子语类．王星贤，点校．北京：中华书局，1986：260。

来说，朱子的诠释尤其是按照经传划分而做出的重新编排，仍有值得商榷之处。容后再论。

第二节　从《大学章句》看《大学》的"八条目"

所谓"八条目"，是相对于"三纲领"而言的。纲领是指大体、概要，条目则是基于对纲领的把握而做出的进一步安排或分出的项目。《大学》的"八条目"是就如何落实"三纲领"的进一步说明。《大学》说：

> 古之欲明明德于天下者，先治其国；欲治其国者，先齐其家；欲齐其家者，先修其身；欲修其身者，先正其心；欲正其心者，先诚其意；欲诚其意者，先致其知；致知在格物。物格而后知至，知至而后意诚，意诚而后心正，心正而后身修，身修而后家齐，家齐而后国治，国治而后天下平。

其中格物、致知、诚意、正心、修身、齐家、治国、平天下，即《大学》的"八条目"。就《大学》的以上论说看，各条目之间存在着某种前后发展的关系，呈现出有机性的关联，彼此串联成一体①。就个人而言，这或许可理解为一个随着其心智成长而从家庭/家族走向社会政治的历程，其中修身被认为具有根本意义，是关键和枢纽：

> 自天子以至于庶人，壹是皆以修身为本。其本乱而末治者否矣，其所厚者薄，而其所薄者厚，未之有也！

这里《大学》单单拈出修身这一条目，视之为每个人为人处世之根本，而无论这个人身处何种社会地位。这是将个人生活与社会政治生活相贯通的说法，强调道德对于个人的安身立命乃至建功立业都具有基础性的意义。其中颇有深意，也可以引出不少值得进一步思考的问题。这里暂且搁置，留待本书结论部分再展开较充分的讨论。

---

① 徐复观. 中国人性论史：先秦篇. 上海：上海三联书店，2001：246-248.

按照朱子的编排，"八条目"都有相应的传文，也就是说，《大学》对之做出了相应的解说。但《大学》古本是从解说"诚意"开始的，朱子认为这是由于《大学》原文的缺漏或佚失，由此他作格物致知补传以求完善。以下拟结合《大学》传文，依次考察"八条目"。先简做几点说明。其一，由于"八条目"被视为彼此有内在关联，除"诚意"章外，《大学》的传文是将相邻的两个条目贯穿在一起讲的。因此，下文的考察实际上只分六个方面。其二，对格物致知补传的考察，主要解读朱子的意思及其与《大学》整体思想的关系；对其他各传的考察则大体分两步：先简要梳理《大学》原文的含义要点，再考察朱子的诠释，最后做简要评述。其三，《大学》的传文篇幅较长，为免繁复，对之的论述不再像考察"三纲领"那样逐字逐句地解读，而主要采取围绕要点展开的方式。

一、致知在格物

朱子所作的格物致知补传如下：

> 所谓致知在格物者，言欲致吾之知，在即物而穷其理也。盖人心之灵莫不有知，而天下之物莫不有理，惟于理有未穷，故其知有不尽也。是以大学始教，必使学者即凡天下之物，莫不因其已知之理而益穷之，以求至乎其极。至于用力之久，而一旦豁然贯通焉，则众物之表里精粗无不到，而吾心之全体大用无不明矣。此谓物格，此谓知之至也①。

这一段补传是朱子对《大学》最着力之处，充分体现了朱子的创见，受到的关注和批评也最多。有必要予以较详细的辨析，分三点展开。

第一，结构和脉络。这段论说开头和结尾与《大学》各传的表述类似，中间则是对论题相关问题的展开。就此而论，其整体结构符合《大学》各传的体例。中间部分的论说方式及其义理层次、文法，则与《大

---

① 朱熹. 四书章句集注. 北京：中华书局，1983：6-7.

学》各传显然有别。这从一个侧面表明，朱子更注重的是义理的阐发，从而力免以文害义。可以说，朱子作补传，想要呈现的不是《大学》作者的原文，而是其原义①。按照其义理脉络，第一句是对论题或论点的解释；第二句说明"致知在格物"成立的理由，或者说为什么要由格物而致知；第三句是讲如何做到由格物而致知，亦即格物致知的工夫；第四句讲当做到何种程度，也可说是格物致知工夫的最终效验。可以说，这四句讲出了四层意思，相互之间义理通贯，整个论说由此层层相因而秩序井然。

第二，补传依据及其义理分析。朱子作补传的依据何在？在《大学章句》中有简要说明：一是认为《大学》原文此处有佚失，若非如此，则文意不属；二是补传的内容是借助程颐相关观点的发挥②。第一点理由涉及对《大学》文本的整体判断，暂且不论。关于第二点，《大学或问》中朱子通过梳理十七条程颐语录，说明程子持有三方面的相关观点③：首先是为学当以格物致知为先，这一先后次序不可乱，此为入德之正道。其中，格物致知在程子这里的意思是：只有亲身历练以穷事理（格物），才能觉解得透彻（致知），才能得真知。其次是从修养工夫来说，格物致知当是切身用力之处，并指出与格物致知相应的各种用功方法和着手次第。最后是格物致知的根本目的在于涵养本源，收其放心。由此观之，朱子"窃取程子之意"的说法并非虚言。但这并非意味着朱子只是在转述程子的意思，或许恰当的理解是，程子留下了不少相关的话头，而将之融会贯通的重要工作却是朱子完成的。进一步说，补传之完成，其本身就表明朱子对相关义理之体察已细致入微。这里结合《朱子语类》的记载④，对上一点剖解出的四句亦即四层意思所蕴含的义理分别做简要辨析。

先看第一句。其字面含义是，要想把我们的"知"推到极致，那就要

---

① 可参考《朱子语类》的一段问答：问："所补'致知'章何不效其文体？"曰："亦曾效而为之，竟不能成。刘原父却会效古人为文，其集中有数篇论，全似《礼记》。"参见黎靖德. 朱子语类. 王星贤，点校. 北京：中华书局，1986：326.
② 朱熹. 四书章句集注. 北京：中华书局，1983：6.
③ 三点概括乃基于《大学或问》的相关论说，参见朱熹. 四书或问. 黄坤，校点. 上海：上海古籍出版社，2001：20-22.
④ 黎靖德. 朱子语类. 王星贤，点校. 北京：中华书局，1986：282-298，323-326.

切近事物而穷究其事理①。从义理层面来分析，其要有四：

其一，朱子将"知"解作"识"，主要是从道德或价值的角度说的，侧重道德觉解的意思。在此意义上，朱子有时也称之为"知觉"。在朱子的理学系统中"知"可以从下学和上达这两个维度来讲。朱子这里是把格物致知作为修养工夫来看的，侧重下学的维度，因而讲"即物而穷其理"。这意味着，我们是通过体贴事物、推究事理，来促进我们的道德觉解的。因此，他说："格物，只是就事上理会；知至，便是此心透彻。"又说，"格物，便是下手处；知至，是知得也。"② 将上达、下学两个维度贯通起来说："格物、致知，是极粗底事；'天命之谓性'，是极精底事。但致知、格物，便是那'天命之谓性'底事。下等事，便是上等工夫。"③ 这就是说，由格物而致知，是讲修养工夫；由致知而格物，则是从上往下讲，如圣人之为人处世，纯由天命之性而发，其知已致，故事理无不明，物无不格。

其二，"致知"之"致"是要"知"到极致，求得真知。所谓"真知"，是真切地"知"，也就是达到真正切实的道德觉解。在完全呈现、觉解的意义上，"致知"是如后面所谓"心之全体大用无不明"。但格物致知作为修养工夫，则不能直接这么讲，因为那只是最终的理想的效验，工夫总是要展开为一个指向理想的途径、过程。这一过程中，我们需要"即物而穷理"的逐步积累：彻底把握某一事之理，就对此达到了完全的道德觉解，也就是说，知道该事必如此做在道德上才恰如其分，一毫不差；逐步拓展来说，某一类事如某一伦之理，某一德目之理，无不如此。从工夫的角度看，朱子反复强调"致知"之"致"，大概有三方面的意味：一是要坚持理想目标或者说"止于至善"，不能放松要求；二是透彻明白必如此而非如彼的道理，亦即知其所以然；三是做到精细入微，明白得一毫不差。

其三，对于"格物"之"物"，朱子的注解是"犹事也"。从《朱子语

---

① 附朱子在经文中的注解以相对照："致，推极也。知，犹识也"；"格，至也。物，犹事也"。参见朱熹. 四书章句集注. 北京：中华书局，1983：4.
② 黎靖德. 朱子语类. 王星贤，点校. 北京：中华书局，1986：297.
③ 黎靖德. 朱子语类. 王星贤，点校. 北京：中华书局，1986：293.

类》的相关讨论看，其所谓"物"或"事"并不单指我们现在通常所讲的事情或人事，而是要广泛得多，从他的一些说法中可见一斑："穷理格物，如读经看史，应接事物，理会个是处，皆是格物。"① "世间之物，无不有理，皆须格过。古人自幼便识其具。且如事君事亲之礼，钟鼓铿锵之节，进退揖逊之仪，皆目熟其事，躬亲其礼。及其长也，不过只是穷此理，因而渐及于天地鬼神日月阴阳草木鸟兽之理，所以用工也易。"② 粗看上去，这里朱子所谓"物"似乎泛指自然界的一切事物，"格物"似乎指包括科学研究在内的人类一切认知活动。但深一层看，这些说法都是从道德或价值的视角来看的，人是这些活动的中心，促进人对其自身道德生命的理解是这些活动的目的。这样看来，"格物"即使不是单就道德意义上说，也最多只能在人文的意义上来理解，也就是说最多只能泛指人的文化活动③。其中的"物"虽然不排除自然界的一切事物，却是从道德的眼光去看的：按照理学天地之性的观念，人、物有着共同的意义根源，因而在终极的理想境界，人是可以感通宇宙万物的。或许也正是在这样的意义上，大儒王阳明早年"格竹子"，在理学家尤其是心学家看来并不荒唐突兀，而是有其心性论的理据：一旦能与竹子的生命活动相感通，那就能觉解天地之性，直达理想的道德境界。但无论如何，"格竹子"都不是要做某种科学研究，不是想获得某种科学认识，而是要通过感知竹子生命的消长兴衰而实现"大我"的精神境界，这需要的是身心的投入、对生命的感悟和融通，而不是客观的态度，更不是主客二分的认识论视角。不过，王阳明的做法显然是朱子所不能认同的。朱子强调为学次第、循序渐进，是要"渐及于天地鬼神日月阴阳草木鸟兽之理"，也就是要到修养的最后阶段才可能真正做到的。这个"最后"，从境界来说是理想的、大成的，但若没有前面渐进的积累，在朱子看来只会落空。

---

① 黎靖德. 朱子语类. 王星贤，点校. 北京：中华书局，1986：284.
② 黎靖德. 朱子语类. 王星贤，点校. 北京：中华书局，1986：286-287.
③ 关于科学与人文的视角之别，可参见李凯尔特. 文化科学和自然科学. 涂纪亮，译. 北京：商务印书馆，1986：20-27. 另外，朱子的格物致知观念能否与现代的科学精神相融通，是近代以来思想界颇为关注的问题，这里只提出一个简要的导引，较详的讨论拟在本书第三部分展开。

其四，对于"格物"之"格"，朱子训作"至"，有其独到的义理考虑。首先，"至"强调的是切实地下工夫，其途径是就事而究其理。朱子说，"格，谓至也，所谓实行到那地头。如南剑人往建宁，须到得郡厅上，方是至，若只到建阳境上，即不谓之至也"①。其解释"即物而穷其理"，"即物"之意当在于此。反过来说，朱子反对悬空而谈理："人多把这道理作一个悬空底物。大学不说穷理，只说个格物，便是要人就事物上理会。"② 其次，"格"训作"至"，还有"尽"的意思："格物者，格，尽也，须是穷尽事物之理。若是穷得三两分，便未是格物。须是穷尽得到十分，方是格物。"③ 这就是说，对事理要把握至极，从而能够把物事④安排得至当。这种意义上的"至"，与"致知"之"致"有某种对应关系。不过，前者是对物事而言，后者是对己而言。最后，朱子从下学工夫来讲"格物"，似以"理一分殊"为预设，为理据。朱子虽未明言此意，但《朱子语类》关于"格物致知"部分的记载有两段却蕴含此意：

> 问："格物须合内外始得？"曰："他内外未尝不合。自家知得物之理如此，则因其理之自然而应之，便见合内外之理……"⑤

> 问："格物则恐有外驰之病？"曰："若合做，则虽治国平天下之事，亦是己事……"又问："若如此，则恐有身在此而心不在此，'视而不见，听而不闻，食而不知其味'，有此等患。"曰："合用他处，也着用。"又问："如此，则不当论内外，但当论合为与不合为。"先生颔之⑥。

第一段之所以能从格物之内外相合讲到合内外之理，正是因为自家遥契之理（天理）与事理，其本为一，事理无非天理一体之表现，故物之理与我之理能够自然相应。第二段在一定意义上是在回应心学之质疑，朱子自认

---

① 黎靖德．朱子语类．王星贤，点校．北京：中华书局，1986：289.
② 黎靖德．朱子语类．王星贤，点校．北京：中华书局，1986：288.
③ 黎靖德．朱子语类．王星贤，点校．北京：中华书局，1986：283.
④ 这里采取"物事"而非"事物"的说法，是为了避免混淆于我们现在使用"事物"一词的一般含义。"物事"的含义和指涉见上一点的论述。
⑤ 黎靖德．朱子语类．王星贤，点校．北京：中华书局，1986：296.
⑥ 黎靖德．朱子语类．王星贤，点校．北京：中华书局，1986：288.

为是合内外一体来讲格物的。其弟子的疑问在于，格物既然是要穷究事理，那就可能疏忽对本心的涵养。朱子的回答以及弟子由此所得的启发意味着：心之理与事理并非相隔，无所谓内外之分，只有个能否通过觉解而相合的问题；由此看，格物要落到实处，就不仅仅是个亲身经历的问题，而是需要全身心的投入①。

以上对第一句的辨析，是围绕朱子关于"格物致知"的字训展开的，应该说已梳理了其中蕴含的基本义理，进一步说，它们是朱子基于其理学体系来理解的格物致知观念。补传后面的论说正是基于这些观念而展开的，而有了前面的梳理做铺垫，后面的几句就容易理解了。为免繁复，以下不再做如前面一般详细的辨析，仅做简要说明。

如前所述，第二句是讲"致知在格物"成立的理由。分开说又有两层意思。第一层意思是"致知在格物"的可能性。"人心之灵莫不有知"，是从本源来讲每个人都具有"致知"的潜能，"灵"字描述的是通透性，能够彻上彻下，彻上则收束于天理，彻下则统摄众理。"天下之物莫不有理"则指出了格物致知的资具，正是由于万事万物皆有其理，格物致知才有了现实的可能，我们做相应的工夫才有依托。第二层意思是"格物在致知"的必要性。除理想中的圣人外，人非生而知之者。作为志于做圣贤的为学者就应该意识到，他们还没有完全把握万事万物之理，因而也没有做到顺应事理而把每件事都安排得恰如其分，没有达到完全的道德觉解。这里理解的关键在于，这两层意思侧重的面向不同。可能性侧重从本源状态来说，对应于天地之性的层次；必要性侧重就现实层面而言，对应于气质之性的层次。

第三句讲如何做由格物而致知的工夫。其中"即凡天下之物"之"即"和"因其已知"之"因"，蕴含着切身、就近及远的意思，也就是要逐渐推扩开来。"以求至乎其极"则说明这一推扩的过程有着明确的价值目标，是要"止于至善"的。朱子把"致知"之"致"解作"推极"，就已蕴含着上述两方面的意思，不过这里将之展开了。从义理的角度看，或

---

① 对于这一段，通常是从尊德性和道问学的角度来讲朱陆之别。不过这里主要是根据朱子的观念，来说明格物是否外驰以及心之理与事之理之间的关系问题，故选取不同的角度。

许需要进一步思考的问题在于，朱子在此讲的格物致知工夫是如何生效的，或者说这一工夫为什么能够促进我们"明明德"、涵养我们的心性？按照朱子前面对"明明德"的解释，我们的道德修养实际上是要通过去除气质之偏、人欲之蔽，恢复心之本体或者说其本然状态。那么这里的"已知之理"当作何解？按照《朱子语类》记载的说法，朱子是合内外或者说合己与事来讲的。就"内"或"己"而言，人心之灵虽莫不有知，但落到现实来说，这种"知"只是个"端"，是萌芽，是待完成、待实现的状态，须扩充方能全通。就"外"或"事"而论，是能够基于道德的考虑而对物事有所安排，但未必恰如其分，有所过或不及，是尚未做到十分①。但这样从内外不同的角度去看的分析，只能算是为了便于理解的权宜说法。朱子强调这两方面的意思是融合在一起、内外一体的，不应当将两方面的意思割裂来看。

第四句讲格物致知的理想效验。他首先描述了如何达成的设想，这是一个由渐进的积累而促成顿悟的过程。朱子一方面强调要持久用功，坚持不懈；另一方面格物穷理并非必须具体地穷尽一切事物之理方可，若如此，则人不可能在其有限的人生中做到。朱子认为，持续到某个时候必然会产生顿悟而达到理想境界。究其实，在此过程中我们并非被动地应付，而是在用心，是在发挥心之认识能够触类旁通这一积极作用，因而可以期待的是，我们不必格尽一切物就可能通过顿悟而明白一切事理，从而达到理想状态。最终的理想效验，对心来说是彻底地觉解，完全地明觉而无偏蔽，就物而言是全然明白事理，对于如何安排、处置事物有周到的考虑。其中朱子"表里精粗"的说法有其独特的用意：

> 理固自有表里精粗，人见得亦自有高低浅深。有人只理会得下面许多，都不见得上面一截，这唤做知得表，知得粗。又有人合下便看得大体，都不就中间细下工夫，这唤做知得里，知得精。二者都是偏，故大学必欲格物、致知。到物格、知至，则表里精粗无不尽②。

表者，人物之所共由；里者，吾心之所独得。表者，如父慈子

---

① 黎靖德．朱子语类．王星贤，点校．北京：中华书局，1986：323-324．
② 黎靖德．朱子语类．王星贤，点校．北京：中华书局，1986：324．

孝,虽九夷八蛮,也出这道理不得。里者,乃是至隐至微,至亲至切,切要处①。

由此看来,朱子所谓"表里精粗无不到",是合内外而言,是讲究下学而上达,追求不偏之中。从为学进路来看,"表""粗"是指下学的工夫,是"道问学"的一面;"里""精"是指上达之道,是"尊德性"的进路。就道德实践而言,"表""粗"是对如何做事有个恰当的安排,是可见的表现,与"礼"相应;"里""精"则是为何要如此安排的形而上之理,是由性德做出的考虑,与"仁"相应。将两者相对待来说,"表""粗"是事物之"必其然","里""精"则是事物之"必其所以然"。

第三,义理特点及其与《大学》思想的关系。基于前两点的梳理,先简要说明朱子格物致知补传在义理方面的特点。其一,就内容而言,补传是围绕穷理展开,其要又紧扣物之理来说②。这说明朱子是把《大学》的格物致知看作为学者的入德工夫,同时体现了程朱理学在工夫论方面的特点。其二,就其中的致思趋向来看,补传的论说表现出较强的宗教性。朱子对格物致知观念的理解及其诠释,表现出绝对化的趋向,如对"致知"之"致"的解释,朱子认为是推到极致,达到某种必然如此的知识,做到一毫不差。这正体现了宗教信仰的特点:一方面必须维护理想目标的唯一性,坚持信仰的纯粹性;另一方面要求为实现目标做出最大的努力,绝不放松。结合理学观念来说,格物致知在此被理解为由下学而上达的枢纽;上达指向儒家信仰,下学是为此而做的工夫,彻上彻下、两者贯通而无碍则是个体道德人格的理想状态。朱子的相关说法,正表明上达与下学在格物致知这一枢纽处存在着某种紧张关系。朱子尤为注重格物致知,并不惜打破注经之常规而为之作补传,不无这方面的原因。而所谓"一旦豁然贯通"的说法,似乎也借鉴了禅宗的顿悟观念。当然,这并不能说是基于禅宗的观点,但两者之间存在某种对应关系当无可置疑。其三,就诠释的义理进路来说,补传虽是从工夫的角度来诠释格物致知,但在下学中无不蕴

---

① 黎靖德.朱子语类.王星贤,点校.北京:中华书局,1986:325.
② 可参见唐君毅.《大学》章句辩证及格物致知思想之发展//中国哲学原论:导论篇.北京:中国社会科学出版社,2005:202-204.

含对上达一面的义理考虑。或许可以这样理解：补传所呈现的诠释，实际上是由一明一暗两个维度交织而成的；明面上是下学工夫这一形而下的维度，形而上的上达维度则是诠释蕴含的价值导向。可以说，朱子补传的诠释注重这两方面的均衡，是合内外为一体来讲的。对比心学的相关观点，补传的这一特点就更明显了。

接下来的问题在于，补传能否与《大学》文本相合？这直接关系到对朱子补传是否成功的判断。如果仅把《大学》视为历史文献，那么补传的做法显然不成立。结合其所处的时代来看，《大学》的作者不太可能持有如此鲜明的性善观念，更不可能像朱子这样基于性理体系来表述，甚至补传中的形而上维度也是《大学》作者不太可能予以着重关注的。换句话说，从考据的角度看，朱子所谓补传是为了补足《大学》之佚文、完善其原意，这样的说法很难站得住脚。但如果基于诠释学的观点，不把《大学》文本仅视为史料，而视为作者表达其观念的资具，是蕴含着作者精神生命的依托，那么最初的文本就只应视为其历史性的起点，面向不同的时代问题，文本作者基于其内蕴的精神和观念当有不同的说法，从而在其文本空间内不断生成新的意义[1]。朱子虽然没有这么明确的说法，对文本诠释可能也不会持如此开放的态度，但在相当程度上却与这样的思路隐然有相合之处。进一步说，理学家重义理的解经方式都带有类似的特点[2]。他们所在意的"微言大义"，并非文本作者曾提出类似的说法，而是设想作者站在他们的角度，面对他们所关心的时代问题，未始不会讲出如他们一般的说法。

理学所关心的问题是建立儒家道统，通过道德形而上学而确立儒家在信仰领域的主导地位，树立"圣人可学而至"的人生信仰，指出各种相应的修养途径。朱子基于理学立场来理解和诠释《大学》，在相当程度上蕴含着《大学》文本能够有效回应其时代问题的意识。由此来看，格物致知观念不仅是"八条目"中的基本环节，而且对于整个《大学》的义理贯通

---

[1] 相关观点可参见洪汉鼎. 诠释学：它的历史和当代发展. 北京：人民出版社，2001：216-218.

[2] 皮锡瑞. 经学历史. 周予同，注释. 北京：中华书局，2008：264.

具有重要意义。因此，朱子认为，《大学》古本中格物致知的"字义不明，而传复阙焉，且为最初用力之地，而无复上文语绪之可寻"①。质而言之，《大学》缺乏对"格物致知"的进一步解释或者作传文，从理学义理的角度看是不可接受的，因而必须为之作补传。那么，补传能否与《大学》文本相合这一问题，应该予以适当转换：补传能否融入朱子所诠释的《大学》之中，并有效地发挥与之相应的作用？若转而从文本的角度来说则是，《大学》文本要对理学所关心的时代问题做出有效的应答，是否必须补入格物致知的传文？若是，则朱子的补传是否适当地弥补了相关的义理？对这两组问题的讨论，将在本书第三部分展开。

二、诚意

《大学》诚意章的传文如下：

> 所谓诚其意者：毋自欺也，如恶恶臭，如好好色，此之谓自谦，故君子必慎其独也！小人闲居为不善，无所不至，见君子而后厌然，揜其不善，而著其善。人之视己，如见其肺肝然，则何益矣。此谓诚于中，形于外，故君子必慎其独也。曾子曰："十目所视，十手所指，其严乎！"富润屋，德润身，心广体胖，故君子必诚其意。

"谦"通"慊"。这段话大体可分三层意思：其一，通过类比生理上自然的好恶，来解释诚意的观念，并提出"慎独"作为诚意的工夫②。其二，从反面说明为何应该诚意，进而强调必须做慎独的工夫。诚意的反面是虚饰，道德感不足的小人通常这么做。其表现是在有外部监督的情况下做出一副与人为善的样子，在无人监督的独处之时却无恶不作；小人之所以如此表现，其根本原因在于其意不诚，缺乏属于自身的真切道德体验，因而行善与否，取决于外部条件，而不是自己的主意。《大学》认为，这种伪

---

① 朱熹. 四书或问. 黄坤，校点. 上海：上海古籍出版社，2001：20.
② 关于这一点的分析，参见前面第一章第一节的相关论述。

善的做法就与他人交往而言不可能持久有效，虚饰终将为人所识破，对于自身道德人格的成长来说也是有害无益的。其三，引曾子之言，重申慎独作为诚意工夫的重要意义。慎独以审善恶之几，这种自我监督的方式无时无刻不在发挥着作用，对于我们的身心修养、人格成长则大有裨益。单就《大学》这一段而论，诸多观念的义理并不是很明确，或者说可能存在多种理解。比如说，诚意在何种意义上被理解为"毋自欺"？"自慊"又当作何解？等等。

朱子重视联系致知来理解诚意，强调从《大学》经文"知至而后意诚"的角度来解读诚意的相关义理①。在他看来，未能诚意正是"知不至"的表现，而只有做到"致知"和"诚意"，才真正确立为善之方向、奠定进德之根基。因此，他说："致知、诚意，是学者两个关。致知乃梦与觉之关，诚意乃恶与善之关。透得致知之关则觉，不然则梦；透得诚意之关则善，不然则恶。"又说："知至、意诚，是凡圣界分关隘。未过此关，虽有小善，犹是黑中之白；已过此关，虽有小过，亦是白中之黑。过得此关，正好着力进步也。"② 基于这样的整体把握，朱子对此章的义理做了较详的论析，其要义则是紧扣如下三个关键点展开的。

其一，自欺。从常识的角度来考虑，自欺是个费解或至少需要解释的观念：一个人为什么又如何欺骗自己？《大学》把"诚意"解作"毋自欺"，同样需要进一步的解释。朱子是从"知至"与否的角度来理解的：

> 自欺是个半知半不知底人。知道善我所当为，却又不十分去为善；知道恶不可作，却又是自家所爱，舍他不得，这便是自欺。不知不识，只唤欺，不知不识却不唤做"自欺"③。

按照这种理解，自欺是一种半知半不知的状态：能够知道或辨别善恶，却不是彻底的"知"。与"百姓日用而不自知"的道德懵懂状态相比，自欺的状态是"知"。但这种"知"是知善却不行善，知恶却不免于作恶。用

---

① 《大学章句》云："此章之指，必承上章而通考之，然后有以见其用力之始终，其序不可乱而功不可阙然如云。"参见朱熹. 四书章句集注. 北京：中华书局，1983：8.
② 黎靖德. 朱子语类. 王星贤，点校. 北京：中华书局，1986：299.
③ 黎靖德. 朱子语类. 王星贤，点校. 北京：中华书局，1986：327-328.

现在的话来说，有些事，我们知道当为却不为；有些事，我们知道不当做却去做。为什么？《大学》说是"自欺"，总有各种借口来为此辩护，又存着某种侥幸心理：或以为一善不为不碍大体，一恶不避无伤大雅。朱子认为，究其实是"知得不彻底"，是人欲胜天理而未真知。也就是说没有把为善去恶看得很严重，没有看作自己性德分内之事，因而在行为选择中没有把它们置于紧要位置，而往往排在各种外在追求之后。如此看来，或许可以从两个层面来理解"自欺"。从外在表现的层面看，是明知故犯，是让外在的价值目标压倒自己的道德考虑；想要做君子或树立君子的形象，在价值排序上却更看重富贵，这种内外不一的做法是自相矛盾的。从道德形而上的层面看，它是虽然知道自己的做法有损人格，但没有真正把人格追求化为自身的道德信念，没有达到人之为人必当为善去恶的充分自觉。在此意义上，自欺是欺骗自己的人格，欺骗本然意义上性善的自我。

朱子相当重视对"自欺"的辨析，《朱子语类》记载了不少他与弟子就此的问答。其中有一段有助于我们更具体地理解"自欺"的表现：

> 国秀问："《大学》诚意，看来有三样：一则内全无好善恶恶之实，而专事掩覆于外者，此不诚之尤也；一则虽知好善恶恶之为是，而隐微之际，又苟且以自瞒底；一则知有未至，随意应事，而自不觉陷于自欺底。"曰："这个不用恁地分，只是一路，都是自欺，但有深浅之不同耳。"
>
> 次早云："夜来国秀说自欺有三样底，后来思之，是有这三样意思。然却不是三路，只是一路，有浅深之不同。"①

用现在的话来说，其弟子要求证的想法是，《大学》的诚意意味着不诚可有三种人格表现：一是将道德完全看作工具以求利的伪君子；二是虽知善但行善之意志不坚，因而自找理由以求道德安慰者；三是对善恶的认知不足，流于俗事而迷失道德自我者。按照前面的分析，第三种人格表现才是典型的"自欺"。朱子认为，这三种表现都可归为"自欺"，只是程度不同。按照朱子强调"知至而后意诚"的意思，或许可以这样来理解前两种

---

① 黎靖德. 朱子语类. 王星贤，点校. 北京：中华书局，1986.

表现；第二种表面看似乎无关乎"知"而只是"行"之事，但这正如程颐所谓没有达到"谈虎色变"的未真知状态，是知得不实、信之不坚从而行之不力；第一种则是把道德之知看作无关痛痒、不切于己之事，其"知善"只是作为追逐名利之手段。可以说，朱子重在从道德形而上的维度来理解"知至"与否，进而判断诚意与否，由此不诚或多或少可视为自欺。

其二，自慊。朱子将"慊"训作"快也，足也"①，那么自慊就是自足、自得其乐的意思。《大学》说，诚意要做到自慊方可。朱子由此推究其中的义理，其要有三②：第一，诚意乃为己之事，是为了己心之满足，而不是要做给他人看，也不是为了某个外在的目的。第二，自慊意味着诚意要做到"如恶恶臭，如好好色"，也就是说，我们对善恶的判断和选择应当是当下直接发生的，毫无疑虑的，这样才是真正做到诚意。鼻、眼是我们的生理感官，"恶恶臭、好好色"是其自然反应，无需任何中介或条件，合下即是。好善恶恶，也应该做到合下即是的程度才是诚意，就与己的关联来说，即直通本心；从外往内说，好善恶恶是满足本心的要求，从内往外说，它是由本心做出的判断和选择。在类比生理感官的意义上说，自慊意味着我们要把己之本心当作道德感官，发挥其相应的作用。这样看，自慊这一说法是为了说明，我们要做到何种程度才算是诚意。第三，结合朱子的相关说法，又可从两方面来看朱子对自慊的理解。一方面从工夫的角度看，在尚未达到诚意而力图为此目标而努力的过程中，自慊意味着我们的善恶选择应该是力图满足本心的要求。在此，自慊是从消极的意义上来理解的，有"符合""自足"的意思。朱子认为，这种消极意义类似于孟子"行有不慊于心"（《孟子·公孙丑上》）中的"慊"。另一方面朱子更着重从理想的、积极的意义上来理解。在此意义上，他认为，与孟子的说法相比，《大学》的"自慊"却是"快"的意思更多。也就是说，一个已做到诚意的君子，其善恶选择必是满心而发，合下判断，当下即是，亦即"如恶恶臭，如好好色"，由此"反身而诚，乐莫

---

① 朱熹. 四书章句集注. 北京：中华书局，1983：7.
② 如下三点是根据《朱子语类》相关说法的概括和发挥。参见黎靖德. 朱子语类. 王星贤，点校. 北京：中华书局，1986：329-333.

大焉"(《孟子·尽心上》)。就此而论,自慊意味着是本心内发的直接判断和主动选择。

其三,慎独①。就其基本含义而言,慎独是指在他人不知而只有自己知道的情况下,注意审察自己是否仍能坚持为善去恶,有没有自欺乃至苟且行事而放松道德要求的情况。简单地说,它是在完全靠自我监督的情况下反省和体察自己的道德状况。

为什么《大学》要讲慎独?按照朱子的理解,这是我们要做到诚意、达到自慊状态而必下的一段自修工夫。《大学》在致知与诚意之间特别提出慎独,在朱子看来是尤为必要的。

一方面,虽然说"知至而后意诚",但"知至"是否彻底,是否对善恶明察秋毫,单靠自己想当然的判定尚不切实,必验之于行事,知善见于行善方可。按照理学推崇的儒家道统十六字心传,亦即"人心惟危,道心惟微,惟精惟一,允执厥中",信仰的理想要求是绝对的,不容掺杂一毫,而现实生活中人们对于道德隐微之际难免失察;进一步说,即使具备了充分的道德感,将道德价值、人格追求置于首位,但由于实践情境的多样性和复杂性,要达到"允执厥中"的中庸境界,恰如其分而一毫不差,则"虽圣人亦有所不知"(《中庸·第十二章》)。可以说,理想要求的绝对性与我们对理想要求的践行之间,总是存在着某种紧张关系,从而需要我们毕生付出坚持不懈的努力。这样看,从"致知"到"诚意"之间仍有工夫要做,从形而上的方向来说,需要做到真正将德性之知体认为自我道德生命之固有,从而不需要或超越对"知"的自我意识。有如《中庸》所谓"诚者不勉而中,不思而得,从容中道,圣人也"(《中庸·第二十章》),又如孔子之自述"七十而从心所欲不逾矩"(《论语·为政》),亦如《大学》之"如恶恶臭,如好好色",完全发乎自然,无一毫勉强。

另一方面,朱子认为,慎独是正适合于此阶段的自修工夫。从影响行为的因素来说,独处排除了大量我们在与他人交往中不得不处理的外部因素,使我们能够专注于对自身心意的考察。这也让我们可以发现一些在平

---

① 下文关于这一点的论述,主要根据黎靖德.朱子语类.王星贤,点校.北京:中华书局,1986:335-336,339-340.

常与他人的交往关系以及社会情境中容易忽略的因素，从而有利于审几微。另外，儒家是强调"为仁由己"的。也就是说，我们立志做君子，不应该是为"名"而做给他人看，也不应该是为"利"而以此作为求利之手段，而是为了成就一己之道德人格。慎独正是自己做给自己看，是自我监督、自我审察。就此而论，慎独正是直指儒家理想道德的工夫，而可切实促进己意之诚。

慎独完全由自我来监督和检省，也因此无时不可发挥作用，无处不及。《大学》引曾子之言，意在说明这一点。"心广体胖"则是由慎独这一谨严的自修工夫而产生的效验。外部地看，这是一种心安理得、身体舒泰的状态，是"德润身"的表现。按照程朱理学的观点来推究其内在根据，则是"自得其乐"，与"孔颜乐处"相应。由慎独的工夫如何能产生如此效验？朱子提供了一种解释，即慎独有助于我们去除物欲之蔽，从而显发本心之作用，使我们的心胸开阔①。

朱子结合致知来理解《大学》诚意章，又紧扣以上三点来阐发义理。由此朱子对整章的义理有一个较通贯的理解："致知者，诚意之本也；慎独者，诚意之助也。致知，则意已诚七八分了，只是犹恐隐微独处尚有些子未诚实处，故其要在慎独。"② 又推此章为自修之首、《大学》一篇之枢要，因为"上面关着致知、格物，下面关着四五项上。须是致知。能致其知，知之既至，方可以诚得意。到得意诚，便是过得个大关，方始照管得个身心。若意不诚，便自欺，便是小人；过得这个关，便是君子"③。由此可见，对诚意章的诠释，在朱子的《大学》诠释体系中占有极重的分量。

三、修身在正心

《大学》的相关传文如下：

---

① 可参考《朱子语类》的一段记载：问"心广体胖"。曰："无愧怍，是无物欲之蔽，所以能广大。"指前面灯云："且如此灯，后面被一片物遮了，便不见一半了；更从此一边用物遮了，便全不见此屋了，如何得广大！"参见黎靖德. 朱子语类. 王星贤，点校. 北京：中华书局，1986：340.
② 黎靖德. 朱子语类. 王星贤，点校. 北京：中华书局，1986：333.
③ 黎靖德. 朱子语类. 王星贤，点校. 北京：中华书局，1986：340-341.

> 所谓修身在正其心者,身有所忿懥,则不得其正;有所恐惧,则不得其正;有所好乐,则不得其正;有所忧患,则不得其正。心不在焉,视而不见,听而不闻,食而不知其味。此谓修身在正其心。

就其文本看,《大学》似乎是在论说"身""心""情"之间的关系。忿、恐、乐、忧都是人们常见的情绪,身有所忿懥、恐惧、好乐、忧患,则是身体为情绪所左右的状态。《大学》认为,这是一种"不得其正"的状态。联系上下文(尤其是上文修身在正其心)看,这应该是指"心""不得其正",也就是说"心"未处正位,未发挥其主宰身体活动的应有作用。这种状态发展到极致则是"心不在焉","心"全然不发挥作用,由此我们的一切日常活动都失去了主宰而放任自流,也就无以表现自己的人格,成就相应的品德。其中蕴含这样的观念:我们的一切活动都是由"身"来完成的,促使我们做出各种身体动作的是"情","情"的表现是否恰当则取决于"心";其中"心"当是虚指人的精神气质,有主心骨的意思。这样的理解与儒家七十二子时期的性情观应该是一致的,可与郭店竹简《性自命出》篇的相关论说相对照①。

朱子认为,《大学》讲到正心、修身处,义理已较为通晓,因为紧要处如格物、致知、诚意等俱已说明,而讲到诚意处,义理之大体已立。但如何承接前面所讲的义理来理解,则是需要考虑的问题,其弟子即提出"恐通不得'诚意'章"的疑问②。为此,朱子采取程颐的观点,认为

---

① 《性自命出》篇有三段与《大学》这里的观念尤为相关:"凡人虽有性,心无定志,待物而后作,待悦而后行,待习而后定。喜怒哀悲之气,性也。及其见于外,则物取之也。性自命出,命自天降。道始于情,情生于性。始者近情,终者近义。知情者能出之,知义者能人之。好恶,性也。所好所恶,物也。善不善,义也。所善所不善,势也。"(第136页)"凡心有志也,无与不可。人之不可独行,犹口之不可独言也。"(第136页)"凡忧患之事欲任。乐事欲后。身欲静而毋欺……君子执志必有夫往往之心,出言必有夫简简之信,宾客之礼必有夫齐齐之容,祭祀之礼必有夫齐齐之敬,居丧必有夫恋恋之哀。君子身以为主心。"(第139页)参见李零. 郭店楚简校读记:增订本. 北京:中国人民大学出版社,2007. 其中"君子身以为主心"的说法,与《大学》此处的主旨是一致的。值得注意的是,在此,"心"被认作生来无定向的,心志是通过"习"即后天修养而形成的。而就心之作用而言,《性自命出》篇又讲心术,心志既定,心术有成,则"运用之妙,存乎一心"。这与理学所理解的"心"有根本区别。

② 黎靖德. 朱子语类. 王星贤,点校. 北京:中华书局,1986:341.

"身有之身当作心"①。由此朱子按照理学的思路,围绕"心"与"情"之间的关系来阐发本章的义理。其要大体有三②:其一,"情"为人生所当有,但我们对事物的价值判断却应该根据"心",而不是"情"。外在地看,我们的身体活动似乎应该是由"情"驱动的,但其实"情"只是因应人事而产生的,应该是在"心"的主宰之下我们自觉表现出的各种情态。或许可以这样来理解朱子的意思:"心"之主宰为在我之必然,"情"之表现则是应事之偶然。其二,正心意味着,"心"与"情"之间应该是主导与附随、约束与被约束的关系。从"心"的角度说,正心意味着"心"不为"情"所累,不滞于"情",无偏执。朱子认为,"有所忿懥"之"有所",点出的正是一种滞于"情"而有偏的状态:"心"对人事的判断受到此前各种情绪的影响,是"情""反动其心"(《孟子·公孙丑上》)。从"情"的角度说,虽然人生不能无情,但只有经过"心"的引导和约束,"情"才能表现恰当,无过无不及。其三,对于"正心"之"心",朱子实际上是兼知觉之心与义理之心来理解的。从形而上的维度说,他赞同张载"心统性情"的说法。就行为表现来看,他所理解的"心"是"包体用而言",即体即用,融知善与行善的能力或者说道德判断与道德活动的能力于一体。因此,他说:"心,全德也。欠了些个,德便不全,故不得其正。"又说:"欲为这事,是意;能为这事,是情。"③

与前面直接根据《大学》原文得出的理解相比,朱子对此段的理解虽说并不必然与前者矛盾,但义理上明显推进了一层。可以看出,这主要是因为补充了对"心"的道德形而上理解,也因此,此段的解释才能与前面几个条目的解释相贯通。除此之外,朱子关于"心"与"情"之间关系的理解和解释,似乎还融入了魏晋玄学"圣人有情而不累于物"的观念。

---

① 朱熹. 四书章句集注. 北京:中华书局,1983:8.
② 以下三点概括,主要依据《朱子语类》的相关说法。参见黎靖德. 朱子语类. 王星贤,点校. 北京:中华书局,1986:342-348.
③ 黎靖德. 朱子语类. 王星贤,点校. 北京:中华书局,1986:349.

四、齐家在修身

按照经文关于"八条目"的次序,"齐家"乃"明明德"之初步成效,而为"新民"之功。《大学》此前主要关注的是个人修身的工夫及其道理,至此章起,其理论关注或者说观念的重心已有所转移,讲法与前面也有微妙的区别。在《大学》看来,家、国、天下都是具有典型政治意义的场域①,在不同的场域中,德性的显发方式亦有别。因此,《大学》并不是抽象地谈德治的道理,而是根据各场域的特点,具体地谈个人德性在其中所应发挥的功用。另外,自"齐家"开始,朱子的解释相对来说较简略。究其实,朱子乃至理学家主要关心义理方面的问题,明明德及其相应的工夫才是其着重探讨之处。自"齐家"始并没有新的义理,只是把前面已讲尽的义理应之于事而提出的具体说法②。有鉴于此,对以下各条目的论述方式将做出相应的调整,即以解读《大学》原文为主,对于朱子相关诠释的讨论,其篇幅将大为缩减,仅做简要说明以点出其中的一些问题。按照这样的解读思路,先考察《大学》的相关传文:

> 所谓齐其家在修其身者:人之其所亲爱而辟焉,之其所贱恶而辟焉,之其所畏敬而辟焉,之其所哀矜而辟焉,之其所敖惰而辟焉。故好而知其恶,恶而知其美者,天下鲜矣!故谚有之曰:"人莫知其子之恶,莫知其苗之硕。"此谓身不修不可以齐其家。

"之","犹于也"③,含有"就近"的意思;"辟",同"僻",偏僻之意。"人之其所亲爱而辟焉",也就是说,对于其所亲爱的人,人们容易由于

---

① 场域(field)是汉学家在分析儒家政治思想的社群主义取向时常用的概念。这里予以借用,主要是考虑到在此使用"情境""场合"等说法嫌窄,用"领域"则嫌宽且容易与社会学关于社会三大领域的说法混淆。相对来说,场域的说法较为贴切。与儒家相关的场域概念,可参见郝大维,安乐哲. 先贤的民主:杜威、孔子与中国民主之希望. 何刚强,译. 南京:江苏人民出版社,2004:112,118.
② 黎靖德. 朱子语类. 王星贤,点校. 北京:中华书局,1986:355.
③ 朱熹. 四书章句集注. 北京:中华书局,1983:8.

怀有亲爱之情而做出有偏向的判断；"贱恶""畏敬""哀矜""敖惰"的相关说法依此类推。"敖惰"，是轻视和怠慢的意思。就其共性而言，这些情感可概括为"好"与"恶"这两种类型。"好而知其恶"，也就是说喜欢某人而又知道他有不好之处。这一段是从如何处理情感问题的角度来谈"齐家在修身"的道理。与上一章"忿懥、恐惧、好乐、忧患"的讲法相比，"亲爱、贱恶、畏敬、哀矜、敖惰"虽然说也是人之常情，却似乎显得更亲切，其中"亲爱"与"贱恶"、"畏敬"与"敖惰"是正相反的。后者是在谈与己关系亲近者之间或至少是就人际关系而言的情感；而前者更像是因某事而发的情绪，蕴含对事不对人的意味①，抽象的层次高一些。

《大学》从情感的角度来讲"齐家"的道理，应该是考虑到"家"这一场域的特点。一般地说，中国古代的"家"，是以血缘亲情为纽带，通过同居共财来运作的基本组织②。《大学》认为，要"齐家"，处理好家事，其关键在于不能因个人好恶而影响对家事的判断。这一方面是因为"家"的纽带是血缘亲情，家事的处理往往面临"情"与"理"的两难选择；另一方面自然情感往往无节制而趋于走极端③，我们必须以修身为本培养"明德"，才能修正这种偏向，从而基于道德的判断而得"情"之正。这种修正，不是要否定自然情感本身，而是要"好而知其恶，恶而知其美"，是要打破其自然趋向或私人性的局限，代之以道德的或社会性的视角，从而在重亲情的同时不偏于私人的情绪，不因私人感情或偏见而左右

---

① 譬如就"忧患"来说，我们可以讲忧患某事，讲忧患某人则不符合表达习惯。当然，在儒家思维中人仍然是事件展开的焦点，但如果说忧患也是在人际关系中展开的，那么其所指的关系也是不确定的，或者说关于忧患的论说虽然也是在人际关系的背景中展开的，但论说的重心却不在此。

② 尾形勇. 中国古代的"家"与国家. 张鹤泉，译. 北京：中华书局，2010：63-64.

③ 这在相当程度上是荀子一派的观点。荀子在解释礼的起源时指出，先王制礼，主要是为了节制人之自然欲求无度的趋向（《荀子·礼论》）。这虽然主要是就物质欲求来说的，但也蕴含人的自然情感无度的意思。因此，他在《乐论》中说："民有好恶之情而无喜怒之应，则乱。"在解释"三年之丧"时说："称情而立文，因以饰群，别亲疏、贵贱之节而不可益损也⋯⋯先王圣人安为之立中制节"（《荀子·礼论》）。"情"之表达要恰如其分，就应该以礼制情。《礼记·礼运》也说："人情者，圣王之田也，修礼以耕之。"以礼制情，可以说是先秦儒家的一般观点，不过荀子一派的儒家较为重视。

对家事的公正处理。用现在的话来说，就"事"而论，这涉及公私关系的处理；就"情"而言，这应该是我们自然情感的社会化，是与道德考虑相结合而予以升华，以求合情合理，情理交融。

进一步的问题是，《大学》这里的"家"如何可视为具有政治意义的场域？"家"与"国"之间是否具有现实的政治关联？这可能是一个需要结合历史背景来理解的问题。西周封建制时期，只有在卿大夫阶层以上才可称作"家"，而与诸侯之"国"相对应。随着东周开始的社会动荡尤其是封建制的瓦解，原来的贵族沦为庶民乃至皂隶的情况并不鲜见①。春秋中期以后，贵族之家也在不断分化，形成了众多的小宗族或宗室，但还没有庶人之家的说法②。按照第一章的结论，《大学》的作者所处的时代当在春秋战国之交，"齐家"中的"家"即使不一定确指卿大夫之家，也具有浓厚的政治意义，或多或少都与诸侯之"国"具有组织结构上的关联。这一点可以从孟子的相关说法得到佐证："人有恒言，皆曰'天下国家'。天下之本在国，国之本在家，家之本在身。"（《孟子·离娄上》）"人有恒言"说明这是在孟子的时代仍然流行的说法③。这种观点与《大学》的观点类似，都是看重封建贵族之家的政治意义以及对于维系封建制的基础性作用。

朱子对此章的阐发不多，认为它与"修身在正其心"章"略相似"，都是强调要通过修身来纠正情感之偏。对于两章关于情感的讲法，也只是略做分别，认为上一章的忿懥之类是从心上理会，此章的亲爱之类则是就事上理会。而对于《大学》所讨论的亲爱之类的情感，朱子认为不是限于一家人来说的，而是专指如何待人。也可能正是基于这样的理解，朱子认为此章当与上一章相接来看，都是要求通过修身养成"公心"，摒除"私意"④。这些都表明，朱子所专注的是义理的层面，在一定意义上只是注

---

① 如《左传·昭公三年》记载晋国叔向的说法："栾、郤、胥、原、狐、续、庆、伯，降在皂隶"，"肸之宗十一族，唯羊舌氏在尔"。
② 尾形勇. 中国古代的"家"与国家. 张鹤泉，译. 北京：中华书局，2010：65-66.
③ 孟子认为为政不难，只要"不得罪于巨室"。孟子在政治组织方面是主张"世卿世禄"的封建世袭制的。参见萧公权. 中国政治思想史. 北京：新星出版社，2005：67-68.
④ 黎靖德. 朱子语类. 王星贤，点校. 北京：中华书局，1986：350-354.

目于"齐家之道",对于"家"以及"齐家"本身有何特点,却是不甚措意的。

五、治国在齐家

《大学》的相关传文如下:

> 所谓治国必先齐其家者,其家不可教而能教人者,无之。故君子不出家而成教于国:孝者,所以事君也;弟者,所以事长也;慈者,所以使众也。康诰曰"如保赤子",心诚求之,虽不中不远矣。未有学养子而后嫁者也!一家仁,一国兴仁;一家让,一国兴让;一人贪戾,一国作乱;其机如此。此谓一言偾事,一人定国。尧舜帅天下以仁,而民从之;桀纣帅天下以暴,而民从之;其所令反其所好,而民不从。是故君子有诸己而后求诸人,无诸己而后非诸人。所藏乎身不恕,而能喻诸人者,未之有也。故治国在齐其家。诗云:"桃之夭夭,其叶蓁蓁;之子于归,宜其家人。"宜其家人,而后可以教国人。诗云:"宜兄宜弟。"宜兄宜弟,而后可以教国人。诗云:"其仪不忒,正是四国。"其为父子兄弟足法,而后民法之也。此谓治国在齐其家。

这段话主要讲了三层意思:

其一,阐发治国在齐其家的基本道理。从其必要性来说,由齐家进于治国,是个渐进的次第。"未有学养子而后嫁者",女子必须先出嫁才会考虑养孩子的事情。《大学》通过这个譬喻来说明,一个国君如果连自己的"家"都不能管理好,那就更不可能做好"治国"之事。结合上一部分关于"家"的政治意义来看,在《大学》作者所处的时代,这个判断可能有其经验的依据,否则也不太可能成为孟子时代的流行观点。基于《左传》的相关记载,对于春秋时期各诸侯国之兴衰来说,"齐家"与否是一个不可忽视的因素。齐庄公为其臣子崔杼所弑,引发齐国内乱,其直接原因是他给崔杼"戴绿帽"(《左传·襄公二十五年》)。卫灵公时期卫国之乱,是由于其夫人南子行为不检,从而引起卫公子蒯聩的不满(《左传·定公十四年》)。《论语》也有一处相关的记载。孔子见南子,子路对此很不满并提出质疑。这让孔子不得不指天发誓,其间未有任何违礼之处(参见《论语·雍也》)。孔子"惟女子与小人难养"(《论语·阳货》)的感叹,未必不包含针砭春秋时期后宫乱政现象的意思。而汉代治《诗经》的三大经学流派(齐诗、鲁诗、韩诗)一致认为,《诗经·国风》以《关雎》起首,正是要说明国君当选择能够母仪天下的后妃,不能因家不齐而给治国带来负面影响,蕴含治国当以齐家为本的意思。

从可能性来说,"孝以事君""弟以事长""慈以使众"指出,齐家之德同样可用于治国。质而言之,伦理上说,齐家之德与治国之德乃基于同样的道德精神,只不过由于场域的不同特点而有不同的表现①。结合上一段的论述看,治国所要处理的关系、面临的问题可能要比齐家复杂,但这种复杂性上的区别只是技术层面上的,是末节而非根本。既然两者之德并无根本区别,那么只要根据场域的不同以适当的方式调整道德实践的方式,由齐家进于治国就是顺理成章了②。

其二,从社会效果说,国君"齐家"本身的榜样示范作用,可以引领一国之民风,从而直接影响到国家的治理。"一家仁"中的"一家"是指国君之家。通过教化以淳化民风,直接关系到社会秩序的稳定,也是治国之要务。在《大学》的作者看来,效果最好的教化方式就是发挥道德榜样

---

① 关于这一点,可参考"止于至善"章"为人君,止于仁;为人臣,止于敬;为人子,止于孝;为人父,止于慈;与国人交,止于信"的论述以及前文对此的分析。说到底,各种德目无非儒家理想人格在各种关系和情境中的表现,是伦理精神一体之表现,其本身应该是统一的。并且理论上说其可以由更高一层的道德观念来涵摄,孔孟荀是从内外相对待的意义提出一组观念来涵摄的,不过侧重有所不同;孔子是仁与礼并重,孟子讲居仁由义,荀子则隆礼重法。总之,《大学》"齐家在治国"的观点意味着从个人德性的角度来看,齐家之德与治国之德并无二致。如以孔子所谓仁者来解《大学》这段话,那么仁者处于君位时对臣子当表现仁德,处于臣位时对君当表现敬德;处于子位时对父当表现孝德,处于父位时对子当表现慈德。那么这些德目本身并无高下之别,做到极致则可以说就是一体之"仁"在各种关系和情境中的具体表现。

② 可参见阮航. 略论《大学》的"家国同构"思想. 井冈山大学学报(社会科学版),2011(4):33-34。另外,如果回到先秦乃至西周的宗法制时代来看,在同一个诸侯国中,国君之"家"与其卿大夫或封建贵族之"家"之间也有着亲疏不一的血缘关系。因此,就其基本政治组织的运作尤其是君臣关系而言,治国其实要管理好以国君之"家"为核心扩展开来的一个大家族。治国首先也就体现为齐家的拓展。当然,秦汉以降,"家"这种作为封建宗法制基础的意义已逐渐淡化乃至消失。这一点在第二部分再论。

的感染力,通过人心之感通才能真正深入人心。《大学》认为"其机如此",也就是说,上行下效即是国君"齐家"之所以能收"治国"之效的机制。

其三,强调要以"恕道"治国。这里对"恕道"的表述是"有诸己而后求诸人,无诸己而后非诸人"。这就是说,对于好的东西,自己有,才能要求他人也有;对于不好的东西,自己没有,才能责成他人也没有。结合上文看,这应该是从道德的角度讲的,那么可以把这里"好的东西"理解为美德①。这里的说法与儒家对"恕道"的一般说法有所不同,可以做个简要的比较。

孔子乃至后世儒家对"恕道"的典型表述是"己所不欲,勿施于人"。"欲"指欲求,是从心理动机上说的。在此意义上,"恕"可解作"如心",也就是要"将心比心","恕道"意味着一种人际交往的态度,即要从将心比心的思路出发,充分尊重他人的情感和观念②。相比之下,《大学》的讲法明显往外推了一层,是讲"所藏乎身不恕"。它虽然蕴含着内心要"恕"的意思,却是联系身体活动或行为表现来说的,由此才能"喻诸人"。可以说,其言说的重心已从心理转到了行为的层面,强调身体力行以让他人受到道德感染③,由此结合"治国"特点来讲的"恕道",可理解为上行下效的内在机理。

另外,儒家一般是把"忠道""恕道"结合在一起来理解,而视之为"仁道"一体之两面。其中"恕道"从消极的意义上来说明"仁道",强调我们要"有所不为",表达对他人的尊重和宽容之意;"忠道"则从积极的意义上来说明"仁道",强调我们要"有所为",积极展示自我的道德体

---

① 能否把"好的东西"理解为处理政事的才能呢?单从表述看,似乎也可以。但一方面与上文有些不相应,另一方面,若理解为"才能",则有些讲不通。各人各有其特长,很难做统一要求。儒家并不否认这一点。
② 阮航.儒家经济伦理研究.北京:中国社会科学出版社,2013:91.
③ 还可以参见《中庸·第十三章》对"恕道"的讲法。与《大学》和《论语》的讲法相比,《中庸》似乎是合内外来讲的:先从心理的层面讲,然后结合关系和行为来说。附上《中庸》的相关论述:"君子以人治人,改而止。""忠恕违道不远,施诸己而不愿,亦勿施于人。""君子之道四,丘未能一焉。所求乎子以事父,未能也;所求乎臣以事君,未能也;所求乎弟以事兄,未能也;所求乎朋友先施之,未能也。"

验,以帮助他人进德。《大学》单讲"恕道"而不提"忠道",可能蕴含着对"国"这一政治场域之特点的考虑①。先秦时期的"国"就其基本政治组织而言虽然有宗法色彩,但其所处理的却是各种公共事务。"德"须与"位"结合,于处理政事上表现。道德考虑必须与其处于政治之"位"所应负的责任亦即"礼"的要求相结合,才能恰当地发挥作用。为政者所处之位不同,做法也当不同,其表现亦有别,在道德表现上强求一律显然是不行的。就此而论,治国之道应该突出"恕"的一面,是"敬事"的责任意识,体现为某种"道德职责"②;而不是"忠"的一面,亦即达成某种同样的目标,因为不同的政务所要达成的具体目标虽需要相互配合,其内容却是不同的。从用人以及处理君臣关系方面来说,《大学》讲治国,突出"恕道"而不提"忠道",在相当程度上可能是在强调政治领袖当有容人之量,对臣子不能求全责备。换个角度来说,对于臣子的"德"与"才",各种政治职位的要求是不一样的,国君治国,其关键是根据各政治人才的特点,安排适当的职位使人才各尽其能,而不是要强求一律。当然,在道德方面可能有某种基本的但并非理想的要求。对于这一点,《大学》在"平天下"的部分有较详细的说明。

总之,《大学》讲"治国在齐家"的道理是从以上三方面展开的:首先就其伦理精神来讲"齐家"与"治国"同理,从而说明"齐家"对于"治国"的必要性与可能性;然后从上行下效的社会效果来说明"齐家"对于"治国"的重要意义;最后基于"治国"的特点提出"恕道",以作为发挥上行下效之道德作用的内在机理。可以看出,上一章讲"齐家"是从情感的角度入手,本章讲"治国"则转向行为表现的层面,提出国君要以身作则,以收道德教化之效。这表明,《大学》是结合政治场域的特点具体地谈"德治"的道理,而不是简单地提出一套抽象的说法。

朱子对于此段的义理探讨集中于两点:一是认为,"齐家"对于"治国"所起的道德教化作用从国君的角度说不是靠强推,而是靠自己"齐家"

---

① 关于这一点,这里只能简要提及,尚无法做出充分的说明。在本书的第三部分将回到这一问题,做更详细的讨论。
② 阮航. 儒家经济伦理研究. 北京:中国社会科学出版社,2013:79-81.

之德所发挥的感染力；从民众的角度说不是某种外部的教育或灌输，而是在国君之德的感召下的自觉认同进而效法，是"自化"。二是对治国之"恕道"的推究。朱子认为，它是责人之恕，即"以责人之心责己"，是要待人宽厚的意思。相比之下，絜矩和"己所不欲，勿施于人"是爱人之恕，更积极一些。朱子的这些探讨都是就儒家义理之根本来讲的，或者说突出的是"明明德"作为"新民"的根本，对于它们在政治生活中具体当如何表现则不甚关注，只是笼统地说《大学》的"恕道"是就接物应事上讲的①。

六、平天下在治国

"平天下"是这一段的核心观念，但"天下"是个比较模糊的说法，依侧重点之不同而可有不同的理解②，那么《大学》这里所谓"天下"是什么意思？与"国"之间有何联系和区别？有必要先简要说明。

按照前面第一章的观点，《大学》成篇于战国初期而先于孟子所处的时期。从春秋到战国，周王室的权威逐渐削弱，如此发展至孟子时期，周王室已徒具虚名，乃至如何再度统一"天下"、重建政治秩序，已成为各大诸侯以及诸子各派公开讨论的核心政治议题③。在《大学》作者所处的时代，这个议题虽然未必如孟子时期一般提得那么明确，但从上述趋势看，应该已侧重这方面的意思。

基于这样的背景，可以对《大学》的"天下"有个大概的理解：其一，从政治本身的合法性来说，"天下"的观念与"天命""天子"有密切的关联。保有"天下"者，当是得"天命"的王者，从其职责来说，则是

---

① 黎靖德. 朱子语类. 王星贤，点校. 北京：中华书局，1986：356-359.
② 关于"天下"观念的政治含义及发展，可参见渡边信一郎. 中国古代的王权与天下秩序. 徐冲，译. 北京：中华书局，2008：3-16. 关于"天下"观念的文化含义，可参见葛兆光. 古代中国文化讲义. 上海：复旦大学出版社，2006：9-10. 下文对《大学》"天下"的理解，是在参考以上两书相关论述的基础上，结合《大学》作者所处的时代背景而提出的一种较具体的解释。
③ 可参考孟子与梁惠王的一段对话：［梁惠王］卒然问曰："天下恶乎定？"吾对曰："定于一。"（《孟子·梁惠王上》）

代天行事的天子。

其二，从政治的地域而言，"天下"当虚指时人眼中的世界。如果一定要落到地理上说，那么可能狭义上是指原来周朝所统治的由各诸侯国及王畿所组成的疆域，广义地说则可能泛指《禹贡》所记载的"九州""五服"。选择狭义还是广义的理解，在相当程度上取决于我们的观察角度。从政治的角度看，狭义的理解才具有现实意义。广义的理解，大多是从伦理价值观或文化的意义上说，因为其中大部分的地域都不能说真正处于王权的统治之下，而是保持着或作为附属国或作为外交国的关系，有些地域甚至只是虚构的，以服务于"王畿作为统治中心"的政治想象。

其三，结合第十章的内容来看，《大学》虽然提出"平天下"以作为政治的理想目标，但其实都是落在"国"的层面来说的。就此而论，"天下"当作狭义的理解。进一步说，《大学》讲"平天下"，至少已蕴含着与孟子时期类似的问题意识，只不过表现得没有后者那么明确和尖锐。"平天下"到底是指像孔子所主张的那样恢复周代礼制，通过周王室的复兴来平定天下，还是如孟子所设想的由某诸侯国行仁政以王天下？抑或两种情况都行？在《大学》这里并不清楚，但"平天下"无疑意味着要建立统一各国的政治秩序。按照传文的顺序，《大学》"平天下在治国"的观念大致包括如下几个方面：

第一，絜矩之道。其相关传文如下：

> 所谓平天下在治其国者：上老老而民兴孝，上长长而民兴弟，上恤孤而民不倍，是以君子有絜矩之道也。
>
> 所恶于上，毋以使下；所恶于下，毋以事上；所恶于前，毋以先后；所恶于后，毋以从前；所恶于右，毋以交于左；所恶于左，毋以交于右；此之谓絜矩之道。

第一段是由治国引出平天下的絜矩之道。"上老老而民兴孝"，是讲治国之中上行下效的机制。不过与上一章相比，其讲法有微妙的区别：一是直接就君民关系来说，不再基于"家"与"国"的关系背景。二是"老老"

"长长""恤孤"不再局限于"家"这一场域来表现①，而是君子以推己及人的方式予以扩充，而呈现为一般意义上的待人之方。也正是在君子治国善于推己及人的意义上，《大学》认为，君子有絜矩之道。其中"絜"的本义是准绳，引申为度量；"矩"本指直角尺，引申为法度、规矩。在《大学》看来，这种依据人之所同②、推以待人处事的方法，可用作"平天下"的指导思想。

第二段可视为对絜矩之道的具体说明。这里的上下、前后和左右，是就一个人在政治生活中所要处理的关系而言的，也就是上下级、某一职位的前任与后任，以及同僚或共事关系。就其义理而言，絜矩之道应该说与儒家一般意义上的忠恕之道、上一章治国的"恕道"是一脉相承的，甚至在朱子等理学家看来，它们实质上是一样的，只是根据不同的场合而采取不同的说法。那么，《大学》为何又提出以絜矩之道来平天下，为何不取忠恕之道的说法或像上一章那样的"恕道"？其中是否有特别的用意，或是否体现了对"天下"这一政治场域的特别考虑？要回答这些问题，首先要基于对絜矩之道的特点之把握③，这里通过与忠恕之道以及治国之"恕道"的简要比较，就其特点做三点概括：

就关系而言，絜矩之道所讲上下、前后、左右显然是针对政治组织中的人事关系来说的，突出了公共领域的特点。相比之下，忠恕之道是就日

---

① 朱子未关注这方面的区别，认为只是讲由齐家进于治国这一次第中上行下效的道理。因此，"老老""长长""恤孤"仍是作为齐家之德来理解的，如将"老老"解作"老吾老"。但如朱子自己的注释所言，"恤孤"之"孤"是指"幼而无父"，将之理解为齐家之德显然讲不通。另外，此段的结语为"君子是以有絜矩之道"，只有前面的"老老""长长""恤孤"是已经扩充的君子之德，结语才能成立，上下文才能贯通。笔者在此的理解是把"老老"解作"老吾老以及人之老"的简略说法，而不是仅为"老吾老"；下面的"长长"亦如此。还可能有另一种理解，即把"老老""长长"理解为齐家之德，而把"恤孤"理解为君子推己及人而扩充开来的德性；这样义理上也可通，但从文法上看不是很恰当。其中朱子的相关观点，参见黎靖德．朱子语类．王星贤，点校．北京：中华书局，1986：361；朱熹．四书章句集注．北京：中华书局，1983：10。

② 按照朱子的说法，是"因人心之所同"，但《大学》原文却是从好恶来讲人之所同，蕴含着"人情之所同"的意思。这个问题涉及对人性的看法，或者因我们所处的时代、关注的问题不同而当有不同的思考。因此，这里暂且搁置"人之所同"的内容，留待本书最后再论。

③ 对此问题的充分研讨，需要梳理相关的观念史和社会史，容后再论。

常社会生活中的人己关系立论，治国之"恕道"则主要着眼于行为层面，未明言针对何种关系，但从其上下文看蕴含着谈君与臣、臣与民的关系之意。

就其价值指向来说，絜矩之道不仅单从消极意义上讲"有所不为"，而且只从"厌恶"而不从"喜好"的角度来谈。与治国之"恕道"相比，这种消极意义的角度更明确，或许意味着更强调宽厚相待、能有容人之量的意思。忠恕之道则是将仁道之积极意义和消极意义合在一起看的。

就其观念的出发点来说，絜矩之道是针对"恶"或人之常情而言的，治国之"恕道"是就行为的外在表现立论的，忠恕之道则是就待人的态度或价值取向而言的。

第二，以得民心为本。其相关论说如下：

《诗》云："乐只君子，民之父母"。民之所好好之，民之所恶恶之，此之谓民之父母。《诗》云："节彼南山，维石岩岩，赫赫师尹，民具尔瞻"。有国者不可以不慎，辟则为天下僇矣。《诗》云："殷之未丧师，克配上帝；仪监于殷，峻命不易"。道得众则得国，失众则失国。

这段话分别引用了《诗经》的三句话并予以相应的评论，以说明得民心对于政治稳定的重要性。与三句引文及其评论相应，又可分出三层意思：(1) 得民心的理想方式是"以民之好恶为好恶"。这要求国君拥有爱民如子的胸怀，不从一己之私出发处理问题，体察民情，尊重民意。(2) 政治领袖的言行为民众关注的焦点，从而左右民心之向背。《大学》由此提出，政治领袖当谨言慎行，否则为民众所不容。(3) 得民心与否，直接关系到天命的得失，从而是能否合法保有政权的根本。《大学》的这段话从好恶来讲民心的重要，是儒家民本思想的鲜明表现。

第三，德本财末。其相关论说如下：

是故君子先慎乎德。有德此有人，有人此有土，有土此有财，有财此有用。德者本也，财者末也，外本内末，争民施夺。是故财聚则民散，财散则民聚。是故言悖而出者，亦悖而入；货悖而入者，亦悖而出。《康诰》曰:"惟命不于常!"道善则得之,不善则失之矣。《楚书》曰:"楚国无以为宝,惟善以为宝。"舅犯曰:"亡人无以为宝,仁亲以为宝。"

这段话的要点有三:

正面说明"以德为本,以财为末"的道理。《大学》对此是承接上一部分的论点来展开论说的:君子靠修德才能凝聚民心,才能汇聚更多的民众;有更多的民众,才能开辟更多的土地;有更多的耕地,才会有充足的农业产出;有充足的农业产出,才有可用于行政运作和公共事业的财政收入。《大学》一路讲下来的这套说法,显然有传统经济以农业为本作为背景,其中"有人此有土"的说法,更是需要结合春秋战国时期的政治经济状况才能得到恰当的理解。劳动力是农业生产的根本,在先秦地广人稀的情况下,劳动力之多少决定着能开辟多少耕地,由此成为左右一国经济发展的重要因素。因此,孔子适卫有"庶矣"之叹,实则是将人口之多少视为衡量国力强盛与否的一大要素。春秋时诸侯征战,也往往以争夺劳动力和物质财富而不是以争夺土地为目的[①]。这里的"财",也有其特定的含义,它是从国君的角度来说的,大概相当于我们现在所说的财政收入。

侧重从反面说明,"外本内末"则危及政治秩序的根基。这里的内外,当是从国君用心上说的。"内末"是"以财为内",把财政视为敛财之手段以满足己之私欲,而不是当用之于民的经济管理环节;"外本"是"以德为外",不把道德看作自己分内之事,仅视为外在的虚饰。由此其表现是与民争利,其结果则是不得民心,危及政权。"悖",有"不合理""不正当"的意思。"货悖而入者,亦悖而出",正是指出"外本内末"带来的严重后果:出于不正当的用心、采取不合理的手段来敛财,那么这些搜刮而来的财政收入,也终将以不合理的方式分配出去,蕴含着民众会以暴力反抗方式来分财的意思。

引三段名言以重申"德本"之意。三段引文分别出自《尚书》、《国

---

① 阮航.儒家经济伦理研究.北京:中国社会科学出版社,2013:193-194.

语·楚语》和《左传》,均有历史上颇有影响的事件作为背景,在春秋时期传为佳话。《大学》引此作结,意在突出这一段所要表达的"德本"这一核心观念。总体上说,这一段可视为上一段关于民心问题的延伸,是就经济指导思想来说明,得民心则须重民生,这要求国君具备相应的道德胸怀,从而出于为民之公心而不是个人私欲来安排国家财政。

第四,举贤退不善。其相关论说如下:

> 秦誓曰:"若有一个臣,断断兮无他技,其心休休焉,其如有容焉。人之有技,若己有之,人之彦圣,其心好之,不啻若自其口出,实能容之,以能保我子孙黎民,尚亦有利哉。人之有技,媢疾以恶之,人之彦圣,而违之俾不通,实不能容,以不能保我子孙黎民,亦曰殆哉。"唯仁人放流之,迸诸四夷,不与同中国。此谓唯仁人为能爱人,能恶人。见贤而不能举,举而不能先,命也;见不善而不能退,退而不能远,过也。好人之所恶,恶人之所好,是谓拂人之性,灾必逮夫身。是故君子有大道,必忠信以得之,骄泰以失之。

"一个臣"之"个",《尚书》原文作"介",有"耿介""耿直"之意;"中国"是指诸夏;"命",郑玄注"当作慢",程颐注"当作怠",按现在的说法,可理解为怠慢。

《大学》此段的引文出自《周书·秦誓》。按照《尚书序》的说法,该篇记载的是秦穆公在秦师大败而归时所作的公开悔过之辞①。穆公的这段反省,其要在于强调应当重用有德之良臣,远离偏私之小人。其中良臣之"德"主要表现在耿直而有容人之量,小人则从一己之私出发,做妒贤嫉能之举。《大学》由此发挥出三层意思:

首先,只有仁者才能基于公心,对他人之德才做出真实而公正的判断。孔子曾说,"唯仁者能好人,能恶人"(《论语·里仁》),与《大学》在此的说法类似。两者都强调,要形成对他人真正的道德判断,就不能有一毫偏私。

其次,举贤退不善。"贤"可兼指才德,结合政治生活的特点及上下

---

① 孙星衍. 尚书今古文注疏. 陈抗,盛冬铃,点校. 北京:中华书局,2004:613.

文来看，这里应该突出其作为"才能"的意思，由此与下半句组成对文。也就是说，对于有才能者，若不能予以重用，给予恰当的政治职位，则是怠慢；对于不善之小人，若不能疏远并使之远离政治事务，则是过错。简单地看，这似乎意味着在政治生活中应该把"才"看得比"德"更重要，但略加辨析，恰当的理解或许是：（1）政治人才或参与政治事务者不能是不善者。"非不善"这一对人才的道德要求比较低，却是绝对的，下此则不可用、必须排除于政治事务之外，否则是用人者之过。在此意义上，对政治人才的道德要求是某种底线式的然而刚性的要求。（2）对于达到道德底线的政治人才，则应该尽量举用，否则是怠慢。就当用之人而言，怠慢意味着屈其才，使其才能未得以充分施展；就政治事务而言，怠慢可能还意味着，如果不安排具有相应才能的任事之人，那就是误事，影响行政之效率。（3）要做到前两点，对于可用之人才的道德要求固然不高，达到"非不善"的底线要求即可，但对人才的举荐者却提出了至高的道德要求，即非仁者不能，因为他不仅要完全出于公心来识别人才，能严辨善恶，而且要有宽广的胸怀，有容人之量，否则无以做到"举而能先"。或许正是在此意义上，《大学》才引用穆公推到极端的说法：一个具有识人、容人、用人之德的臣子，即使完全没有其他的才能，那也应该是有利于国家的重臣。儒家所谓"圣君贤相"，所推崇的也正是其至高之德，而非具体的治国之才。

最后，强调要做到举贤退不善，必须修德以成识人、用人之大道。《大学》由此提出"忠信"作为应修之德，"骄泰"则作为应努力革除的凶德。从公私关系来讲，"忠信"所强调的正是要出于公心，摒除私意。就德性的特点而言，可以从形而下和形而上这两个维度来理解。按《论语》的相关说法，孔子所谓"忠信"之德侧重形而下的维度，是要以真情做底子，讲求真心实意，内外如一而不虚饰①。结合《大学》作者所处的时代来看，这可能也是此处的本意。朱子等后世理学家则侧重形而上的维度，基于性善论来理解并予以发挥②。

---

① 阮航. 儒家经济伦理研究. 北京：中国社会科学出版社，2013：168.
② 朱熹. 四书章句集注. 北京：中华书局，1983：12.

第五，国以义为利。其相关论说如下：

> 生财有大道，生之者众，食之者寡，为之者疾，用之者舒，则财恒足矣。仁者以财发身，不仁者以身发财。未有上好仁而下不好义者也，未有好义其事不终者也，未有府库财非其财者也。孟献子曰："畜马乘不察于鸡豚，伐冰之家不畜牛羊，百乘之家不畜聚敛之臣，与其有聚敛之臣，宁有盗臣。"此谓国不以利为利，以义为利也。长国家而务财用者，必自小人矣。彼为善之，小人之使为国家，灾害并至。虽有善者，亦无如之何矣！此谓国不以利为利，以义为利也。

这段话是从伦理的角度来谈国家经济政策的指导思想，其核心观念当是"国以义为利"①，展开说则包括三个方面：

生财有大道。不同于现在通常所谓生财之道，这里的生财有大道是讲如何发展农业的政策思路。其中的"大"有堂堂正正、宽广的意思，蕴含某种伦理的视角和价值判断。这里的"财"虽然是就整个国民经济而言，但由于传统经济的特点，其实是针对农业经济而言。"财足"则意味着富国裕民。《大学》这里提出的政策思路，可概括为三点：一是国无游民，朝无幸位；二是不夺农时；三是量入为出②。

仁者以财发身。国君既当为"德本财末"的仁者，则应出于道德的目的来推行相应的经济政策。也就是说，经济政策当以民生为念，以裕民为目的，为增益民众之财富创造有利条件。就对民众的效果而言，民众受惠于如此政策的同时，也会感念政策推行者之德。在此意义上，有政治之位的仁者是以财发身的。就对政治组织的效果而言，国君率先垂范，则上行下效，将促成一种以民生为目的、以"义"为本的政治体系。

国不以利为利，以义为利。这里的"国"虽然可以说是泛指整个社会，但它强调的是国家的管理，其重心落在由国君及其官吏组成的政治结

---

① 关于该观念的详细论述，可参见阮航.儒家经济伦理研究.北京：中国社会科学出版社，2013：135-139。

② 朱熹.四书章句集注.北京：中华书局，1983：12。

构上。前一"利"指具体的物质利益或私利,后面的"利"字则是指整体意义上的"事功",并含有"顺自然"和"利于成事"的意思。"义"有以民众利益为主体的社会整体利益和获取物质利益方式的道德合理性两层含义。

对于第十章,朱子所关注的重点在于絜矩之道,并视之为贯穿上述各观念的精神。与以上就《大学》原文所梳理的观念要点相较,朱子的理解和诠释表现出如下特点:其一,侧重从积极的方面来理解絜矩之道,亦即在"有所为"的意义上把絜矩之道理解为推己及人之道。其二,将絜矩之道视为理解第十章其他观念的义理线索,解释为絜矩之道的发挥,由此呈现为平天下的具体设想。因此,朱子对其中各观念的诠释都是联系絜矩之道来展开的:以民心为本,是"能絜矩而以民心为己心"①,进而"与民同欲"②;德本财末,是"因财货以明能絜矩与不能者之得失"③;对于举贤退不善的相关论述,朱子说,"断断者是絜矩,媢疾者是不能。'唯仁人放流之',是大能絜矩底人;'见贤而不能举,举而不能先',是稍能絜矩;'好人之所恶'者,是大不能絜矩"④。国以义为利,则是就财利而发絜矩之意,由与民同欲进而与民同利,而其要在于强调不与民争利⑤。其三,虽然平天下为新民之终极规模而臻于外王之理想事功,但朱子所注重的仍是"明明德"之本,因而并未深究政治生活各主要项目本身有何特点、新民之发用如何等问题,而是专注于其所以成就事功之义理。

---

① 朱熹. 四书章句集注. 北京:中华书局,1983:10.
② 朱熹. 四书章句集注. 北京:中华书局,1983:11.
③ 朱熹. 四书章句集注. 北京:中华书局,1983:11.
④ 黎靖德. 朱子语类. 王星贤,点校. 北京:中华书局,1986:366.
⑤ 黎靖德. 朱子语类. 王星贤,点校. 北京:中华书局,1986:368.

第三章 对《大学》诠释的比较分析

上一章以朱子的《大学》新本为底本,对《大学》各部分的基本观念做了初步的解读。这一初步解读实际上蕴含着笔者两方面的理解:一是对《大学》历史文本的理解,二是对朱子诠释的理解。从诠释学的思路看,前者是要把握《大学》文本的历史起点;后者则是要把握《大学》文本意义展开的一个高峰,在相当程度上又可理解为文本的一个新起点。在相关论述中,笔者力图嵌入比较的视角而将两者相结合。当然,这种隐含的比较很粗略,还远远不够。

本章力图在上一章的基础上展开进一步的比较。这种比较极为必要,因为历代对《大学》的诠释层出不穷,富有代表性和重要影响的诠释亦有多种,上一章所论述的朱子诠释只是其中之一①。只有通过相关的比较分析,才能把握《大学》思想所能容纳的意义空间及其发展的脉络,也才能为下一部分的社会史和观念史分析做好准备。同时鉴于诠释的多样性,这种比较不可能面面俱到,必须有所选择,这一点在上一章已有所提及并做了铺垫。首先,本章选取的与朱子诠释相比较的对象,主要是汉代郑玄注、唐代孔颖达疏的《礼记正义》中的诠释(下文一般情况下简称郑孔注疏)以及王阳明的诠释。其中王阳明的诠释主要参考其《大学问》,辅以其《大学古本序》、《大学古本傍释》以及《传习录》的相关论说。要之,

---

① 清代对《大学》的诠释极多,其趋向也较复杂,将在下一部分的思想史梳理中论述。这里暂且不论。

选取的比较对象分别是汉唐、宋、明最具影响的诠释,以求具有较充分的代表性,体现《大学》思想发展各时期的特点。其次,比较的内容主要集中于各诠释与朱子诠释的分歧,以求把握各自理解和诠释的特点。最后,比较将分三步展开:先比较具体诠释的分歧,然后比较各自所认定的篇章结构及其脉络,以说明各自对《大学》的整体理解,最后在前两方面比较的基础上概括历代对《大学》诠释的主要类型及其义理根据。

第一节 三种诠释的主要分歧

对《大学》诠释的分歧,可以从深浅不一的多个层次来讲。要对之进行合理有序的整理,则必须遵循一定的理路。本节拟按照诠释学的理路,依次展开比较并说明相应的分歧,由此将分两个方面来论述:一是对《大学》宗旨及其性质的判断。这种判断直接关系到诠释者对《大学》文本的预期,进而影响到其理解文本的角度及其文本解释的方向。可以说,它是构成诠释前见的基本要素。二是对《大学》内容的诠释。进一步说,它包括对关键字词以及核心观念的诠释及其分歧。就《大学》的整个文本诠释来说,对关键字词的诠释及其分歧虽然是片段式的,却从中折射出诠释者在理解上的根本区别,是其各自不同诠释立场的具体表现;对核心观念的诠释及其分歧,则更多地源自诠释者自己对相关观念的理解,因而相对前者来说更为连贯,受文本的局限较小而多有义理方面的发挥。但由于在具体的诠释中,这两者往往是结合在一起的,为免繁复,本节将它们合在一起来说明。

一、对《大学》宗旨及其性质的判断

先看《礼记正义》的观点:

案郑《目录》云："名曰《大学》者，以其记博学，可以为政也。此于《别录》属《通论》。"此《大学》之篇，论学成之事，能治其国，章明其德于天下，却本明德所由，先从诚意为始。

以上引号内为郑玄在其《三礼目录》① 中对"大学"的注解，其他部分则为孔颖达所作的疏，是对郑玄注解的进一步解释。郑玄的题解，其要有二：其一，基本认同刘向《别录》所做的判断，即将其性质归为"三礼"的通论。也就是说，不是单论某种具体类型的礼，而是从总体上阐发礼意②。郑玄所谓"博学"，是对此的进一步说明。结合相关背景来理解，其中"学"的对象应该特指礼，"博学"也就意味着对礼有较全面的学习进而把握③。其二，《大学》的宗旨在于"可以为政"，有着明确的政治指向。孔颖达所作的疏，可视为对第二点的进一步说明。它明确指出，《大学》的宗旨在于说明以德治国的能力，其中治国是目的，与治国相应之明德的培养，则是从诚意讲起的。而从将《大学》视为"论学成之事"可以看出，孔氏的观点是，《大学》的重心在于论说道德对政治治理的作用，讲的是道德服务于政治的效果，而不是脱离政治泛泛而论的道德修养。《礼记正义》的上述说法，可以说代表了汉唐时期看待《大学》的一般观点。

宋代对《大学》的诠释无疑当以朱子的《大学章句》为代表。朱子将《大学》从《礼记》中独立出来，并重新编排做经传划分，进而列为"四

---

① 郑玄撰《三礼目录》一卷，为《仪礼》《周礼》《礼记》各篇之简介，起着解题、述要等作用。《别录》则为西汉刘向所撰。两者都是用于文献整理的资料，类似于现在的内容提要，但均已佚失（孔颖达的引文转引自唐代陆德明的《经典释文》）。参见皮锡瑞. 经学通论. 北京：中华书局，1954：1-2，4-5。

② 按汉代经学的观点，"三礼"之中，《仪礼》是说明关于社会秩序和个人生活的礼仪；《周礼》主要解释社会制度层面的礼制；《礼记》作为前两者的辅助资料，绝大部分篇章是配合前两者来解释相应类型的礼之意义，而少数几篇则配合不甚紧密，一般归之为"通论"。将《大学》归之为"通论"意味着，其论说并不拘于某一类型的礼，而可理解为从某一方面对礼意的总体说明，有泛论的性质。

③ 之所以取这样的理解，其理由主要有二：一是《大学》既收入《礼记》，纳入"三礼"的范围，则编辑者即有所判定，即视之为礼学思想。二是若按照第一章提出的判断，则《大学》作于七十二子之手，其"学"之所指当与孔子相近。而孔子所讲的"学"多指礼，可证之于《论语》首章首篇及《史记·孔子世家》的相关记载。

书"之首，这本身就意味着他对《大学》一书之性质的判断不同于郑、孔。首先，《大学》的思想取得了独立的意义，不再附属于礼经的体系。其次，朱子的经传划分，意味着一种建立《大学》自身思想体系的努力，从而使之呈现出较为完整而融贯的义理。再次，从对后世的影响看，朱子所编撰的"四书"系统，实际上是为理学重建儒家道统奠定了经典根据，而理学的道统又是承接孟子的仁学。由此看来，朱子是把《大学》的思想倾向判定为"仁"，而不是汉唐经学所判定的"礼"。对于理解和诠释《大学》的思想内容及其倾向来说，这应该是一个根本性的扭转。最后，朱子将《大学》列为"四书"之首，是突出其作为"入德之门"的基础性意义。结合上一章的论述来看，他在诠释中补充了理学的心性观念以作为《大学》的理论根据，在此基础上主要关注并发挥了《大学》与道德修养相关的内容。在此意义上，他对《大学》性质的判断，显然不是孔颖达所谓"论学成之事"，而是"论为学之事"。

与其对《大学》性质的判断相应，朱子对《大学》宗旨也有较详细的论说。他认为，"大学之书，古之大学教人之法也"①，进而将《大学》之题名解作"大人之学"。其中的"大人"，首先是就道德人格来说的，"大人之学"强调的是道德修养，侧重从"圣人之教"的角度来考察和诠释《大学》，视之为学者入德之门。当然这一解释也不排斥政治之"位"意义上的"大人"。关切社会政治，拥有政治抱负，当是儒者人格的应有之义，但朱子显然着重的是个人参与政治的道德根基。如果把《大学》的思想看作从政治与伦理这两个维度结合在一起而展开的，那么郑、孔所代表的汉唐诠释，其重心显然在于政治，而在朱子的诠释中，重心已发生根本转变，从政治转向了伦理。

明代的阳明学代表了心学发展的高峰。宽泛地说，心学属于有宋以来理学或道学之一支，其大体虽与程朱理学相合，但表现出与后者根本有别

---

① 朱熹. 四书章句集注. 北京：中华书局，1983；大学章句序 1.

的为学进路①。在王阳明这里，这种为学进路上的区别，集中体现在他对朱子之《大学》诠释的辩难②。就对《大学》宗旨及其性质的判断来说，王阳明在朱子的基础上进一步突出了伦理的维度，基本落到"圣人之道"上来理解，政治的意味相当淡。其主要表现有三：

其一，针对朱子改定的《大学》新本而主张恢复《大学》古本。王阳明认为，朱子的编排使《大学》变得支离繁复，表现出一种向外探求的理路，疑"非圣门本旨"。也因此，王阳明尤为不满朱子补传的做法，在其思想中期，他认为当依古本，工夫从诚意讲起，因为"修、齐、治、平，只诚意尽矣"(《传习录上》)；在其思想后期，他认为"致知"即是"致良知"，并主张以"致知"为本来讲《大学》的工夫。

其二，以《大学问》为代表，王阳明在其思想后期已不再拘于《大学》的文本，而是借助《大学》的相关观念来阐发其"致良知"之教。《大学问》实际上只阐发了"三纲领"以及"八条目"与修身工夫相关的观念。值得注意的是，他对齐家、治国、平天下等外王之效未置一词，而关于《大学》修身工夫的论说又是围绕"致知"展开的，由此可见其后期对《大学》的关注已完全落在内圣之学的层面。

其三，关于《大学》的宗旨，王阳明虽然因循朱子"大人之学"的说法，但与朱子不同，他对"大人"的解释是"大人者，以天地万物为一体者也"③。这是从理想的人格境界来理解的，由此"在他眼里《大学》已不再是入门之书，而是穷极真理之书，在'四书'中的地位也远胜过《孟子》、《中庸》"④。要之，与朱子相比，王阳明将《大学》的文本地位推向

---

① 心学也是力图承接思孟传统，重建儒家道统而确立儒家信仰。但在道学范围内，心学有着不同于程朱理学的发展脉络。一般认为，阳明心学是承接大程子、陆九渊一系而与程朱理学相对。阳明心学本身的发展，则与他对《大学》的理解和诠释及与朱子相关诠释的分歧有着直接的关联。

② 按照沈善洪等当代学者的观点，王阳明对《大学》的理解和诠释有一个发展演变的过程，其中期和后期对《大学》的观点有明显的不同。中期是从37岁时"龙场悟道"到49岁时"宸濠忠泰之变"，其后则为晚期。参见沈善洪，钱明. 论王阳明大学观的演变. 学术月刊，1989 (11)：31-34, 43. 关于王阳明力举《大学》古本所产生的影响，参见张艺曦. 明中晚期古本《大学》与《传习录》的流传及影响. 汉学研究，2006 (1)：235-268.

③ 王守仁. 大学问//阳明先生集要. 施邦曜，辑评. 北京：中华书局，2008：145.

④ 沈善洪，钱明. 论王阳明大学观的演变. 学术月刊，1989 (11)：43.

了新的高度，而将其宗旨和性质归为圣人立教之根本，对之的理解则进一步内敛于心性等道德形而上的层面。

二、对《大学》内容的诠释及其分歧

与第二章的划分相应，这里将《大学》的主要内容分为两个方面：一是"三纲领"，二是"八条目"。另外，对于这两个方面之中诸观念之间的关系及其排序，不同的诠释如果有不同的观点，那么将在相应的部分予以讨论。为免繁复，下述比较主要考察诸诠释的差异，仅述其中的要点而不求面面俱到①。

(一) 对"三纲领"的诠释及其分歧

这里拟分三点展开，即明明德、亲民/新民、止于至善，论及三者的关系及其在"大学之道"中的权重。

1. 明明德

对于明明德，郑孔注疏、朱子的注释，以及王阳明的解说分别如下：

"明明德"，谓显明其至德也（郑注）。"在明明德"者，言"大学之道"，在于章明己之光明之德。谓身有明德，而更章显之（孔疏）。（郑玄注，孔颖达疏：《礼记正义》）

明，明之也。明德者，人之所得乎天，而虚灵不昧，以具众理而应万事者也。但为气禀所拘，人欲所蔽，则有时而昏；然其本体之明，则有未尝息者。故学者当因其所发而遂明之，以复其初也。（朱

---

① 如前所述，《大学》的经典地位至宋代理学才开始确立。理学所关注的主要是"内圣"的一面以及朱子新本中所谓"经"的部分，尤其是对于"八条目"中与外王相关的观念，理学的发挥不多，在后世引起的争议也相对较少。有鉴于此，本部分的讨论也主要集中于理学所关注的部分以及由此引起的一些重要的诠释分歧。当然，这里的探讨仍然是初步的。本书的下一部分将在聚焦于《大学》政治伦理思想的同时，结合思想史与社会史的论说，对其中与政治伦理相关的内容做进一步的梳理和说明。

熹：《大学章句》）

……是其一体之仁也，虽小人之心亦必有之。是乃根于天命之性，而自然灵昭不昧者也，是故谓之"明德"……苟无私欲之蔽，则虽小人之心，而其一体之仁犹大人也；一有私欲之蔽，则虽大人之心，而其分隔隘陋犹小人矣。故夫为大人之学者，亦惟去其私欲之蔽，以自明其明德，复其天地万物一体之本然而已耳。非能于本体之外，而有所增益之也。（王阳明：《大学问》）

三者相较，可概括出如下几点：

其一，就解释的面向看，郑、孔对"明明德"的解释是就现实生活中人们的德行而言，第一个"明"字被解释为"显明""章显"，指人们德行的现实表现，未赋予特别的伦理含义。其解释面向是现实生活中的个人美德，是立足于经验层面来说的。

朱子和王阳明对"明明德"的解释，则着眼于天命之性来讲人性之德（"得"），这是就人性本然的状态来说，就人人都被赋予纯善的道德能力立言。其面向是道德形而上的层面而非现实经验的层面，是立足于性德的根源来解释的。由此在朱子和王阳明这里，第一个"明"字被赋予了道德修养的特定含义，被理解为沟通人之性德根源与现实德性的工夫观念。对于为什么要"明"、如何"明"的问题，朱、王显然是基于理学的心性观念来解释的：道德之本体虽明，但人之现实德性却由于气质和人欲而不无偏弊，"明"即是要去此偏弊，在他们看来，"大学"之"学"的意义可能亦在于此。

可以说，朱、王对"明明德"的解释面向基本一致，都是在道德形而上的层面就性德立论，从人们在现实生活中如何表现本然的（也是理想的）道德能力来理解第一个"明"字，将之解作为学工夫的总括说法①。这种面向与郑、孔形成了鲜明的对照，后者是就现实经验的层面立论的，无意做形而上的追溯。

其二，就解释的内容看，郑、孔对第一个"明"字的解释是"显明"

---

① 譬如王阳明说："《大学》工夫即是明明德，明明德只是个诚意；诚意的工夫只是格物致知。"参见王守仁. 传习录三//阳明先生集要. 施邦曜, 辑评. 北京：中华书局，2008：96.

"章显",对第二个"明"字的解释是"光明",都比较平实,基本上是就字面含义来解说的。对于第一个"明"字,朱、王是从为学工夫的角度来解释的,对于第二个"明"字,则是从形而上的角度将之理解为对"性德"的描述,以突出性德之纯善、性之知觉的灵动通透。而朱、王的这些解释是依托理学的一整套心性体系为背景来展开的,由此他们的解释更多地是在发挥各自的理学思想,《大学》"明明德"的说法最多只是提供了一种解释的线索。郑、孔则显然没有对"明明德"的观念做多少发挥。

其三,虽然就其解释的面向及其基本内容来说,朱子与王阳明大体相似,但若做进一步辨析,则仍有明显的区别。为了说明两者解释的异同,我们不妨从体用两面来分析朱、王所解释的"明德"。两者对明德之"体"的理解大体一致,都认作"得之于天",亦即都是从天命之性的意义上来认取明德之根源。不过,王阳明似乎更强调即体即用的蕴含,故合体用而以"天地万物一体之仁"来描述明德的呈现。对于明德之"用",朱子"具众理而应万事"的说法,是紧扣"理"而言,蕴含着"一理万殊"的观念;王阳明则是紧扣"心"来说。另外,王阳明虽未明确否认气质之偏,但一方面强调大人之心与小人之心在本然意义上无别,另一方面认为明德之呈现与否,端在于能否克服人欲,并未如朱子一般特别指出人们气质之性的分别。就此而论,王阳明更强调个人的道德主体性,突出人人道德根本能力平等的含义。

2. 亲民/新民

三者的相关注解如下:

> "在亲民"者,言大学之道,在于亲爱于民。(《礼记正义》,孔疏,郑未对此作注)

> 程子曰:"亲,当作新。"新者,革其旧之谓也,言既自明其明德,又当推以及人,使之亦有以去其旧染之污也。(朱熹:《大学章句》)

> 明明德者,立其天地万物一体之体也,亲民者,达其天地万物一体之用也。故明明德必在于亲民,而亲民乃所以明其明德也。是故亲

> 吾之父，以及人之父，以及天下人之父……而后吾之仁实与吾之兄、人之兄与天下人之兄而为一体矣。实与之为一体，而后弟之明德始明矣。君臣也，夫妇也，朋友也，以至于山川鬼神鸟兽草木也，莫不实有以亲之，以达吾一体之仁，然后吾之明德始无不明，而真能以天地万物为一体矣。（王阳明：《大学问》）

简析如下：

其一，将"亲民"解作"新民"，为朱子或程朱理学所特有。其理由在第二章已做说明，简要概括有两点：一是其《大学章句》分传中有关于"新民"的专论，二是认为如此处理方能义理贯通。相比之下，郑、孔一仍经学之常法，无意改动原文。孔疏"亲爱于民"的说法，显然是按"亲民"的字面含义来解释的。王阳明则一方面联系"明明德"来理解"亲民"，将两者解释为"体"与"用"的关系。这一点与朱子类似①，大体都是从理学的角度来探讨其义理。但王阳明另一方面仍按照《大学》"亲民"的表述来解释其义理。实际上，王阳明反对朱子将"亲民"改作"新民"。在对弟子的答问中，他对此做了较详的说明：

> "作新民"之"新"，是自新之民，与"在新民"之"新"不同。此岂足为据？"作"字却与"亲"字相对，然非"新"字义，下面"治国平天下"处，皆于"新"字无发明，如云"君子贤其贤而亲其亲，小人乐其乐而利其利"、"如保赤子"、"民之所好好之，民之所恶恶之，此之谓民之父母"之类，皆是"亲"字意，"亲民"犹孟子"亲亲仁民"之谓。亲之即仁之也，百姓不亲，舜使契为司徒，敬敷五教，所以亲之也。《尧典》"克明峻德"，便是"明明德"，"以亲九族"至"平章""协和"，便是"亲民"，便是"明明德于天下"。又如孔子言"修己以安百姓"，"修己"便是"明明德"，"安百姓"便是"亲民"，说"亲民"便兼教养意，说"新民"便觉偏了②。

---

① 朱子注："明德为本，新民为末。"参见朱熹. 四书章句集注. 北京：中华书局，1983：3. 朱子将两者解作"本"与"末"的关系，说法虽与王阳明不同，但这种不同是由于针对"物有本末"的注解或者语境的不同，其中的义理当与王阳明这里的理解相一致。

② 王守仁. 传习录一//阳明先生集要. 施邦曜，辑评. 北京：中华书局，2008：28-29.

这段话首先驳斥了朱子做出改动的主要论据，认为朱子新本的传中的"新民"，与作为"大学之道"之一的"新民"不是一回事。然后指出，《大学》其他各处都没有关于"新"的说法，反而都是讲"亲"之意。最后援引其他文献及孔子的观念，意在指出，能恰当体现儒家义理的观念是"亲民"，而不是"新民"。也就是说，王阳明的义理依据在于，儒家的主张是既要养民、重民生，又要教民，推行适当的道德教化，"亲民"正是兼有这两方面的意蕴，"新民"则只表达了教化的观点，不全面。

其二，三者的解释角度存在着明显的区别。与其对《大学》宗旨的判断相一致，孔颖达"亲爱于民"的注疏，显然是就政治生活立论。在传统政治的背景中，"民"是政治治理的对象，与之相对待者当为"君"，若予以引申，则可指"官"或为政者。朱子的解释虽未否认"新民"的政治含义，但其解释的重心在于"新"，即道德教化。对于"民"在政治生活中所隐含的与"君"或"官"的对待关系，他未予特别关注。联系道德教化来说，朱子所着重的是施行教化者当具备的德性，或者说是否通过自身的道德修养而具备教化民众的道德能力，至于是否具备相应的政治之位，则未予关注。王阳明的解释则是从人伦或社会伦理的角度立论，完全看不到"民"这一说法隐含的政治色彩。其所解释的"亲民"，似乎只是孔子所谓推己及人的"为仁之方"（参见《论语·雍也》），是有德者对他人的积极道德影响。其中如果说蕴含着道德教化的含义，那也更多地是在体现孟子所谓"先知觉后知，先觉觉后觉"（参见《孟子·万章上》）的意思，而不是视之为政治生活的一个基本方面。

3. 止于至善

三者的相关注解分别如下：

> 止，犹自处也（郑注）。"在止于至善"者，言大学之道，在止处于至善之行（孔疏）。（《礼记正义》）

> 止者，必至于是而不迁之意。至善，则事理当然之极也。言明明德、新民，皆当至于至善之地而不迁。盖必其有以尽夫天理之极，而无一毫人欲之私也。（朱熹：《大学章句》）

> 至善者，明德、亲民之极则也。天命之性，粹然至善，其灵昭不昧者，此其至善之发见，是乃明德之本体，而即所谓良知也。至善之发见，是而为是，非而为非，轻重厚薄，随感随应，变动不居，而亦莫不自有天然之中，是乃民彝物则之极，而不容少有议拟增损于其间也……后之人惟其不知至善之在吾心，而用其私智以揣摸测度于其外，以为事事物物各有定理也……止至善之于明德、亲民也，犹之规矩之于方圆也，尺度之于长短也，权衡之于轻重也。故方圆而不止于规矩，爽其则矣；长短而不止于尺度，乖其剂矣；轻重而不止于权衡，失其准矣；明明德、亲民而不止于至善，亡其本矣。故止于至善以亲民，而明其明德，是之谓大人之学。（王阳明：《大学问》）

简析如下：

其一，郑孔注疏，与朱熹和王阳明的解释存在着解释方向上的根本区别。郑孔注疏将"止于至善"理解为美德要求，表现为个人德行。郑玄强调这种要求是对自己而言的，孔颖达进一步指出是要达成至善的德行。郑孔注疏都是经验的说法，是从外在行为来解释。对于"至善"这一很可能引向形而上维度的观念，他们只做了文义上的简短说明，未加追究。与之形成对照的是，朱熹和王阳明的解释带有浓厚的形而上色彩。他们不仅从本源、性质等多个方面对"至善"做了形而上的说明，而且在相当程度上把"止"解释为指向或回归道德本源的工夫。

其二，朱熹和王阳明的解释，虽然都着重道德形而上的方向，但呈现的具体义理存在明显的区别或分歧。朱熹把"至善"解作"事理当然之极"，其中"至"与"极"相应，"善"则对应于"事理之当然"，这是结合"事"来说的。落到本源来说，朱子的解释是"天理之极"。可以看出，朱子是根据"理"的观念来解释"至善"的。王阳明的上述解释则具有一定的针对性，对朱子的解释表示明显的不满。他认为"以为事事物物各有定理"只是出于"私智"的主观臆断，其根本缺失在于"度于其外"而不探其本。这里的"其"指的是"心"。根本上说，王阳明是反对朱子基于"理"来解释"至善"的理路，而主张基于"心"的解释方法。进一步说，王阳明这里的"心"，是从道德本源或者说孟子所谓"四心"的意义上说的，是指"本心"。不过，王阳明着重从"本心"一个方面的呈现亦即孟子"四心"中的"是非之心"来说明"至善"。"本心"在这个方面的呈现是"智"的表现，在人自身作道德判断之用，用王阳明的话来说也就是良知判断。它是内发于人自身的、本源性的道德能力，是即体即用的性德，而不是在王阳明看来或多或少带有形式规范意义、与个人道德生命有隔膜的"理"。这种解释理路，实际上是着眼于"至善"的功能、作用，是个人具体的道德活动，归结为"本心"之显发。相对来说，朱子的理路是着眼于对"至善"之性质的发明。

相应于对"至善"的不同解释，两者对"止"也做了显然有别的解释。朱子对"止"的解释是"必至于是而不迁"，强调要有"定志"，坚持明确的道德信仰。王阳明对"止"的解释，则是要求充分发挥自己本源的道德能力，让自身的良知判断发挥道德准绳的作用，有反身内求亦即孟子所谓"反身而诚"的意思。

（二）对格物致知及诚意正心的诠释及其分歧

要展开较全面的比较，本部分的标题似乎应该是"对'八条目'的诠释及其分歧"。但如第二章的考察所示，朱子所着重并提出创造性诠释的条目集中在格物致知及诚意正心。对于其他条目，朱子相对来说着力不多，与郑孔注疏的分歧较少且基本集中于文义而不是义理。王阳明亦如此。《大学问》可以说代表了王阳明对《大学》的最终理解，其中甚至未论及格物致知、诚意正心之外的其他条目。有鉴于此，本部分的比较仅围绕他们对格物致知、诚意正心的诠释来展开。

这两组条目又是宋代以降尤为儒家学者所关注且聚讼纷纭的观念，因而以下将先逐一分析郑、孔的相关注疏以及王阳明的诠释，然后结合上一章关于朱子诠释的梳理来比较这三种不同的诠释，力求对它们做出更详尽的说明。

1. 格物致知

先看《礼记正义》中郑、孔的注疏：

> 知，谓知善恶吉凶之所终始也。格，来也。物，犹事也。其知于善深则来善物，其知于恶深则来恶物，言事缘人所好来也。此"致"或为"至"。（郑注）
>
> "致知在格物"者，言若能学习招致所知。格，来也。已有所知，则能在于来物。若知善深则来善物，知恶深则来恶物。言善事随人行善而来应之，恶事随人行恶亦来应之。言善恶之来缘人所好也。"物格而后知至"者，物既来，则知其善恶所至。善事来，则知其至于善；若恶事来，则知其至于恶。既能知至，则行善不行恶也。（孔疏）

郑、孔对于格物致知的上述解释，大致可分出三层意思：其一，从道德修养的观点看，致知与格物可理解为知善与行善的关系。一方面，对善恶的认识来自对善恶之事的践行，即"学习招致所知"；另一方面，对善恶之事的选择和践行，又是与我们对善恶的好恶直接相应的。也就是说，按照郑孔注疏，《大学》"致知在格物"的说法意味着知善与行善之间存在着一一对应的关系。其二，从行为选择的层面看，"知善深则来善物，知恶深则来恶物"，行为的善恶效果取决于行为者的心理动机。其三，尤其值得注意的是，郑孔注疏似乎不仅仅是就道德的意义上说，而是涵盖社会功用等非道德的意思。如对"知"的解释是"知善恶吉凶之所终始"，其中的"吉凶"显然还包括功用意义上的"好坏"，而不必是道德上的。而人之好恶，虽然不排除基于道德理由的偏好，但同样也可能是出于非道德的功用理由。在此意义上，对于郑、孔所解释的"好恶"，可能不应理解为道德动机，更恰当的理解可能是人的心理动机。

再看王阳明的解释：

> 盖身、心、意、知、物者，是其工夫所用之条理，虽亦各有其所，而其实只是一物。格、致、诚、正、修者，是其条理所用之工夫，虽亦皆有其名，而其实只是一事……"致知"云者，非若后儒所谓充广其知识之谓也，致吾心之良知焉耳。良知者，孟子所谓"是非之心，人皆有之"者也……然欲致其良知，亦岂影响恍惚而悬空无实之谓乎？是必实有其事矣。故致知必在于格物。物者，事也，凡意之所发必有其事，意所在之事谓之物。格者，正也，正其不正以归于正

之谓也。正其不正者，去恶之谓也。归于正者，为善之谓也。夫是之谓格。书言"格于上下"、"格于文祖"、"格其非心"，格物之格实兼其义也。（王阳明：《大学问》）

从上述解释看，王阳明是从"心"的角度来理解格物致知的，由此"格物"意味着发挥本心的主宰作用，收为善去恶之功；"致知"则是对自己本心的体察，是"致吾心之良知"，让本心道德判断作用切实而充分地发挥于人伦日用之事。其中王阳明尤为强调三点：其一，将"格"训为"正"。"正其不正"，是"去恶"，结合"格物"来说，也就是要以本心的道德判断来纠正行事之偏失，因而使物事"归于正"，即是"为善"，是物事合于本心的状态。其二，"致知"并非如朱子所谓"扩充其知识"亦即在待人接物中增长见识，而是真实无遗地体察本心之作用，并觉解其无时无刻不在发挥道德上的主宰作用。其三，强调"格物"之"格"，必在物事上见分晓，不能悬空虚设，也就是说要让本心在日常生活中切实发挥作用，而不是流于空洞的玄想。

最后，结合上一章所讨论的朱子格物致知补传，可以看出郑、孔、朱子和王阳明的相关解释存在着明显的分歧，其主要表现如下：

其一，对"格物"之"格"的字训。对于"格"，郑、孔训为"来"，朱子训为"至"，王阳明训为"正"。一字之训的差异，体现了三者对"格物"的理解存在根本的分歧。郑、孔显然是从经验描述的意义上来理解的，由此"格物"或"来物"，也就是指行为所产生的善恶之事，而这一结果又是与行为者对善恶的认识直接相关的。朱子则是从道德修养的角度来理解的，"格"训为"至"，蕴含着程朱理学"即物穷理"的基本观念，也就是强调要在人事上历练，推究行事的恰当之处，由推究事理反过来促进自己对"天理"的觉解。王阳明将"格"训为"正"，虽然也采取道德修养的角度，但是从"内发"的进路来理解，强调的不是推究事理，而是让本心发挥主宰作用，以判断物事之善恶。

其二，对"致知"之"知"的理解。郑、孔对"知"的理解仍然是经验意义上的，不涉及"心""性"等道德形而上的层面，不专指对道德善恶的认识，而是泛指对行为结果之好坏的认知。如上一章所述，朱子将

"知"解作"识",主要指为学者的道德觉解,故有时亦称作"知觉"。在朱子看来,"致知"是通过"即物穷理"的修养工夫而达成的。就其内容来说,"知"包括对"事理"的把握以及由此而对"天理"的洞察;落到伦理生活来说,它涵盖了张载所谓"见闻之知"与"德性之知"。这意味着,我们是通过体贴事物、推究事理,来促进我们的道德觉解的。王阳明则将"知"解作"心"之良知,"致知"即是要致良知的工夫。这是专从人与生俱来的道德能力来讲的,亦即孟子的"是非之心"。这种意义上的"知",单指德性之知,而不涵摄见闻之知。因此,他在《答顾东桥书》中说:"是犹孟子'是非之心,人皆有之'之义也。此言正所以明德性之良知非由于闻见耳。"[1]

其三,对"格物致知"整个观念的诠释方向。由上述分析可以看出,郑、孔对于"格物致知"整个观念都是从经验的角度来诠释,针对具体事务和社会行为立论的。朱熹和王阳明都是从心性等道德形而上的角度,针对道德修养而言。但朱熹的理解,按照其自身的说法是讲求内外合一而即物穷理,强调要在人事上历练,通过认取事理而逐步促成对自身心性乃至天理的知觉;按照王阳明的说法则是外求的进路,其所导致的结果不是内外合一,而是日益支离。王阳明则强调格物致知作为修养工夫应该是由内而发,虽是在实事上历练,却是要始终坚持力求以本心做主宰的自觉,对于如何行事的其他心理动机则处于被支配的地位。

2. 诚意正心

对于诚意正心,郑玄未作注,孔颖达作疏如下:

> "欲正其心者,先诚其意"者,总包万虑谓之为心,情所意念谓之意。若欲正其心使无倾邪,必须先至诚,在于意念也。若能诚实其意,则心不倾邪也。(《礼记正义》)

由此可见,孔疏是在经验的层面、从行为心理的角度来理解的。这里"心"被解作虑事的能力,也就是对如何处事做权衡取舍,类似于现代西

---

[1] 王守仁. 答顾东桥书//阳明先生集要. 施邦曜, 辑评. 北京: 中华书局, 2008: 217.

方伦理学中的"慎思"能力。"意"由"情"而发,是激发行为的心理动机。这样看,"心"的抽象层次要比"意"高一层,属于心理层面;"意"则属于行为层面,是人们行为选择的动因。由此"正心"似乎意味着心无邪念,以中正的态度处事。"诚意"意味着端正行为动机,以善意处事待人。按照这样的理解,"欲正其心者,先诚其意"就呈现为一种由外而内的次序:须实实在在地做善事,以善意待人,才能逐渐养成中正之心。这种意义上的"心",显然是指通过后天习染而养成,不涉及后世理学所谓本然的性善之心。

朱子的诠释在上一章已做较详的论述,这里简要引述其注解以便比较:

> 心者,身之所主也。诚,实也。意者,心之所发也。实其心之所发,欲其一于善而无自欺也①。

由此注解可见,朱子对"心"的理解乃基于理学形而上的心性论,故强调"心"对于"身"的主宰作用。就正心与诚意的关系看,在理想的意义上,意之诚正在于"心"之"正",因为"意"为"心之所发";从修养工夫来说,则是由诚意来促进正心,亦即对本心之觉解。

王阳明的相关解释如下:

> 欲修其身者,必在于先正其心也。然心之本体则性也,性无不善,则心之本体本无不正也。何从而用其正之之功乎?盖心之本体本无不正,自其意念发动,而后有不正。故欲正其心者,必就其意念之所发而正之,凡其发一念而善也,好之真如好好色,发一念而恶也,恶之真如恶恶臭,则意无不诚,而心可正矣。然意之所发,有善有恶,不有以明其善恶之分,亦将真妄错杂,虽欲诚之,不可得而诚矣……凡意念之发,吾心之良知无有不自知者。其善欤,惟吾心之良知自知之,其不善欤,亦惟吾心之良知自知之。是皆无所与于他人者也。故虽小人为不善,既已无所不至,然其见君子,则必厌然掩其不善,而著其善者,是亦可以见其良知之有不容于自昧者也。今欲别善

---

① 朱熹. 四书章句集注. 北京:中华书局,1983:3-4.

恶以诚其意，惟在致其良知之所知焉尔。何则？意念之发，吾心之良知既知其为善矣，使其不能诚有以好之，而复背而去之，则是以善为恶，而自昧其知善之良知矣。意念之所发，吾之良知既知其为不善矣，使其不能诚有以恶之，而复蹈而为之，则是以恶为善，而自昧其知恶之良知矣。（王阳明：《大学问》）

在此，王阳明是将正心、诚意乃至致知格物连贯起来讲的，而不是拘于《大学》文本做逐字逐句的注解。对于正心，他强调本心纯善，无有不正；心之所以有正与不正，却是因为与后天经验相接，亦即由心而发、指向人事的意念有善恶之分。"意"有善恶之分，由心做主宰、循天理之"意"为善，即为"诚意"。因此，他说，"诚意只是循天理，虽是循天理，亦着不得一分意。故有所忿懥、好乐则不得其正。须是廓然大公，方是心之本体"①。其中"有所忿懥、好乐"之意则是私意，乃由于利己不公之心理动机而未发挥本心之主宰作用。由此要使"意""诚"而不流于私意，就必须明觉本心之纯善，体察表现自身人格意义之所在，亦即"致良知"，从而发挥本心之主宰作用②。要之，王阳明所理解的正心诚意是从本心讲下来的顺取路数，在他看来，"身之主宰便是心，心之所发便是意，意之本体便是知，意之所在便是物"③。按照他阐发的这种内发进路，《大学》的修养工夫是一气贯通的。

基于以上梳理，可做进一步的比较分析：

其一，对于"心"与"意"的理解，孔氏与朱、王存在根本的区别。孔疏将"心"解作"总包万虑"，这是理学之前通行的解释，其指向是物事，其基本含义是我们处事的各种考虑或权衡，是通情达理的能力；落在具体行为则表现为对各种心理动机的取舍。这种意义上的"心"是在形而下的经验层面来说的，没有形而上的取向。朱、王的解释虽不必然与孔疏相悖，但有着浓厚的道德形而上意蕴，其重心亦在于此。朱熹强调的是"心"对于"身"的主宰作用；王阳明强调本心纯善而无不正，在处事上

---

① 王守仁. 传习录一//阳明先生集要. 施邦曜，辑评. 北京：中华书局，2008：36.
② 沈善洪，钱明. 论王阳明大学观的演变. 学术月刊，1989（11）：33.
③ 王守仁. 传习录三//阳明先生集要. 施邦曜，辑评. 北京：中华书局，2008：79.

发挥其良知的道德判断作用。进一步说，朱、王更重视的是心志，亦即"心之所之"，也就是"心"的形而上指向，而不是落在行为心理层面来说明的"总包万虑"向下之"心"。与此相关，孔疏将"意"理解为"情之所发"；朱、王则理解为"心之所发"。

其二，朱熹和王阳明的理解都蕴含着道德形而上的理论背景，也都是从道德修养的角度来解释正心诚意，但其具体理解又有明显的区别。朱子承认"心"对"身"或行为的道德主宰作用，但这只是从应然或道德理想的意义上说的，就道德修养的工夫而言，他更强调由诚意来促成正心，也就是要在人事上逐步促成"心"之"正"，由此达成本心与"心"之表现相合，亦即内外合一。王阳明则直接从理想的意义上讲本心之发用，由此最终落到"致知"，认为修养的关键在于觉解本心对于行为的道德主宰作用，亦即其所谓"致良知"。

第二节　对《大学》的总体理解及诠释的主要类型

本节旨在基于进一步的比较分析，总结本章中在一定程度上也是第一部分的内容。拟分两方面展开：其一，从三种诠释对《大学》篇章结构的安排来比较它们对《大学》的定位。其二，概括出对《大学》诠释的主要类型，为下一部分的论述做准备。

一、三种诠释对《大学》篇章结构的安排

对《大学》篇章结构的安排，与对《大学》版本的选择是直接相关的。或者说，三种诠释所依据的版本都呈现出一定的篇章结构的安排，那么，诠释者最终选择怎样的版本，也就蕴含着他们对篇章结构的考虑，其中体现了他们对《大学》的总体理解。以下就这三种诠释的相关情况分别做简要的考察。

(一) 郑孔注疏对篇章结构的安排

郑孔注疏依据的是《礼记》中的《大学》版本，也是最初的版本，被后世学者称作《大学》古本。不同于其他两种诠释，郑孔注疏沿用了《礼记》对《大学》篇章结构的编排，未做特别处理，也没有提出相关的质疑。可以说，郑、孔所认定的《大学》篇章结构，也就是《礼记》所收入的《大学》原貌。一方面，这是由于他们秉持的主要是汉代经学的经典解释方法。这种方法的特点是逐字逐句地疏解，重在对照文本来解说其文义[1]。由此呈现出来的诠释在说明哲学思想或义理方面有所不足，却也有其自身的严谨性。这与汉代经学注重师承家传的特点是分不开的。另一方面，郑孔注疏的这种处理方式，也在一定程度上体现了他们对《大学》的总体判断和理解。以下就此做进一步的梳理和分析。

其一，郑、孔所依据的《大学》古本不分"经"与"传"。从考证的角度看，这可能是《大学》的原貌[2]。从文本地位的角度看，《大学》既然收入《礼记》，继而被视为《仪礼》的辅助资料，那么其本身似乎也没有划分"经"与"传"的必要。

其二，按照郑玄《三礼目录》的题解，《大学》是"以其记博学，可以为政。此于《别录》属《通论》"。在郑玄看来，《大学》的记述关涉较广，且理论性较强，可归为泛论。联系第一点来看，可以说，《大学》被视为从总体上对"礼"予以理论解说。

其三，《大学》所解说的"礼"不是在一般意义上说的，而是有其特指，或者说有其明确的指向，即"为政"。在此意义上，《大学》更关注的是政治之"礼"，是着意于在政治层面探讨"礼治"的思路。

总之，郑孔注疏采取的是经学的方法，表现出礼学的特点。由此其篇章结构依然遵从《大学》的原貌，也不存在如后世理学所谓"文意不属"的问题[3]。

---

[1] 刘笑敢. 诠释与定向：中国哲学研究方法之探究. 北京：商务印书馆，2009：33.
[2] 梁涛.《大学》早出新证. 中国哲学史，2000 (3)：89-90.
[3] 任蜜林.《大学》本义试探. 哲学研究，2011 (8)：69.

(二) 朱子《大学》新本对篇章结构的安排

如第二章所述，朱子对《大学》的篇章结构做了重新整理，其理由主要在于认定《礼记》中的《大学》古本存在"文义不属"的问题。也就是说，朱子主要是从义理的角度来判断的，同时也是基于对《大学》文本的重新定位，即认之为传承儒学道统的经典，"古之大学所以教人之法"，乃儒者为学之纲领。因此，他在二程的基础上对《大学》文本做了较全面系统的梳理和改造，主要表现为如下三方面：

其一，划分经传。应该说，这一工作在二程那里即已启动，朱子只是沿着二程的思路予以进一步的明确和完善，由此实现"以经统传，以传附经"。这一划分经传的思路蕴含着这样的预设，即《大学》本身具有作为儒门经典的重要意义，从而应具备与之相应的篇章结构。

其二，作格物致知补传，置之于"听讼"一段与"诚意"章之间。在第二章已论述朱子作补传的理由，即认定《大学》古本有阙文。这里要从篇章结构的角度做个补充说明。从这个角度看，朱子作补传，正是要贯彻其划分经传的基本思路。要做到"以经统传，以传附经"，那么《大学》经文中的核心观念都必须有相应的传文来解说。而对于格物致知，《大学》古本没有相应的传文。不仅如此，在朱子看来，为格物致知作补传对于贯通《大学》的观念还具有根本意义，因为按照理学的义理，格物致知不仅是为学的入手处，而且是由下学而上达的枢纽。

其三，移文编次。与古本相较，朱子对文本次序的变动主要有：（1）自《诗经·卫风·淇奥》的一段引文至"此以没世不忘"，古本原附于对"诚意"的解释，朱子将之前置，附于"止于信"之后，归之为"止于至善"的传文。（2）"听讼"一段，原本在"止于信"之后，朱子则置之于"此以没世不忘"之后，判定为解释"本末"的传文。（3）将"此谓知本"一句判定为衍文。

从中国经典注疏的传统来看，朱子的上述改造是相当大的，实际上已从根本上改变了《大学》的原貌。首先，经传的划分，意味着《大学》从儒家一般性典籍上升到了儒门经典的地位。其次，补传的做法虽一反汉唐经学的传统，但在一定程度上也体现了宋代理学重义理而不惜调整文本以求贯通的风习。故清人皮锡瑞称宋代学术为"经学变古时代",这一变古的风习虽能推陈出新而开哲学诠释之新风①,但也有流于主观而不够严谨的弊端:"宋人不信注疏,驯至疑经;疑经不已,遂至改经、删经、移易经文以就己说,此不可为训者。"② 朱子作格物致知补传,无疑属于"改经"。但这并非朱子的一贯做法,毋宁说是针对《大学》文本的特别处理。朱子虽遍注群经,但出于学术的严谨,很少采取"改经""删经"的做法。如对于"四书"之中的《论语》《孟子》《中庸》,他都保持其原貌。甚至对一些明显的衍文,他也没有采取上述做法③。这表明,朱子对《大学》尤为重视,因而也着力最多,力图通过调整将之"恢复"(从后世的考察看,实际上是改造)为内容完整、脉络清晰、结构严密的儒家经典。最后值得指出的是,朱子之前二程也做过相关的工作,推出了《大学》改本。朱子新本对前者虽有所借鉴,但有根本区别,尤其是增加了补传。可以说,朱子对《大学》篇章结构的编排,贯彻了其本人的思想以及对《大学》独到的理解。

那么,朱子的《大学》新本所呈现的是怎样的结构和脉络?这里在第二章相关论述的基础上做个概括,分四个方面看。

其一,总体上看,《大学》新本分为"经"与"传"两部分。其中"经"已提出了《大学》的核心观念即"三纲领"和"八条目","传"则被视为依次对这些观念进行的解释。

其二,《大学》新本是依据朱子所理解的义理脉络来编排的,其中的义理脉络主要体现为各观念之间的关联。对于"三纲领",朱子将"明明德"与"新民"理解为"本"与"末"的关系,并强调"本"的重要性。为此,新本编排了被认定为释"本末"及释"知本"的传文。"止于至善"则被理解为将"明明德"和"新民"做到极致而呈现的理想目标和境界,是两者的共同目标,有贞定道德信仰的意思。就此而论,"止于至善"形式上可统摄"明明德"和"新民"。"八条目"则是就"三纲领"的拓展,

---

① 刘笑敢. 诠释与定向:中国哲学研究方法之探究. 北京:商务印书馆,2009:37-38.
② 皮锡瑞. 经学历史. 周予同,注释. 北京:中华书局,2008:264.
③ 皮锡瑞. 经学历史. 周予同,注释. 北京:中华书局,2008:264.

是对如何落实"三纲领"的进一步说明。

其三，按照新本的编排，《大学》的主要观念有轻重主次之别。"三纲领"之中，朱子所推重的是"明明德"和"止于至善"，这两者都是偏重形而上的观念；其中对"明明德"的理解乃基于理学的心性论，而"止于至善"似乎主要是从形式上说的，强调的是形而上的价值指向及其理想境界。相对而言，"新民"的观念不受重视，被视为"末"，是在确立"明德"之"本"的基础上的。"八条目"之中，朱子最重视的无疑是"格物致知"；其次则是"诚意""正心""修身"等与心性修养相关的观念；对于与"新民"相关的"齐家""治国""平天下"等观念，朱子未给予特别关注，与郑孔注疏基本一致，具有创见的诠释不多。如果将《大学》的政治理想概括为"内圣外王"，那么可以说朱子诠释的重心在于"内圣"，对"外王"则相对忽视。

其四，在朱子看来，重新编订的《大学》新本中各观念之间有着内在的关联，这一点是可以用相应的义理解释予以明确的。《朱子语类》提供了一个相关的图示，以说明各观念之间的关联①。这一图示虽不一定出自朱子之手，但至少应该是其弟子根据朱子的观点而制作的。另外，"平天下"的传文篇幅较长，朱子特别提出以絜矩之道作为贯通其义理的基本观念，即前面讲絜矩之道的方法，后面则是絜矩之道在政治治理各方面的具体体现。

总之，结合朱子的诠释来看，重新编订的《大学》新本呈现为内容完整、结构严密、义理贯通的儒家经典，从而基本达成了其预期目标。

（三）王阳明对《大学》篇章结构的安排

对于《大学》的理解和诠释，王阳明在思想发展的中期与后期有明显的不同。中期是从其37岁时"龙场悟道"到49岁时"宸濠忠泰之变"之前，后期则始于"宸濠忠泰之变"②。与此相应，他对《大学》篇章结构的安排在中后期也存在较大的区别。在其思想发展中期，王阳明力主恢复

---

① 黎靖德. 朱子语类. 王星贤，点校. 北京：中华书局，1986：314.
② 沈善洪，钱明. 论王阳明大学观的演变. 学术月刊，1989 (11)：31.

《大学》古本，为此撰写了《大学古本傍释》《大学古本原序》，其动因在于质疑朱子的格物致知说，进一步说是质疑其"即物穷理"的理学观念。由此看，他主张恢复《大学》古本，与其说是认同古本原貌，不如说是不认可朱子的重新编订，尤其是补传的观点。从义理的角度说，其所质疑也尤为关注的问题发生在心性修养的环节，反对的是朱子"外求"的修养理路，而不是朱子偏重"内圣"的趋向。因此，他提出以"诚意"为先，"工夫要从内到外，从本到末，从隐于内的'诚意'到形于外的'格物'"①。可以说，王阳明在其思想中期坚持《大学》古本，其理由是与郑玄根本有别的。

应该说，王阳明思想后期对《大学》篇章结构的安排和理解，以其《大学问》②为代表，体现的是其最终成熟的观点。可概括为四点。

其一，总体上看，王阳明已不拘于《大学》文本的形式，而是直接就其中的核心观念来诠释。与朱子的《大学》新本相对照，《大学问》的解说是将"经"与"传"的内容合在一起说的。

其二，将"三纲领"统摄于伦理的视域，由此义理更为通贯。其中尤其是将"新民"恢复为古本"亲民"的说法，突出了其伦理的意味，去除其政治色彩。

其三，对于"八条目"，《大学问》仅解说其中与心性修养相关的前五目，即格物、致知、诚意、正心和修身，对齐家、治国和平天下则不做解说。对于前五目，《大学问》的解说又重在说明其工夫次第，力求首尾通贯，而其旨归于"致知"，对之的解说则是他所倡导的"致良知"。

其四，对于上述各纲领、条目的解说，贯彻着其由内而外的心学方向，其中尤其对"格物"的解说已迥然相异于朱子的观点，并以"万物一体"之旨来概括《大学》的思想。

总之，王阳明对《大学》篇章结构的安排和理解，其中期坚持恢复《大学》古本，其后期则不拘于文本本身的形式，其理解的视角则已完全

---

① 沈善洪，钱明.论王阳明大学观的演变.学术月刊，1989 (11)：32.
② 《大学问》当是在嘉靖六年（1527年）由其弟子编撰成书的，其时王阳明55岁。可以说，《大学问》体现了他对《大学》最终的观点。参见王守仁.王阳明全集.吴光等，编校.上海：上海古籍出版社，1992，973.

转向伦理而不关注其中的政治意味,其方向总体上仍与理学相一致,但在具体理解上又与程朱理学的路数有别,而采取理学的另一支即心学的路数。

二、《大学》的诠释类型

基于前文的论述,我们可以概括出《大学》诠释的三种类型,即郑玄的注疏、朱子的《大学章句》以及王阳明的《大学问》;根据其各自诠释的特点,或许可分别称作《大学》诠释的经学版、理学版和心学版。以下对此判断做简要说明。

其一,从前面的比较分析看,它们分别代表了诠释《大学》的三种显然有别的路向,就我们理解《大学》文本诠释的历史及其容纳的意义空间而论,这一区分是很有必要的。这里结合前面的比较分析做进一步的概括和探讨。

先看郑孔注疏。如前所述,它代表了汉唐时期看待《大学》的一般观点。无论是从其对《大学》宗旨和性质的判定还是诠释方法来看,它都可视为对《大学》的一种的经学诠释。郑玄的题解将《大学》文本归为"三礼"的通论,是从总体上阐发礼意。也就是说,郑孔注疏实际上是将自身定位为礼学的范围,汉唐时期的"三礼"亦即"礼经",礼学属于经学之一。其诠释也是按照汉唐经学的方法,以随文注解为主,尊重文本的原貌,谨守师承家法而不妄自改经。这种经学诠释方法注重的是对文句本身的理解,而不是在哲学思想方面的义理,或者至少可以说不求呈现成体系的思想[1]。也因此,其诠释较为平实简易,多为历史和经验层面的解释,鲜少形而上的哲学趣味。其内容主旨则定位为道德对政治治理的作用,而不是要深究个人道德修养之法。从当代的眼光看,郑孔注疏对《大学》的经学诠释,表现出较强的政治伦理思想色彩。不过,其中的伦理只是从社会生活的层面来说,未追究其深层的根据;其所诠释的政治伦理思想是以

---

[1] 刘笑敢. 诠释与定向:中国哲学研究方法之探究. 北京:商务印书馆,2009:32-33.

随处注解的方式表现出来的，因而显得较为分散，不够系统，也由于未明确各思想之间的关联和脉络而不成体系。

朱子的《大学章句》是基于对《大学》古本的改造，这一改造又是出于朱子特定的诠释立场而做出的。所谓诠释立场，是指诠释者理解文本、诠释其意义的立足点，它是融合诠释者的知识背景、生活阅历、对历史的了解、对现实问题的自觉等多方面的因素而成，表现为理解文本的视角、价值预期，以及判定文本意义的价值取向①。朱子对《大学》的诠释立场，其构成因素主要在于宋代理学的问题意识以及朱子本人的学术趋向。如前所述，宋代理学是要重建儒学道统，从而承接孟子的仁学。基于这样的问题意识，朱子的《大学章句》是立足于"仁"的观念，而不是像郑孔注疏那样立足于"礼"来诠释。如他对"明德"的诠释，其实是基于理学的心性理论；其中蕴含着理学的性善观念，即每个人都具备本源意义上纯善的道德能力，具有实现圣人人格的种子，从而"圣人可学而至"。理学问题意识的另一面在于如何"学以至圣人"，亦即道德修养的工夫。或许正是出于这方面的考虑，朱子对《大学》的题解是"大人之学"，而"大学之书，古之大学教人之法也"②。进而他将《大学》列为"四书"之首，突出《大学》作为"入德之门"的意义。从其学术趋向来看，朱子是力图通过"道问学"而"尊德性"，是由"下学"而后"上达"。因此，他从"即物穷理"的理学观点来作格物致知补传，强调道德修养是一个渐进积累的过程，是要通过人事历练而不断反省，最终促成对自身道德本源的彻底觉解。从解释方法上看，《大学章句》也表现出重义理而不是浮面的文义。为此，朱子不惜对《大学》文本做全面的调整和重新编次，以达成脉络清晰、义理贯通的效果。由此诠释出来的《大学》思想，是在理学的道德形而上学背景中展开，表现出相应的哲学理论高度③。而其思想重心已从根本上从政治转向伦理。可以说，朱子的《大学章句》虽然仍依托原来《大学》文本的内容，但无论是文本地位、篇章结构、呈现出来的意义及

---

① 刘耘华. 诠释学与先秦儒家之意义生成：《论语》、《孟子》、《荀子》对古代传统的解释. 上海：上海译文出版社，2002：3-17.
② 朱熹. 四书章句集注. 北京：中华书局，1983：大学章句序 1.
③ 刘笑敢. 诠释与定向：中国哲学研究方法之探究. 北京：商务印书馆，2009：37.

其指向，还是对其中核心观念的诠释，都已迥然相异于郑孔注疏，从而使对《大学》文本的诠释展现出全新的面貌。这种面貌在表里各个层面都渗透着理学思维，可称作《大学》诠释的理学版。

作为对《大学》的诠释，王阳明的《大学问》在问题意识方面大体与朱子相近，在为学进路方面则与后者显然有别。这一方面表现在他完全从内圣的层面来诠释《大学》，对"齐家""治国""平天下"这些外王的观念则不予关注。对各核心观念的诠释，也贯彻"内发"的心学进路，并将《大学》的修身工夫归结为"致良知"。另一方面，其解释方法不再拘于注解的形式，而是以"六经注我"的方式①，借助《大学》的观念来发挥己意，也达成了对《大学》观念一气贯通的诠释。王阳明由此诠释出来的《大学》观念仍属于理学的范围，但与程朱理学的为学进路存在根本分歧，代表了理学之中另一支即心学的理解。他对《大学》的诠释，也一直是围绕着对朱子《大学章句》的质疑而展开的。我们可称之为《大学》诠释的心学版。这种心学解释在朱子《大学章句》的基础上进一步往心性的道德形而上层面内敛，表现出强烈的信仰乃至宗教的色彩，实际上王学末流也迹近宗教。从理学的问题意识及其历史使命来看，这似乎意味着儒家道统的完成；从《大学》及其政治伦理观念来看，这种心学解释与《大学》文本之间的关联已趋于薄弱，《大学》的观念经过这样的诠释已基本上伦理化，鲜少政治色彩②。

其二，之所以概括出这三种诠释类型，不仅是因为它们极富代表性，还因为后世对《大学》的诠释虽然聚讼纷纭，也对其中一些具体观念提出了各种新见，但其根本大体不出这三者的理路，或者说是沿着这三种诠释理路的发挥。宋代理学尤其是朱子作《大学章句》以降，对《大学》的诠释就一直是传统儒家学者关注的一个焦点，各种诠释层出不穷，延及明末

---

① "六经注我"是陆九渊的说法，在一定程度上也是心学所追求的为学境界。相关论说参见陆九渊. 陆九渊集. 钟哲，点校. 北京：中华书局，1980：522. 作为一种理解和解释文本的方法，其渊源则可追溯至魏晋玄学的"言意之辨"，其中王弼力主"言不尽意""得意忘言"之旨，并在一定程度上将之贯彻于对经典的诠释。参见汤用彤. 魏晋玄学论稿：增订版. 北京：生活•读书•新知三联书店，2009：28—32.

② 这一点在王阳明对"亲民"的诠释上表现得尤为鲜明。可参见本章第一节的相关论述。

仅对"格物"的解说就有七十二种①，清代学者对《大学》的研究就更多了。但从清代《大学》研究的情况看，其诠释的基本路数仍不出上述三种。

朱子路数的诠释，以李光地、郭嵩焘等为代表，其中贯穿着程朱理学的基本义理。李光地在《经书总论》中作《大学》一篇②，其中多征引朱子的观点予以解说，并驳斥陆王之言。可以说，李光地对《大学》的诠释，在义理层面认同朱子的理学解释并予以维护。不过，对于改编《大学》古本尤其是作补传的做法，李光地则颇有微词：

> 《大学》一书，二程、朱子皆有改订，若见之果确，一子定论便可千古，何明道订之，伊川订之，朱子又订之？朱子竟补格物传，尤启后人之疑。若格物应补，则所谓诚意在致其知，正心在诚其意，皆当补传矣……古本原明明白白，特提诚意。诚意总言，即是诚身，故章末便及心体可见。
>
> 《语类》中，"穷理只就自身上求之"一段，说格物甚精。王阳明因格竹子致病，遂疑朱子之说，岂知朱子原未尝教人于没要紧处枉用心思也③。

李光地主张恢复《大学》古本，与清代考证之风的兴起有关。他虽不认同朱子新本，却坚持朱子所阐释的义理。他对《大学》的理解和诠释，仍未出朱子《大学章句》亦即理学版的范围。程朱理学一派的另一代表人物郭嵩焘则更鲜明地坚持朱子对《大学》的诠释。为此，他在其《礼记质疑·大学》④中对于郑孔注疏与朱子诠释相抵牾处，逐条加以驳斥，以维护朱子所诠释的《大学》义理。

王阳明路数的诠释，以毛奇龄、陈确等为代表。王阳明心学版的《大学》诠释，对后世的影响也相当大。不同于朱子理学版的诠释，王学一派的诠释颇多创见，甚至不乏一些新奇的说法。但在义理层面仍坚持王学的

---

① 吴光.刘宗周全集.杭州：浙江古籍出版社，2007：657.
② 李光地.榕村语录·榕树续语录.陈祖武，点校.北京：中华书局，1995：6-20.
③ 李光地.榕村语录·榕树续语录.陈祖武，点校.北京：中华书局，1995：11.
④ 郭嵩焘.礼记质疑.邬锡非，陈戍国，点校.长沙：岳麓书社，1992：693-699.

精神，而其新见频出在相当程度上是受到了王阳明"六经注我"之解释方法的影响。明末大儒刘宗周作《大学杂辨》，将王学的《大学》义理推向新的哲学高度。其对"慎独""诚意""格物"等的诠释更为细密，可视为《大学》诠释心学版在义理层面的深入。

清人毛奇龄作《大学知本图说》①，其主旨仍在于发扬王学的精神，在结合刘宗周知行说的基础上强调要格物知本，切实践行道德修养的工夫。《大学知本图说》无论是内容还是形式上都不乏新奇的见解，如每部分对《大学》观念的诠释，都附有相应的图示；对该书的缘起，则以真伪难辨、颇具神秘色彩的故事来说明。但其所阐释的《大学》义理，其根本仍在于王学的精神。而其各种新奇的形式和解说，无疑是王学"六经注我"解释方法的进一步发挥。

清初心学一派学者陈确颇用功于《大学》，今有《大学辨》四卷留存②。陈确对《大学》的看法尤为激进，认为《大学》文本的内容与心学乃至理学所阐发的义理不合，因而怀疑《大学》作为儒家经典的地位。他说：

> 《大学》首章，非圣经也。其传十章，非贤传也……《大学》，其言似圣而其旨实窜于禅，其词游而无根，其趋罔而终困，支离虚诞，此游、夏之徒所不道，决非秦以前儒者所作可知③。

这是陈确作《大学辨》的主旨或主要论点。为证成这一论点，他考察了《大学》的核心观念如"止于至善""格物致知""慎独"等，以理学尤其是王学的相关义理印证，得出的结论是王学的诠释只是在救《大学》之偏弊④。也就是说，王学对《大学》的诠释代表了儒家道统的观点，但《大学》文本本身的意义与之有根本的抵牾。这一新颖而激进的看法，一方面可以说是王学"六经注我"精神发挥到极致的结果，从而不是要诠释符合

---

① 毛奇龄.续修四库全书·经部·四书类·西河合集·大学知本图说.上海：上海古籍出版社，2002.
② 陈确.陈确集.北京：中华书局，1979：552-622.
③ 陈确.陈确集.北京：中华书局，1979：552.
④ 陈确.陈确集.北京：中华书局，1979：557-558.

文本本身的意义，而是以王学义理为标准，反过来要求文本与之相合。而一旦文本意义不与己之义理相通，则质疑文本本身的合法性。另一方面，这也从一个侧面表明，按照心学的这种诠释立场和解释方法，对《大学》的诠释虽新意迭出，却与文本的距离越来越远，乃至有逸出文本意义空间之嫌。就此而论，陈确的观点虽与《大学问》的结论相去甚远，但就这一路数的趋向和发展来说却是势有必然。

经学或礼学路数的诠释，以凌廷堪等为代表。凌廷堪有感于宋明理学的形上化有蹈虚之弊，因而主张"以礼代理"，以礼学经世①。其所关注的是社会伦理的领域，是关于社会秩序的重建问题，为此他对《大学》的一些核心观念如"好恶""慎独格物"等做了礼学化的解释②。凌廷堪虽未对《大学》做全面的诠释，但其相关论说却直指《大学》理学和心学诠释之核心。如"好恶说"正是针对"明明德"的心性解释，而力主在经验层面、从人情的角度来理解《大学》与人性相关的观点。对"慎独格物"的解释，则针对理学将之理解为心性修养之工夫的观点，主张不再像理学那样以追求形上信仰为依归，而是落在社会心理的层面来讲，依据礼学的精神做相应的解说。凌廷堪的这种诠释立场和解释方法，从根本上说是承接了郑孔注疏的经学路数，突出了《大学》观念对于社会政治的意义，对于其后清代的经学或礼学研究产生了相当深远的影响③。

其三，对于本书的研究来说，把握这三种类型的《大学》诠释，不仅为下一篇观念分析提供了基础和准备，而且为本书对《大学》政治伦理思想的当代诠释及考量提供了基本依据。

---

① 张寿安. 以礼代理：凌廷堪与清中叶儒学思想之转变. 石家庄：河北教育出版社，2001：6-8.
② 凌廷堪. 校礼堂文集. 王文锦，点校. 北京：中华书局，1998：140-146.
③ 张寿安. 以礼代理：凌廷堪与清中叶儒学思想之转变. 石家庄：河北教育出版社，2001：124-157.

第二部分 观念分析篇

基于第一部分对思想史上《大学》诠释的梳理和分析，本部分力图进一步探讨《大学》的主要政治伦理观念，分两步进行：第一步整理《大学》的主要政治伦理思想，并通过简要分析，说明其基本含义。第二步基于梳理思想史上对《大学》政治伦理思想的解释，结合相应的社会史背景加以分析，以勾画《大学》政治伦理思想发展的轨迹。

　　需指出，本部分的分析虽是在前一部分论述的基础上展开的，但与之有着根本的区别。第一部分是立足于《大学》文本，诠释其中的主要观念；本部分则是不拘于文本的具体论说，力图从政治伦理的视角来考察《大学》可能蕴含着哪些政治伦理思想，它们在思想史上的发展脉络是怎样的。借用诠释学的观点来说，第一部分是回到《大学》文本本身，力图依托相关的思想背景来理解文本的过程，亦即通过对文本意义的回溯，达成"同情"① 的理解。第二部分则是着手从当代政治伦理的问题意识来探寻《大学》的相关思想资源，是一个与文本对话的过程。以下分两章展开论述。

---

① 这里借用的是牟宗三先生的说法。参见阮航. 儒家经济伦理研究. 北京：中国社会科学出版社，2013：69-70.

第四章 《大学》的主要政治伦理思想及其分析

如第一部分所述,关于《大学》的思想,历来存在不同的理解。在中国古代"注经"的学术传统背景下,它们主要以注解《大学》文本的不同形式而表现出来,其中最有影响和代表性的诠释有三种,分别是郑玄和孔颖达《礼记正义》中对《大学》的注疏、朱熹的《大学章句》以及王阳明的《大学问》;为相区别进而方便讨论,本书根据其各自诠释的特点,分别称之为《大学》诠释的经学版、理学版和心学版。

本章意在梳理和分析《大学》的政治伦理思想,因而将采取不同于上一部分的视角,从政治伦理的视角切入,主要关注《大学》表达出来的政治伦理观念。从这种视角来看,这里对《大学》的关注,主要是因为《大学》一直被视为表达儒家政治理想或者说德治观念的经典,而不是像上一部分那样归因于《大学》是"礼经"或"四书"中的儒家经典文献。从这样的观点来看,本章将不以解释"三纲领""八条目"为主要线索展开论述,而是尝试围绕儒家的一组核心概念来论述《大学》的政治伦理思想,即"内圣"和"外王",合称"内圣外王"。《庄子·天下》将实现理想政治的途径概括为"内圣外王"之道,汉代以降,随着对先秦诸子学说的系统整理,中国思想家就常以"内圣外王"来表述儒家的基本政治观,因为它确当地概括了儒家政治思想的核心,即从伦理角度来理解、转化现实政治的"德治"主张。《大学》虽然没有将"内圣外王"观念明确地表述出来,但实为之所统贯。也就是说,从《大学》本身的政治伦理思想内容看,可以将之理解为探讨"内圣"与"外王"方面的问题以及两方面相互贯通的关系。由此入手可以分疏《大学》政治伦理思想的具体内容。

在"内圣外王"思想的统贯下,《大学》的政治伦理思想可分疏为三个方面的主要内容:其一,以修身为本。在较为明确的意义上,修身是针对君主和士人来说的,而士人又可分为直接参与政治者和未出仕的关切政治者。《大学》对"修身"的内容、途径、意义都做了较全面的说明。其二,家国同构。它隐含在"八条目"的表述中。就儒家的理解,"八条目"是达到理想的社会治理的途径,而这一途径渗透着家国同构的意识。其三,民本思想。《大学》主张"藏富于民",在直接意义上,这主要是社会经济分配方面的问题。但是,在《大学》看来,君主在制定相关政策时是否"以民为本",将对"藏富于民"目标的实现具有决定性的影响。本章拟分三节分别论述《大学》这三个方面的政治伦理思想,最后拟以一节的篇幅从总体上分析《大学》的政治伦理思想。

第一节 以修身为本:德化社会的政治理想[①]

作为"三纲领""八条目"的结语,《大学》说:

> 自天子以至于庶人,壹是皆以修身为本。(《大学·经》)[②]

"以修身为本"强调要以自身的道德修养为根本,不断提升自身的道德境界,完善自身的道德人格,也就是要以"内圣"的工夫作为根本。《大学》"八条目"中的前四目即格物、致知、诚意、正心,可视为"内圣"的工夫。"本"相对于"末",以"内圣"的工夫为本是相对于达成"外王"的功用来说的。《大学》的齐家、治国、平天下,可理解为"外王"的事功。有"本"

---

① 本节主要观点已结文发表,参见阮航.略论儒家"以修身为本"的观念//价值论与伦理学研究(2010—2011年卷).北京:中国社会科学出版社,2012。这里按照本书的思路做了较大的修改。

② 为方便起见,本章凡引述《大学》的部分均采用朱熹《大学章句》的体例。所用版本均为朱熹.四书章句集注.北京:中华书局,1983。为免繁复,这里做统一交代,以下不再一一说明。

才有"末","其本乱而末治者否矣"(《大学·经》)。《大学》"以修身为本"的观念意味着,达成"内圣"的修身工夫是"本","外王"的事功是"末"。

修身是就个人而言,齐家、治国、平天下这些"外王"事功则显然是要在社会政治生活中才能实现的。那么,在社会政治生活中为什么应当"以修身为本"?这应联系《大学》关于政治生活的根本观点来看。

大学之道,在明明德,在亲民,在止于至善。(《大学·经》)

"明德"就其字面的意思看,即是指"高尚的品德"。"明明德"就是要彰明"己之光明之德"(郑孔注疏:《礼记正义·大学》)。朱熹认同程颐的观点,将"亲民"解作"新民"。王阳明不同意朱熹的理解,认为"说亲民,便是兼教养意;说新民,便偏了"(《传习录上·爱问在亲民条》),并且强调"养"先于"教"。从《大学》文本并结合儒家的一贯主张看,这两种解释与《大学》思想以及儒家思想都不抵牾,只是各有偏重。也可以说,"亲民"包含着社会治理者应当爱护人民、为人民谋福利和对人民进行道德教化三方面的含义。程朱强调的是"亲民"在"教"方面的含义。就道德教化来说,"亲民"就是要为政者"以德化民",成己成人,带领百姓渐进于善,人人自新。"止于至善"是以"至善"来统括前两者的目标,即社会和人生都达到和谐状态,这里的"和谐"是从道德角度来衡量的。王阳明则强调道德教化的前提,即要以安顿民生为基础。这是孔子"富而后教"、孟子"养而后教"思想的发挥。由《大学》的"大学之道",可以分析出《大学》关于社会政治生活的根本观点。

首先,政治与伦理一体不分,而政治生活应建立在伦理生活的基础上,表现为伦理生活的延展。所谓"大学之道"也可以说是《大学》所提出的关于社会治理的根本理念,是一种对理想政治的理论描述。从其内容看,彰明高尚的品德、推行道德教化以及达到"至善"状态,无一不为伦理所统摄,透出伦理的基调。可以说,这一理想政治是由伦理所规定的,因而其性质为"德治"。

其次,它从理论上提出了实现"德治"的基本方式,其中政治考量与伦理考量是结合在一起的。就政治与伦理相结合的方式而论,这又可以从两个方向来理解。

第一，从伦理往政治的方向说，"明明德"强调，为政者的个人德性具有根本重要性，其"止于至善"就是要通过"知""定""静""安""虑"而最终"能得"，达到了彻底的道德自觉，成为"知天"的道德圣人，即"内圣"。"亲民"或"新民"则强调道德教化在社会治理中的根本作用。对此，《大学》引《尚书·康诰》"作新民"（《大学·传二》）之语做了进一步说明。"鼓之舞之之谓作。言振起其自新之民。"① 在《大学》看来，道德教化就是要振作人民的精神，不断促进他们对生活意义的理解。"亲民"之"止于至善"意味着人民受为政者仁德的感化而激发出新道德生命生长的力量，联系"明明德"看，就是说为政者应"安己"而"安人"，"成己"而"成人"，将"修仁德"与"立仁功"统一起来。《大学》认为，通过这一基本方式可以达到社会整体的和谐，这一方式体现了儒家政治理想中的"命民"过程，即要以"王道"使民，并赋予民众道德的生命，其根本特征是"内圣"而"外王"。以上为梳理这段话的含义而将"明明德"和"亲民"分开来说，实际上在儒家思想传统中这两方面是不可分的。"修仁德"与"立仁功"都包含于"仁道"之中。儒家将"德"的含义释为"内得于己，外得于人"，"仁道"本身就是一种合内外之道。这就是说，"德"之"内""外"之间有着一种自然而必然的联结：一方面，这一联结的性质可表述为"诚于中，形于外"（《大学·传六》），即"有内必显于外"，内心的道德品质必然体现于外在的行为和事功。反过来，要使行为真正符合道德要求，就应以相应的道德品质为内在依托。另一方面，"有诸己而后求诸人，无诸己而后非诸人"（《大学·传九》）。要使民众心悦诚服地服从道德要求，为政者必须先做出表率，从而自身必须具备相应的道德自觉和精神境界。前一方面是就个体行为过程说的，后一方面则是就人己关系或者是就行为的社会互动来说的。儒家认为，这两方面都必须立足于自身的道德自觉和精神境界，即必须以坚守"为仁由己"的精神为前提，才能成就"仁功"。在此意义下，"明明德"与"亲民"的内外关系也可以理解为一种"本"与"末"、"体"与"用"的对待关系。因此，朱熹将"物有本末，事有终始"（《大学·经》）释为"明德为本，新民

---

① 朱熹. 四书章句集注. 北京：中华书局，1983：5.

为末。知止为始，能得为终"①。而在政治的理想状态下，"内圣"的工夫与"外王"的事功必打成一片，达至一体不分的"和合"境界。

第二，从个人参与政治生活的伦理要求来看，"亲民"必须建立在"明明德"的基础上，这意味着参与政治的正确态度是将政治活动视为促进道德完善的一种重要途径。在儒家看来，个人参与政治的正当目的，不在于满足个人的权力欲，也不是为了利禄或获取更多的生活资源，而在于将政治参与视为完善道德人格、实现人生意义的应有之义。在政治生活中，为政者实际上是在实现自身人生价值的同时也促进他人人生价值的实现，在努力达成外王事功的同时扩展道德人格之社会影响，促进自身道德境界的提升。基于这一态度，在儒家看来，在理想的政治状态下个人的"位"应与其"德"相配。处在一定的政治职位，就应负起相应的道德责任，同时也要求他具备相应的道德境界。总之，在儒家看来，政治生活不仅是促进自我道德完善的一种主要途径，而且是一个由"独善"自身向"兼善"他人、"兼济天下"拓展的进程，其中需要自我与他人的共同参与，从而个人之善也应体现为对他者的道德关怀。

"亲民"可以说就是这种道德关怀在政治生活中的具体表现。"亲民"首先意味着一种对民众的善意、一种态度，或者说是以情感的方式表现出来的道德心理。用《大学》的话来说，这就是"民之所好好之，民之所恶恶之，此之谓民之父母"（《大学·传十》）。这种善意要在政治生活中得以恰当的表达，取得良好的效果，就应该有相应的规制，亦即儒家的"礼"。礼缘于情，礼缘起于人情，其所达成的效果也是要调节情感，以合乎人之常情。故《礼运》说，"圣王修义之柄，礼之序，以治人情。故人情者，圣王之田也，修礼以耕之，陈义以种之，讲学以耨之，本仁以聚之，播乐以安之"②。由此可见，"亲民"落实为政治措施就是要使"礼"成为人民表达情感的有效方式，并且通过将道德精神融贯于"礼"来规约情感，使之表达适度而体现为善意。联系"明明德"的观念来理解"民之父母"这一说法，那么它意味着为政者要推行"礼"，就应该是一个道德上的先觉

---

① 朱熹. 四书章句集注. 北京：中华书局，1983：3.
② 孙希旦. 礼记集解. 沈啸寰，王星贤，点校. 北京：中华书局，1989：618.

者,由此才能"先觉觉后觉",发挥道德上的引领作用,引导人们在行为中适度地表达情感。这样,"明明德"与"亲民"落实于政治生活就是"要建造一个德风开放的社会"①。

综上所述,《大学》认为,要达成和谐的社会秩序,让每个人都有安身立命的社会环境,就必须贯彻"以修身为本"的观念。在儒家看来,这一点在政治生活中尤其具有重要意义,因为政治是倡导这一观念的基本途径。

在为政者应做出表率的意义上,政治生活中的"修身"首先是针对君主和士人来说的。《大学》还认为,个人德性的"发用"在不同的社会关系中、相对于不同的对象都有不同的表现,因而道德要求是具体的。在社会和政治生活中,"为人君,止于仁;为人臣,止于敬;为人子,止于孝;为人父,止于慈;与国人交,止于信"(《大学·传三》)。每个人在社会生活中都要扮演多种不同的角色,与不同身份的他人交往。在这些不同的情景中,从个人角度说,道德要求意味着应当将个体道德人格与具体情景结合起来,从而将内心的道德信念"客观化"于经验生活。从行为表征看,它体现为不同形式的"礼"。但深一层说,儒家认为,这些不同的道德要求是内在一贯的,它们有着共同的根基,即对道德的终极关怀。因而朱熹也认为,这段话是用来解释"止于至善"的。当然并不能说,这两层意思是同一的,它们之间的关系可以这样来理解,即它们分别代表了个体的道德善与社会的伦理善、道德的理想表达与现实表现。应该说,这两个方面既内在贯通而又有所区分。

《大学》对"修身"的途径做了较全面的说明。从学理上说,《大学》认为个人修身体现为一个渐进的过程,即"知止而后有定,定而后能静,静而后能安,安而后能虑,虑而后能得"(《大学·经》)。"知止"即"知其所止处",就是说个人首先应形成对人生价值的合理认识,"知之,则志有定向"②,明确了道德认识,就能树立善的人生目标。"静"则标志着道

---

① 刘述先.从民本到民主//景海峰.儒家思想与现代化:刘述先新儒学论著辑要.北京:中国广播电视出版社,1992:26.
② 朱熹.四书章句集注.北京:中华书局,1983:3.

德信念的形成，相当于孟子"不动心"以及程朱理学"主敬"的含义，它意味着能够在行为中坚守道德的方向，具有道德判断力。"安"是指具有人生精神支柱的状态，即孔子所说的"知天命"，并在行为中体现出坚定的道德意志，从而"所处而安"，即基于对终极道德关怀的深刻体悟，修养者已超越了经验生活中的得失，其精神不受人生境遇的困扰，从"乐善"达到了"乐天"的道德境界。朱子将"虑"释为"处事精详"，是指将价值追求实现于具体行为，将内心的道德信念与经验生活相结合，能"通经权变"，实现"经"与"权"的统一，这也可以说是中庸的境界。"得"是指道德境界的实现，在生活中体验到人生意义。由"知""定""静""安""虑"而后"得"，这样《大学》就以儒家的话语方式对个人的道德修养过程做了较全面的理论描述。

总的来说，《大学》对政治生活中"以修身为本"的内涵、意义、途径都做了较全面的说明，其中蕴含着"内圣外王"的政治理想。就"以修身为本"的途径来说，以上只论述了《大学》在一般道德理论意义上的描述。实际上，《大学》还从伦理与政治相结合的角度做了进一步说明，它与推进理想政治的途径联系在一起，将在下一节予以论述。

第二节 家国同构："修、齐、治、平"治理途径背后的社会哲学观[①]

《大学》说：

> 古之欲明明德于天下者，先治其国；欲治其国者，先齐其家；欲齐其家者，先修其身；欲修其身者，先正其心；欲正其心者，先诚其意；欲诚其意者，先致其知；致知在格物。物格而后知至，知至而后意诚，意诚而后心正，心正而后身修，身修而后家齐，家齐而后国

[①] 本节主要观点已结文发表，参见阮航. 略论儒家的"家国同构"思想. 井冈山大学学报（社会科学版），2011（4）。这里按照本书的思路做了较大的修改。

治，国治而后天下平。(《大学·经》)

这段论述明确地提出了社会治理的理想途径，朱子将之归结为"八条目"。"八条目"是指顺利开展政治生活的八个重要环节，即"格物""致知""诚意""正心""修身""齐家""治国""平天下"。其中心环节是修身，"格物""致知""诚意""正心"都是修身的工夫，也可以说是"明明德"的具体内容和步骤①，由此挺立具有高度自觉的道德主体，最终达到"身修"，成为"内圣"。《大学》认为，在政治生活中可以通过"内圣"的工夫而实现"齐家""治国""平天下"的客观效果。

由"修身"而达到"齐家"、"治国"以至"平天下"，就这段论述看，《大学》认为社会治理可以这样一路通下去。这一路径要行得通，就得承认"齐家"、"治国"和"平天下"背后有着共同的原理，在这一意义上，《大学》的这套"修、齐、治、平"的思想隐含着"家国同构"的意识。现代学者常批评此观念，认为它与现代生活完全抵牾。然而这套"修、齐、治、平"的社会治理思想影响中国传统政治几千年而不衰，必有其自身成立的根据。这里将从《大学》的有关论述出发略做分析，探讨《大学》是在何种意义上认为它是成立的，并梳理这一思考方式的特征。先从分析《大学》"齐家在修身"的论述入手：

> 所谓齐其家在修其身者：人之其所亲爱而辟焉，之其所贱恶而辟焉，之其所畏敬而辟焉，之其所哀矜而辟焉，之其所敖惰而辟焉。故好而知其恶，恶而知其美者，天下鲜矣！故谚有之曰："人莫知其子之恶，莫知其苗之硕。"此谓身不修不可以齐其家。(《大学·传八》)

这里"亲爱""贱恶""畏敬""哀矜""敖惰"都是指人的情感；"之"，朱子释为"于"，含有"就近""就其身及其身边"之意；"辟"通"僻"，即"偏僻"之意，而所谓"偏"是指"人之常情"相对于道德本心之"偏"，也就是说，从人的自然情感出发做出的行为并不一定合乎道德。所谓"齐

---

① 徐复观先生认为"格物"即是感通于天下、国、家、身或产生对天下、国、家、身的效用，是用来解释"致知"的。因此，"八条目"实际上是"七条目"，"三纲领"的实施途径就被表示为以修身为中心环节的对称结构。对此，他提出了较为详细的论证，亦为一说。参见徐复观. 中国人性论史：先秦篇. 上海：上海三联书店，2001：245-256。

家"就是把自己的家庭以至家族治理得有条理，一家人能够和谐美满地生活在一起。《大学》认为，齐家之道的关键在于不为自己的自然偏好所蒙蔽，自己的情感判断为好的行为并不一定就是好的。在儒家看来，道德上的"好"或"善"的特征在于合事理、合他人之"情"，这就要用道德本心来规约情感、超越情感的自然性质而得"情之正"。《大学》称这一过程为"正心""诚意"。《中庸》说"以人治人"（《中庸·第十三章》），后来的宋明理学家讲"去私意"，都包含了同样的道理，即是说道德本心要求从他人情感需要的角度来考虑和处理问题，出于义务感而行动。可以说，正是从情感角度入手，《大学》强调家庭是培育道德义务感的起始处。

再看《大学》"治国在齐家"的论述：

> 所谓治国必先齐其家者，其家不可教而能教人者，无之。故君子不出家而成教于国：孝者，所以事君也；弟者，所以事长也；慈者，所以使众也。康诰曰"如保赤子"，心诚求之，虽不中不远矣。未有学养子而后嫁者也。一家仁，一国兴仁；一家让，一国兴让；一人贪戾，一国作乱；其机如此。此谓一言偾事，一人定国。尧舜帅天下以仁，而民从之；桀纣帅天下以暴，而民从之；其所令反其所好，而民不从。是故君子有诸己而后求诸人，无诸己而后非诸人。所藏乎身不恕，而能喻诸人者，未之有也。故治国在齐其家。（《大学·传九》）

这段话从正反两方面至少说明了三层意思：

第一，它强调为政者只有先具备齐家的能力，才能胜任对国家的治理。《大学》并没有明确地说明这一结论成立的原因，而是隐含在其表述中，或者说这些表述包含了一些儒家理论作为预设。因而要理解"治国必先齐其家"这一命题，必须联系儒家伦理的基本思考方式来说[1]。在儒学语境中，"齐家"与"治国"都可以理解为"物事"，即由人做出的活动，其共同特征在于这种活动可以从人际交往的对待关系中来理解。可以说，只有确立了"都是物事"这一前提，两者才具有可比性。《大学》认为，

---

[1] 关于这一思考方式的特质将在下一节论述。关于其哲学与伦理学意义，参见牟宗三．致知疑难//道德理想主义的重建：牟宗三新儒学论著辑要．郑家栋，编．北京：中国广播电视出版社，1992：133-151．

"治国"之"事"与"齐家"之"事"相比,一方面,从道德角度看,两"事"之"理"相同,从而它们的行为规范同质。因而只要理解和坚守了道德根源,就可以将处理家事的方式应用于处理政事之中,具体说就是"孝以事君""弟以事长""慈以事众"。另一方面,这种规范的通用性是从类比的意义上讲的,它并不否认必须根据具体情境做出调整。从具体情境看,"治国"之"事"比"齐家"之"事"复杂,因而如果不能"齐家",就更不能"治国"。这两方面的含义之间的关系还应从"本末""终始"的意义上来理解。《大学》说:"物有本末,事有终始。知所先后,则近道矣。"(《大学·经》)理解和坚守道德根源是根本,根据具体情境的调整虽然必要,但它们相对来说是"末",是非根本性的"技"与"术"。它们不是做"事"的入手处,而是相对于道德根源的次要考虑。而且在"本"与"末"之间有着"源"与"流"关系的意义上,这些处事的"技"与"术"在根本上是为"德性之知"所统摄的,因而这里的先后次序意味着"治国"需要比"齐家"更高的道德境界。换言之,如果只能"齐家"而不能"治国",那么为政者就首先要从自身道德境界的高低上而不是技巧上找原因。因此,"治国必先齐其家"之"必"在《大学》看来是"自然"而"必然",它不是从逻辑意义上说的。虽然它呈现为"必要条件"的表述形式,但究其实它是通过从道德根源出发层层推进而达到的,这是一个通过意义和伦理内容而环环相扣的过程①。

第二,为政者"齐家"不仅对培育治理社会的能力具有基础性意义,而且其本身就具有榜样示范的效应,这里包含了《大学》对社会结构的理解。《大学》认为,国君在处理家事问题上起着重要的表率作用,往往能够产生上行下效的效果,即"一家仁,一国兴仁;一家让,一国兴让;一人贪戾,一国作乱"。这里的"一家"是指国君之家,"让"可以理解为以"礼"治家达到的效果。这就是说,如果国君能够使自己的家庭或家族和睦,使其家人之间都能以礼相待,那么整个国家的人们也就可以和谐地相处、安乐地生活,反之则会造成国家的混乱状态。这两件"事"之间能建

---

① 徐复观先生称《大学》的这种论述方式为"实质推理",它重在表现事物之间的有机关联。参见徐复观. 中国人性论史:先秦篇. 上海:上海三联书店,2001:247-258。

立如此联系,与《大学》以至儒家对社会结构的理解有着密切联系。一方面,从具体意义上说,"国"以"家"为基础,"国"可以认为是由一个个"家"组成的。如果每个"家"都能够和谐美满,那么整个"国"或社会也就和谐美满了。与人际关系联系起来说,一个人可以不参与政事,但他不可能没有家人,不可能不产生家庭的伦理关系。因此,在家庭的伦理关系上,为政者可以与每个人找到对话和交流的基础。这样,为政者处理好家事本身就有说服力,能够为每一家营造道德的家庭氛围提供典范。就此而论,为政者处理好家事所发挥的影响是普遍的,并具有根本的意义。另一方面,从抽象意义上说,"国"是"家"的放大。在伦理理论上,如上文第一点所述,"国事""家事"与同理。从整个政治的结构和功能看,"国"可以视为一个"大家",国君是这个"大家"的家长,地方长官是百姓的父母官。综合两方面,这一社会观的特点可以说是"家国一体"。

第三,这段话进一步强调了治国中行"恕道"的重要性。所谓"恕道",这里的表述是"有诸己而后求诸人,无诸己而后非诸人"。就是说,对于善事,应当自己先做到,再责成他人去做;对于恶事,应当先要求自己不做,再去要求他人不做。"恕"就其字形说是"如心",就是要"将心比心"。只有自己先达到了道德要求,才能在行为过程中获得真实的心灵体验,才能得"心"之"情理"。这一过程可以说是前面所述的"齐家在修身"的进一步延伸,它要求在国家治理中特别重视道德本心对于情感的规约,去除私意。也可以说,"家国一体"的思维方式必须以道德本心的规范性指导为前提。对于为政者来说就是要超越"小家"的情感考虑,而表现出"大家"风范。这在"礼制"上有具体表现。"公族,其有死罪,则磬于甸人。其刑罪,则纤剸,亦告于甸人。公族无宫刑,狱成,有司谳于公。其死罪,则曰'某之罪在大辟'。其刑罪,则曰'某之罪在小辟'。公曰'宥之',有司又曰'在辟'。公又曰'宥之',有司又曰'在辟'。及三宥,不对,走出,致刑于甸人。公又使人追之,曰:'虽然,必赦之。'有司对曰:'无及也。'反命于公。公素服不举,为之变,如其伦之丧,无服，亲哭之。"① 这段话展现的"礼制"是，与国君同族的人犯罪时国君应如何去做才合乎礼仪，如何去做其表现才能算是合情合理。这段话的大意是：国君请求执刑官宽恕其族人，如此者三。执刑官不回答而将犯人押走，国君派人去追并再次请求宽恕，而执刑官已经行刑并说"已经来不及了"。犯人死后，国君穿素服但不穿丧服，并按照亲疏关系，亲自哭于异姓之庙。从现代观点看，这一整套礼仪既烦琐又似乎显得虚伪，然而其中包含了丰富的政治伦理思想。它具体地说明了在政治生活中"情"与"理"的紧张状态下，应当如何处理两者的关系。这就是首先要以"大家"为重，"公族之罪，虽亲，不以犯有司正术也，所以体百姓也"②。要以道德之"理"为基础，以"理"制"情"，这种制约并不是对情感的简单否定，而是要求适当地、合理地表达个人情感。为政者既是"小家"成员，又在"大家"中有相当地位，这双重身份发生角色冲突时，必须公私分明，以道德的心胸来处理，可以说这就是《大学》在政治生活中强调"恕道"的意义所在。

总之，《大学》的这段话从三方面表现了"家国同构"的内容：一是伦理理论上"家国同理"；二是社会观上"家国一体"；三是"家国同构"的观念以儒家道德的"情-理"结构为理论前提，"恕道"所蕴含的以"理"制"情"之义，可以作为治国的指导思想。

再看《大学》"平天下在治国"的论说：

> 所谓平天下在治其国者：上老老而民兴孝，上长长而民兴弟，上恤孤而民不倍，是以君子有絜矩之道也。(《大学·传十》)

这就是说，"平天下"在于将"治国"之道推而广之，它是君子"仁心"的发挥。从儒家思想来解释，这里的"絜矩之道"可以视为"恕道"向积极方面的提升，也就是要结合与之相对待的"忠道"，从而合成"仁道"。"尽己之谓忠，推己之谓恕……或曰：'中心为忠，如心为恕。'于义亦通。"③ 由此看，"絜矩之道"必须从"恕道"所达成的基本价值共识出

---

① 孙希旦. 礼记集解. 沈啸寰，王星贤，点校. 北京：中华书局，1989：573.
② 孙希旦. 礼记集解. 沈啸寰，王星贤，点校. 北京：中华书局，1989：576.
③ 朱熹. 四书章句集注. 北京：中华书局，1983：72.

发，并在此基础上从两方面予以推进：一是"尽己"，即充分展示自身的道德理想，并通过相应的积极举措，促进他人达成其理想，进而推进社会共同理想的实现。二是以开放的态度来实施"推己及人"的方式，通过交往双方的对话和互动来增进共识。推己及人不是要向他人灌输自我的价值观，而是要充分展示自我的价值观及实践效果，留待他人自己选择是否认同。这样看，推己及人就是一个对话交流的过程，其中交往双方能够在情感沟通的基础上增进对彼此价值观的了解和交流，从而各有所得。朱子对《大学》这段话的评论可谓确当："君子必当因其所同，推以度物，使彼我之间各得分愿，则上下四旁均齐方正，而天下平矣。"① 可以说，由治国的"恕道"提升到"平天下"的"絜矩之道"，其中既包含了对自身价值观的确信，同时又通过一种开放的态度而指向理想的实践效果。用《中庸》的话说就是"万物并育而不相害，道并行而不相悖，小德川流，大德敦化"（《中庸·第三十章》）。可以说，《大学》所论述的"平天下在治其国"，更多地是从文化价值观而不是现实政治的角度来谈政治理想。

最后须指出，不能将"齐家""治国""平天下"中的"家""国""天下"理解为现代意义上的家庭、国家和国际社会。而且即使在中国传统社会，它们的含义也有一个随历史而渐变的过程。这里只能简略地说明它们在与《大学》成书年代相当时期的含义。在先秦，"天下"指的是周天子所统治的区域，由各个诸侯国组成；"国"即是诸侯国，而绝大部分诸侯与天子同宗同族；"家"则是指卿大夫及以上的政治家族。在春秋战国时代，这些政治家族掌握着对各自诸侯国的统治实权，周天子只是名义上的领袖。在诸侯国内部，统治权力往往又由几个大家族所把持。如鲁国在孔子生活的时代，其政治权力为"三桓"即三个卿大夫家族所共享。到汉代废除"封建制"② 后，"国"指的是皇帝所统治的区域。"天下"的含义则不是很明确，它既与"大一统"的政治观念相联系，有"四海""九州"之说；又与地理含义相结合，有"中国"与"东夷""南蛮""西戎""北狄"相对的提法（参见《礼记·王制》）。总的说它有文化与地理两方面的

---

① 朱熹. 四书章句集注. 北京：中华书局，1983：10.
② 这里"封建制"指的是"封诸侯，建土地"的制度，主要指周代的基本政治组织制度。

含义，侧重于文化统一的意义。从历史角度说，"国"与"天下"的地理疆域是变动的①。由此看，在中国历史和政治文化中，"天下"、"国"与"家"之间本身就有紧密联系。

综上所述，在《大学》"修、齐、治、平"的理想政治的实现途径中包含了"家国同构"的思想，它与儒家从伦理角度思考政治问题的方式一脉相承。与"以修身为本"的观念相比，"家国同构"的观念更具有架构社会政治现实的意义，勾勒出了中国传统社会组织的基本轮廓。梁漱溟先生认为，中国传统社会的特质可以用"伦理本位的社会"来概括，从社会政治看，"不但整个政治构造，纳入伦理关系中；抑且其政治上之理想与途术，亦无不出于伦理归于伦理者……中国的理想是'天下太平'。天下太平之内容，就是人人在伦理关系都各自做到好处（所谓父父子子），大家相安相保，养生送死无憾。至于途术呢，则中国自古有'以孝治天下'之说"②。本质上，"家国同构"的特征正在于容纳政治于伦理，是"伦理本位"的体现。从梁先生的描述看，"家国同构"不仅是一种观念，同时也表现于现实的文化，即中国传统社会的结构以至政治伦理都透出家族关系的基调。就《大学》政治伦理而论，"家国同构"则是"以修身为本"的观念沿着伦理途径向现实社会政治的展开。

第三节 民本思想："以民之好恶为好恶"与"藏富于民"

"民本"是儒家政治思想传统的一个重要方面。在《尚书》中就有"民惟邦本，本固邦宁"（《尚书·夏书》）的提法。孔子认为对"民"的基本政策应当是"富之"而后"教之"（参见《论语·子路》）。先秦儒家之

---

① 葛剑雄. 统一与分裂：中国历史启示录. 北京：生活·读书·新知三联书店，1994：35-37.

② 梁漱溟. 中国文化要义. 上海：上海人民出版社，2005：99.

中，孟子尤为明确地突出了儒家民本思想的政治含义，认为"民为贵，社稷次之，君为轻"(《孟子·告子下》)。《大学》的民本思想则主要体现在两方面：一是对待民众的态度；二是关于社会经济政策的指导思想。这两方面都建立在《大学》"以修身为本"或"以德为本"思想的基础上，是"亲民"观念的落实和发挥。

首先，在态度上，为政者应做到"民之所好好之，民之所恶恶之，此之谓民之父母"(《大学·传十》)。这就是说为政者应以"民之好恶"为"己之好恶"，能够体察民情、民意。这里用父母对其子女的态度来类比为政者对"民"的态度，突出了"爱民"的含义。进一步说，"亲民"的态度意味着为政者的政治行为应当以"爱民"为出发点，从而为政者应从"民之情性"而不是自己的"好恶"出发来进行社会治理。这一态度需要相应的个人德性才能形成，在此意义上，它对为政者提出了道德要求。这一道德要求在"君"与"臣"那里有着不同的体现。《大学》分别对此做了说明。

第一，对于君主来说，《大学》认为，"君子先慎乎德。有德此有人，有人此有土"(《大学·传十》)。"德"显示出人之共性，有"德"就能得"人之性"，就能"有人"，即"得众"(朱熹：《大学章句》)，得到民众的拥护；"有人"就能"有土"，即"得国"，保持稳定的政治疆域。《大学》认为，君主的德性在政治生活中的意义主要在于能够"得民心"，而"得民心"对于国家的稳定和谐具有根本的重要性。结合前面所说的"以民之好恶为己之好恶"来看，《大学》实际上是从政治治理之道的角度提出君主应以"民意"来代替"君心"。这是儒家民本思想的体现。对此徐复观先生有发人深省的论述："在中国过去，政治中存在一个基本的矛盾问题。政治的理念，民才是主体；而政治的现实，则君又是主体。这种二重的主体性，便是无可调和对立。对立程度表现的大小，即形成历史上的治乱兴衰。于是中国的政治思想，总是想解消人君在政治中的主体性，以凸显出天下的主体性，因而解消上述的对立。人君显示其主体性的工具是其个人的好恶与才智……因为人君是政治最高权力之所在，于是它的好恶与才智，常挟其政治的最高权力表达出来，以构成其政治的主体性，这便会抑压了天下的好恶与才智，即抑压了天下的主体性。"[①] 儒家提出的方法是

[①] 徐复观．中国的治道：读陆宣公传集书后//中国学术精神．陈克艰，编．上海：华东师范大学出版社，2004：46．

要求人君"将其才智转化为一种德量,才智在德量中作自我的否定,好恶也在德量中作自我的否定,使其才智与好恶不致与政治权力相结合,以构成强大的支配欲。并因此而凸显出天下的才智与好恶,以天下的才智来满足天下的好恶,这即是'以天下治天下',而人君自己,乃客观化于天下的才智与天下的好恶之中……遂处于一种'无为的状态',亦即是非主体性底状态"①。这段论述虽没有直接针对《大学》思想,却道出了《大学》"民之所好好之,民之所恶恶之"背后隐含的思想。当然徐先生从现代意义上做了延伸,但与《大学》这里的思想相当契合。可以说,《大学》所提出的以"民意"代替"君心"的民本理想如果真正转化为政治现实,那么君主只是一种虚位和象征,在政治生活中所起的是精神领袖的作用,因为要求君主达到的"仁德"境界正意味着一种"虚己以待人"的圣人情怀,在政治生活中"恭己正南面而已"(《论语·卫灵公》),表现出"无为而无不为"的特点。因此,儒家理想中的君主是:"以仁育万物,以义正万民。所谓定之以仁义。天道行而万物顺,圣德修而万民化。大顺大化,不见其迹,莫知其然之谓神。故天下之众,本在一人。道岂远乎哉! 术岂多乎哉!"② 总之,《大学》的这一"民本"思想是从君主所应担当的道德义务角度提出的,它意味着理想的君主在政治生活中应是无"己利"和"私意"的道德完人,是将自己客观化于天下的精神领袖。

第二,在对"臣"的道德要求方面,《大学》引用了《尚书·秦誓》中的一段话,并做了进一步说明。"秦誓曰:'若有一个臣,断断兮无他技,其心休休焉,其如有容焉。人之有技,若己有之,人之彦圣,其心好之,不啻若自其口出,实能容之,以能保我子孙黎民,尚亦有利哉。人之有技,媢疾以恶之,人之彦圣,而违之俾不通,实不能容,以不能保我子孙黎民,亦曰殆哉。'……此谓唯仁人为能爱人,能恶人。见贤而不能举,举而不能先,命也;见不善而不能退,退而不能远,过也。好人之所恶,恶人之所好,是谓拂人之性,灾必逮夫身。是故君子有大道,必忠信以得

---

① 徐复观. 中国的治道:读陆宣公传集书后//中国学术精神. 陈克艰,编. 上海:华东师范大学出版社,2004:46.
② 周敦颐. 周敦颐集. 北京:中华书局,1990:23-24.

之，骄泰以失之。"(《大学·传十》)这里"命"当作"慢"或"怠"，含有"懈怠"或"失职"的意思。"彦，美士也。圣，通明也。"(朱熹:《大学章句》)这段话说明了判断"良臣"的标准，引文中的"臣"主要是针对宰相说的，因而也可以说它是为了说明怎样才算是一个"贤相"。这段话至少包含了以下几层意思:

判断一个"贤相"的标准首先在"德"而不是"才"。有了高尚的品德，才能不计个人得失，才能有容人之量，才能不遗余力地"举贤使能"，充分发挥他人的才智。因此，对于宰相来说，有"德"是根本。在强调这一点的意义上，他并不需要"他技"。

"贤相"之德目或者说其道德规定性可概括为"忠信"，"忠信"反过来说就是要谨防"骄泰"。"发己自尽为忠，循物无违谓信。"① "忠信者，尽己之心，而不违于物，絜矩之本也。骄泰，则恣己徇私，以从人欲，不得与人同好恶。"② 朱子的解释阐明了"忠信"的道德含义，这就是要"至公无私"，不以一己之好恶而是用道德的胸怀去判断他人的才智，从而决定他们是否应当参与政治生活，并推举他们担任适当的职务，发挥相应的作用。总的说，"忠信"的道德要求就是要得"好恶之正"。

要求"贤相"具备"忠信"之德的根本目的是"保我子孙黎民"。这里《大学》强调了政治行为的目的在于确保"民心"不失，民众生活安宁，并指出这是判断有利于国的标准，从而将判断"贤相"的依据最终落实到民本的基础上。

综合以上两点的论述，《大学》的民本思想首先体现在看待民众的态度上，这就是要求为政者必须"至公无私""与民众同好恶"。它们以对"君""臣"的道德要求这一形式表达出来。可以说，《大学》认为"民本"落实于政治生活就是要求一个"圣君贤相"的格局。从对"圣君贤相"的道德要求看，《大学》力图从理论上说明政治运作必须建立于造福民众、表达民众心声的基础上。它是从道德角度提出来的，从而对具体政治运作的约束力也是道德性质的。在传统的现实政治中，这一要求缺乏客观的保

---

① 朱熹.四书章句集注.北京:中华书局,1983:12.
② 朱熹.四书或问.黄坤,校点.上海:上海古籍出版社,2001:40.

障,因而往往流于空泛的道德愿望。

其次,《大学》的民本思想还表现于社会经济方面。在社会经济方面,"民本"也是《大学》"亲民"观念的应有之义,这一点为王阳明所强调,即只有建立在"养民""富民"基础上的"新民"或"教民"才不会落空。《大学》说:"君子先慎乎德。有德此有人,有人此有土,有土此有财,有财此有用。德者本也,财者末也。外本内末,争民施夺。是故财聚则民散,财散则民聚。"(《大学·传十》)"财"的字面含义是指"物质财富",结合整段来看当特指"府库财",也就是财政收入。为政者首先应形成看待"财"与"德"的正确态度,他治理国家的根本目的不是为自己或家族聚敛物质财富,而是要通过得"民心"来实现一个和谐稳定的社会,从而实现其政治理想和人生价值。就个人而言,"财"本身并不是人生目的,而是人维持生存的必要手段。也正是在"'财'是人维持生存的必要手段"的意义上,一个道德的社会必须使民众衣食无忧,"财"要用之于民,才能得"民心",才能"亲民"。就此而论,"亲民"就要"养民""富民"。因此,为政者不应与民众争利,其政治活动不能以自身的经济目的为指向。

为政者既不与民争利,其政治活动的性质又是非个人功利的,他们及其家人的生活就主要靠俸禄即国家财政来维持。那么为政者应如何看待国家财政收入与民众维持生活的经济收入之间的关系呢?《大学》认为要讲究"生财之道",即"生财有大道。生之者众,食之者寡,为之者疾,用之者舒,则财恒足矣。仁者以财发身,不仁者以身发财。未有上好仁而下不好义者也,未有好义其事不终者也,未有府库财非其财者也"(《大学·传十》)。这段话有三层含义:

第一,"生财之道"首先在于经济建设以农为本。为政者制定经济政策时必须考虑到如何保证具有足够数量的农业生产者,并且不误农时,节约开支。

第二,"仁者以财发身,不仁者以身发财"意味着,"政治活动不以活动者自身的经济目的为指向"这一要求根本上必须由为政者的个人德性来保证。在经济领域,为政者应做出表率,以"仁义"为本,推进全社会形成以"义"制"利"的伦理经济观。这一观念的核心在于强调获利的方式必须合乎道德。

第三，衡量国家经济状况的标准不在于其府库是否充实，而在于其民众生活是否富裕。这一含义可以从以上的整段话中引申出来：以"仁义为本"，则"府库之财无悖出之患"①；对于"无悖出之患"，朱子评论说："国者以利为利，则必至于剥民以自奉，而有悖出之祸，故深言其害以为戒耳。至于崇本节用，有国之常政，所以厚下而足民者，则固未尝废也……有子曰：'百姓足，君孰与不足？'……正此意也。"② 有子的这句话明确地表达了儒家"民本"思想的经济含义，后世学者将之概括为"藏富于民"的观念，可以说，《大学》的这段话就是"藏富于民"观念的展开。

从"藏富于民"的观念上升到社会经济分配的基本原则，就是要"国不以利为利，以义为利"。这一原则必须结合"亲民"思想和上下文来理解。这里"国"虽然可以说是泛指整个社会，但它强调的是为政者要首先做出表率，其重心落在由君主和官吏所组成的政治结构上。前一"利"指具体的物质利益或私利，后面的"利"字则是指整体意义上的"事功"，并含有"顺自然"和"利于成事"的意思。"义"有以民众利益为主体的社会整体利益和获取物质利益方式的道德合理性两层含义。总的来说，这一原则可以理解为，有利于为政者实现国家治理、达到社会和谐的政治途径在于，经济分配上必须超越自身的利益考虑而以促进民众的福祉为重，同时强调获得利益的方式必须合乎道德原则。

总之，《大学》的"民本"思想在社会经济方面主要表现为"藏富于民"的观念和"以义制利"的原则，其特征是从伦理入手来考虑和解决经济分配中的问题。就《大学》本身说，它是"亲民"观念的发挥，即"亲民"就要"爱民""养民""富民"。

总结全章所述，《大学》包含了丰富的政治伦理思想，本书将之概括为"以修身为本"、"家国同构"和"民本"思想三方面，其总体特征是将整个政治问题都纳入伦理关系考虑的范畴中。其表现是，政治生活不仅以伦理为基础，从伦理切入和看待问题，而且力求将政治问题放到伦理层面来解决，而伦理的内容又是以家族的形式扩展开的。这些特征正是"内圣

---

① 朱熹. 四书章句集注. 北京：中华书局，1983：12.
② 朱熹. 四书或问. 黄坤，校点. 上海：上海古籍出版社，2001：40.

外王"观念的体现,可以说,《大学》政治伦理思想就是"内圣外王"观念的展开。

第四节 对《大学》政治伦理思想的理论分析

《大学》的政治伦理思想并非凭空产生,它作为较为全面地表达儒家政治哲学的经典,有着深厚的儒学传统为其理论根基。要深入理解《大学》的政治伦理思想,就必须挖掘这些思想背后的儒学精神。可以说,《大学》思想具有生命力的原因就在于其背后有儒学精神这一生命的动力源作为支撑。只有理解了儒学精神,才能理解《大学》的政治伦理思想何以表现出如此面貌,也才能合理地看待和评述它们。

本节力图联系前三节所述的《大学》政治伦理思想,从两个层面来分析其精神实质:一是儒家的哲学层面;二是人性论层面,也可以说是儒家伦理的基础理论层面。这些分析旨在揭示《大学》政治伦理思想的深层理论根据。

一、"命"与"道":《大学》政治伦理思想的世界观与方法论[①]

在传统社会,政治与人生之间不论是在理论还是在实践上都有着价值意义上的密切关联。有当代学者认为,"一般而言,古典政治哲学预设了人的生命有一应然性的目的状态,或者来自本性(自然),或者来自某种超越的旨意(天、神),代表一种终极的理想目标,人的完成在焉。政治生活在人生里有其位置,正是因为政治生活跟达成该一目标有某种特定的

[①] 本部分主要观点已结文发表,参见阮航."命"与"道":略论《大学》政治伦理思想的形而上维度//价值论与伦理学研究(2014年卷).北京:社会科学文献出版社,2014.这里按照本书的思路做了较大的修改。

关系。在这样的思考架构里，政治体制、政治价值的正当性，可以由政治生活与该一目标的关联导出……简单地说，这是一种用'目的'来检讨政治体制与政治价值的架构"①。这虽是针对西方的古典政治哲学说的，却也适用于儒家的政治哲学。儒家正是通过将生命目的与政治目的建立内在关联，并以一种目的论的观点来反思政治体制与政治价值的架构的。在儒学中体现这种目的论的核心概念是"命"和"道"。在儒家哲学中，"命"的含义反映了儒家的基本世界观，"道"则可理解为相对于这一世界观的方法论。《大学》里提到了"天命"，"得天命"意味着合法合理地取得最高政治权力，同时，《大学》本身就是探讨"大学之道"的。

《大学》中共有四处提到"天命"，均来自对《尚书》和《诗经》的引用：其一，《太甲》曰："顾諟天之明命。"（《大学·传一》）其二，《诗经》曰："周虽旧邦，其命维新。"（《大学·传二》）其三，《诗经》云："殷之未丧师，克配上帝。仪监于殷，峻命不易。"（《大学·传十》）其四，《康诰》曰："惟命不于常。"（《大学·传十》）其中的"命"均指政治意义上的"天命"，其字面含义当为"来自上天的授命"。将《大学》的上述引文综合起来看，可从政治伦理的角度概括出关于"天命"的如下几点意义：第一，"得天命者得天下"。要合理地取得皇权，就必须获得"天"的认可乃至授命，在此意义上，皇帝也被称作"天子"。这一方面意味着皇权有其神圣的来源，从而是超越世俗的至高权力，另一方面也暗示，天子必须具有与"天"沟通的能力，具备特定的条件，才有资格获得其认可。第二，"惟命不于常"。"天命"并非恒定的，也就是说，"天"授予天子以皇权，这一任命并非一成不变，也不意味着为一家一姓所独专，而是可改易的，是否改易则要视天子行使其权力或者说治理天下的情况而定。"殷鉴""侯周旧邦维新"的说法就是要说明这一点：殷商政权在未失民心之前还能与"上帝"②相配，而一旦治理天下不力而丧失民心，就不再为"天"

---

① 钱永详．为政治寻找理性：《当代政治哲学》中译本前言//金里卡．当代政治哲学．刘莘，译．上海：上海三联书店，2004：8-9.
② 关于殷朝和周初的"帝"的观念与从周代开始盛行的"天命"观念之间的关联与嬗变，可参见徐复观．中国人性论史：先秦篇．上海：上海三联书店，2001：14-17. 另可参见冯友兰．中国哲学史新编．北京：人民出版社，1998：70-72，77-81.

所庇佑和眷顾，从而失去"天命"。"周"以前只是一个诸侯国，却因为受到"天"的眷顾而成为皇权新的合法使用者。第三，要使"峻命不易"，受命天子不仅要具备"配天"的道德能力，还要付出相应的努力，由此保有"天命"而合法地维持政权。总的来看，这些带有形而上色彩的表述要能成立，其关键在于说明"得天命"需要具备什么样的条件。从政治伦理的角度说，对这一点的解释，可以说是儒学评价政治合理性建构政治生活的理论起点。在儒学看来，"天命"既然是可以授予和接受的，那就意味着"人"与"天"之间是可以交流与沟通的，并且存在相应的途径。就此而论，这一问题就可以转述成这样：如何能够理解和把握"得天命"之"道"，并保持其畅通？要解释这一问题，就有必要考察《大学》各段相关引述的用意何在。

对于上述第一段引文，《大学》的评论是"皆自明也"。这就是说，天子要保持"天命"，就必须表现出具有保有"天命"的能力，这一点必须靠自身努力而不是求助于外力来实现。对于第二段引文，其评论是"是故君子无所不用其极"。这就是说，文王之所以让侯周旧邦成为天子之国，是因为他能够努力修养自身的德性，树立道德榜样，民众也在其高尚人格的感召下焕发出崭新的道德面貌。其中的"极"，可以说有两层意思：一是文王的道德修养用功至极，二是其人格境界已至极境，故能感化民众使其德日新。第三段引文是要说明"得众则得国，失众则失国"。这就是说，维持政治稳定进而保有"天命"，其最终的关键在于得民心。第四段引文其字面含义只是说，"天"对于"受命"者的选择是可变的。《大学》由此引申说，"善则得之，不善则失之"。这就是说，天命之得失，其关键在于君主是否为善，亦即是否具有与其履行"天命"相应的仁德。综合起来看，对于得"天命"之"道"或途径，《大学》认为是君主的个人道德，"真命天子"其实是"以德配天"的。换言之，君主要能理解和把握"天"所赋予的使命，就必须具备与之相应的"天德"。

"天命"所显示的是最高政治权力的来源；"道德"则表示的是个人德性，"德"通"得"，道德即是由道而有所得，进而将其得表现于社会人生。那么进一步的问题在于，儒学为什么认为天子应该"以德配天"？君主如何通过道德的途径来把握"天命"？要"得天命"，为什么必须"修圣德"？对于这些问题，《大学》没有明确地回答，这里尝试基于儒家的一贯精神，借助其他儒家典籍做初步的论述，其中关涉儒家一组带有浓厚形而上色彩的观念，即"天""生""命""道"。

在儒家看来，"天"是象征着至高之德的存在，其根本之"德"在于"生""命"。所谓"天""生""命"，简单地说就是指万物众生之化育，都源自"天"的滋养，这种"源自"是就本源而不是生理的意义上说的。"天""生""命"的方式，儒家称作"天道"。《易》曰："天地之大德曰生。"（《易经·系辞下》）《中庸》也说："天地之道，可一言而尽也：其为物不贰，则其生物不测。"（《中庸·第二十六章》）可以通过对这两句话的分析来说明"天""生""命""道"这一组观念。

第一，这里的"生"，是在生命本源的层面说的。所谓生命本源层面的"生"，关注的就不是具体的个人生命的孕育、成长，而是对"人及其赖以生存的世界从哪里来"的追问。这是在生存可能性的普遍意义上来思考生命来源的问题。按照儒家的观点，生命产生于"天地和合"。也就是说，随着天道的流行而有天地之分，从而有生命可能生存的环境，从天地之分这一环节来理解的天道，即是乾坤之道。人及万物只有在天地有分、乾坤之道运行的条件下，才得以化生[1]。

第二，在这天地化生的过程中，人之生命的产生和存在是否具有价值，进而人生意义是否具有其本源的根据？那就有必要说明"天地化生"的过程本身是否蕴含着价值，进而其关键就在于解释儒家是如何看待"天地化生"这一过程的。在儒家看来，"天地化生"是由于天道流行而发生的。人之"生"之所以有意义，根源上说是因为在天道流行的过程中有所"得"，儒家道德的最初含义即在于这种意义上的"得"。由此从儒家的观点看，人之"生"与道德有着内在而必然的联结。要澄明人之"生"的意义，就有必要考察道德本身之价值所在。

第三，道德本身是否具有价值？其实现为何能够显示出人生意义？这一方面需要说明道德与善之间的关联，另一方面需要说明人之产生与存在，其本身蕴含着道德使命。《中庸》说："天命之谓性，率性之谓道，修

---

[1] 朱熹. 周易本义. 廖名春，点校. 北京：中华书局，2009：221-222.

道之谓教。"(《中庸·第一章》)朱熹认为这段话指出了人的存在根据,人生根本价值之所在:"盖人之所以为人,道之所以为道,圣人之所以为教,原其所自,无一不本于天而备于我。"① 这就是说,"天"在"生"人的同时也赋予人道德能力,这是一种纯善的能力,是人实现其人生意义的本源根据。可以说,"天"不仅为人的生存提供了适宜的环境,而且在本源的意义上赋予人的生命高贵性,亦即创造意义的道德能力。这种本源性的道德能力,用儒家的话来说就是"性之德",落到现实生活来说就是个人的道德。"性之德"是纯善的种子,将之显发出来,见之于行为,进而人生就是道德。因此,人生意义即在于按照道德的方式来安排自己的生活,进而促进他人和社会日趋实现道德理想;"天""生""命""道"这一组观念,不仅显示出人的道德生命之所在,而且蕴含着人超越有限的自然生命、凸显无限人生意义的途径。

总之,在儒家看来,"天"有其内在的目的性,或者说是"有情意"的。"有情"表现出无私地化育万物,关切生命的成长;"有意"表现在其纯善的方向,赋予人与物道德的生命,其中人因其天然的气质高于其他物,能充分发挥天赋的道德能力,故最为天下贵。"天"之"有情意",不是通过言语,而是以"天道"运行来表现的。天道运行具有至高的道德意义,因为它是赋予世界生生之意,赋予人道德使命的过程。"道不远人"(《中庸·第十三章》),天道与人道本是不隔的,"天"关切人,对人来说是有亲和力的。人有理解和效仿天道的能力,由此成就人道,并将之实现于人伦日用。故《中庸》说:"大哉圣人之道!洋洋乎发育万物,峻极于天。"(《中庸·第二十六章》)孔子说:"天何言哉?四时行焉,百物生焉,天何言哉?"(《论语·阳货》)圣人所成就的人道之所以伟大,是因为与天道相合;而这种天人合一的境界之所以是至高的理想,是因为它最能让生命焕发活力,使万物各安其命、各得其所,呈现一个生机勃勃的有序世界。"仁道"之所以能通往"天道","仁德"之所以能合于"天德",正是因为只有人才能充分发挥天所赋予的道德能力,从而能贵于万物而有其独特的价值。这种能力意味着其能够促进世界的完善,即"赞天地之化育",

---

① 朱熹. 四书章句集注. 北京:中华书局,1983:17.

也正是在此意义上,人对于世界的意义生成负有相应的责任,即以礼乐化成人道:"天生之,地养之,人成之。天生之以孝悌,地养之以衣食,人成之以礼乐。"① 在此意义上,人是一种被"天"赋予了道德使命的存在者,有其内在的道德目的。儒家眼中的理想世界就是通过"天生""地养""人成"而呈现的,是一个充满生命活力的生活世界。从道德的角度看,"天地"恩泽万物,"人赞天地之化育",故儒家称天、地、人为"三才",亦即具有共同创造理想世界的能力,这个世界就其根本来说是生命性的,就其理想的运作方式来说是道德的,就其生成的状态来说是有情有义、生机勃勃的。李泽厚先生将儒家的这一世界观称为"有情天地观",其特点在于由"天"的目的性映照出人的目的性,"天道"与"人道"相通而不隔。也因此,儒家的道德理想从主观上说就体现为天、地、人、物和谐有序的一体意识,表现于行为则是为实现天、地、人、物一体的目标而努力追求的生命历程。

儒家的社会人生观,根本上说是建立在"命"与"道"的观念基础之上的。首先,人之所以为人的根据或者人性之善来自一般意义上的"天命",其中的"命",可理解为人对于我们所生存的世界负有道德使命,从而人是一种有内在目的性的存在者。人的这种目的性意味着"人的出现不能被解释成偶然的因素"②,而是有其应然的亦即道德的方向。进一步说,在儒家看来,人生只有贯彻道德的目的,坚持道德的方向,才能真正呈现其本源的意义,因为"我们是有责任的,天造了我们,它的生化大流要我们来完成"③。质而言之,儒家的"有情天地观"表明,人应然的生活方式亦即"人道",其形式是道德的,其内容是生命性的,也就是说人生的理想指向是能够促进生命和谐生长、有情有义的。可以说,道德对于人来说是由天命注定的,人由于在世界生成中的独特地位,应该是一种生来就负有道德责任的存在者。

---

① 苏舆.春秋繁露义证.钟哲,点校.北京:中华书局,1992:168.
② 哈佛燕京学社,三联书店.儒家与自由主义.北京:生活·读书·新知三联书店,2001:22.
③ 哈佛燕京学社,三联书店.儒家与自由主义.北京:生活·读书·新知三联书店,2001:23.

其次，就个人而言，注定的道德存在者意味着，应该将道德责任的意识落实于具体行为，并使之成为贯穿一生的人格特质。人是在现实生活中实现其价值，完成其人格的，成就理想人格的人生就应展现为一个连续性的行动系列，而道德责任是理解这一行为系列的线索。这是个关于道德人格的问题，也是个人生统一性的问题。在儒家看来，某一道德人格要成为可理解的，那就意味着这个人的行为有某种整体统一的特质，而不能自相矛盾，这一观察角度本身也意味着把人的生命理解为连续性的、而不是分立的存有。可以从时间和空间两个维度来理解人的生命连续性。从时间看，家族繁衍是自然生理意义上的生命延续。儒家虽不否认这一点，但认为真正表现生命意义延续的，应该是道德和精神层面，故有"三不朽"的提法，即"立德""立功""立言"，对"道"的体悟构成人的道德精神得以延续的脉络；就个体而言，"苟日新，日日新，又日新"看似同语反复，却蕴含一种个体生命的时间意识，这一时间意识与生命对道德价值的反省与检讨融为一体。从空间看，人的生命活动具有一致性的道德方向，在理想意义上，其活动方式由"圣人时中"的中庸之道所展现，其内容则无不归于"仁义"；人的生命活动虽然因社会功能区域的不同而有不同的表现，但贯穿的道德精神则是统一的。也就是说，在不同的社会生活中，人虽遇事不同，其理则一，因而无需由于不同的社会功能区域而做出根本不同的道德解释；人的生命活动没有个人区域与公共区域的明确分际，自我与他人也由于彼此的缘分通过道德义务连成一体："每一个人对于其四面八方的伦理关系，各负有其相当义务；同时，其四面八方与他有伦理关系之人，亦对他负有义务。全社会之人，不期而辗转互相连锁起来，无形中成为一种组织……它没有边界，不形成对抗。恰相反，它由近以及远，更引远而入近；泯忘彼此，尚何有于界划"[1]

综上所述，"命"与"道"可以说是儒学的核心观念，其中蕴含着儒学对于社会人生的根本信念，带有某种宗教性质。这种宗教性的特点在于"即凡而圣"，在统一的生活世界中通过道德精神的显发而进于价值界，进而在有限的生命历程中表现无限的超越意义。余英时先生将之概括为"内

---

[1] 梁漱溟．中国文化要义．上海：上海人民出版社，2005：95．

在超越",即于当下生活中体认超越生活的价值。

最后要简要说明的是,这一组以"命"与"道"为核心的观念如何为《大学》的政治伦理思想提供理论支持。

其一,通过这一组观念,可以说明《大学》表示最高政治权力来源的核心概念"天命"与"德"之间的关联。如上所述,"天命"意味着君主取得权力的合法途径是通过"天"的授命,君主也可以理解为"天"的代理人,是代"天"治理天下。而在儒家看来,"天"有"情意",关怀天下苍生的目的性存在,那么,君主要保有"天命",就必须与"天"的目的一致,以与"天道"相合的方式来治理天下,即要表现以苍生为念的"天德"。"天德"落到人身上来说即是"仁德",因而君主要合理合法地持有"天命",其根本在于体证"仁德",或者说"仁德"才是使用君权的正当方式。"体证仁德",用《大学》的话说就是"明明德",这样才能与"天道"保持一致,才能与"天"保持交流与沟通的关系。在儒学中"仁德"是圣人境界,因而理想的君主应该是"内圣"而"外王"。从理论渊源看,"天命"与"德"相通这一观点可以追溯至周初宗教的"君权天授"思想,并且自西周开始对此的解释已向人文化的方向发展[①]。如此看来,儒家政治意义上的天命,虽不乏将君权神圣化的色彩,但其重点在于突出保有"天命"的条件,进而强调君主修养"仁德"的重要性。可以说,儒家对天命的这种解释是道德化的,要求君主致力于人事,其所突出的是君主负有相应的道德义务,必须采取道德的方式来使用君权。

其二,基于儒家的"命"和"道"的观念,可以进一步说明《大学》"以修身为本""家国同构"以及民本思想的内在理路。在政治生活中"以修身为本",其首要意义在于要求君主通过不断的道德修养而培养"仁德",由此君主理想的治国之道就是"仁道",否则就可能失"天命",丧失其权力合法性。"天"与人生的道德目的性表明,个人与社会生活要呈现意义,就应该以道德为根本。政治生活本身的意义在于,在确保每个人都能维持基本生存的前提下以"先知觉后知""先觉觉后觉"的方式造就天下文明,实现一个道德的社会。"家国同构"的观念,深层次上说也是以"命"

---

① 徐复观. 中国人性论史:先秦篇. 上海:上海三联书店,2001:28-29,44-49.

和"道"的观念为根据的。如前所述,儒家的"命"观念建基于对人生意义的整体把握,蕴含着把人的生命理解为连续性的存有这一预设,"道"则意味着人事之理应该是统一的,根本上说应该符合人道。家族繁衍代表着生命的自然延续,儒家所倡导的道德并不排斥和否定生命的自然意义,而是要由此入手逐步扩展,这一扩展既意味着道德境界的逐步提升,也伴随着德业规模的扩大。这样,家族生活对于社会生活就具有基础性的意义,它是个人"体道"即"明事理"的入手处,是他认识基本伦理关系的起点,而且这一过程贯穿了整个人生。从这样的观点看,政治生活没有独立于伦理的意义,没有与伦理生活根本不同的行动原则和标准,因为人的生命活动虽有场域之别,也需要面对各种不同的社会关系,但其表现方式应该蕴含着一贯的道德精神,否则无以表现统一的人格。就此而论,在《大学》看来,对政治问题的思考仍应该是以伦理为根据的,而无需另一套理论,由此治国、平天下之"理"也与齐家之"理"没有根本区别。那么,处理政治生活中的人事是否得当,其关键在于对"道"的理解之深浅,而理解"道"的入手处则是处理家事。由此看,"家国同构"观念是儒家精神在政治生活中的体现。《大学》的民本思想则体现了儒家建立在"天命"与"德"之间关联性的基础上,向政治生活的进一步落实。"天德"既然显示着对天下苍生的关怀,那么"天命"必然应之于人事,见之于民心。

总的来说,儒家的"命""道"观念贯通了社会和人生,它们是"变"中的"不变"者,是不随社会变迁、人生境遇的改变而改变的根本道理。它为《大学》政治伦理思想的合理性提供了理论依据,在这个意义上,它是《大学》政治伦理思想背后的思想。而要理解"大学之道"的论述方法,还必须联系儒家的人性论来考察。

二、儒家人性论:《大学》政治伦理思想展开的理论支持

人性论是儒家伦理的基础理论,更广泛地说,它对整个中国传统伦理发展都具有基础的意义。对于《大学》所持的人性论倾向,历来存在不同的看法。在现代学者中,新儒家的代表人物之一徐复观先生对先秦人性论

做了较为系统的研究。他认为,《大学》综合了孟荀的人性论思想,"可以说是先秦儒家人性论的完成"①。就内容看,它表现出三个特点②:第一,它本身不言天道、天命而只言心,更从心落实而提出"意"来;第二,它把道德、知识以及天下、国、家与身,以心与意为中心组成一个系统,完成了合内外之道的完整建构;第三,由于正心、诚意通向治国、平天下,于是道德的无限性可以不上升至天命,而直接向外扩展于客观世界中。徐复观先生的梳理可以说是与《大学》的内容相契合的,但其中无疑也包含了自己的思想倾向和诠释立场③。这里首先要论述的是,《大学》具有人性论作为理论基础,即《大学》认可人具有人之为人的共性,并且这些共性可以转化为具体的伦理内容。然后本节将说明这一点对于《大学》政治伦理思想的意义。

《大学》承认"明德"的存在,这意味着人们可以在道德问题上达成共识。只要道德修养到一定境界,就可以"明明德",即向他人表明自己的崇高德性,这就设定了人的道德判断具有客观性,客观的道德评价是可能的。道德修养有"格物、致知、正心、诚意"一套共通的工夫,那么就必须承认存在着客观的道德知识。"为人君,止于仁;为人臣,止于敬;为人子,止于孝;为人父,止于慈;与国人交,止于信。"(《大学·传三》)"仁""敬""孝""慈""信"都是德目,并且与社会角色和交往关系相结合。这说明《大学》认为,存在着或者说可以形成共同的基本道德规范。君主一方面可以通过展示崇高的个人德性而得民心,而君主崇高德性的表现就在于"以民之好恶为好恶",另一方面可以通过道德教化带领民众日新其德。这些都说明,《大学》虽不否认道德与自然人性之间的差别,但认为两者是可以沟通的;后天的道德教化可以提升个体的道德理解力,在道德的应然与实然之间可以找到通路④。总之,《大学》的这些观点都

---

① 徐复观.中国人性论史:先秦篇.上海:上海三联书店,2001:231.
② 徐复观.中国人性论史:先秦篇.上海:上海三联书店,2001:231-233.
③ 必须指出,如本书第一章所述,徐复观先生在《大学》成书年代问题上持"晚出"说,因而对《大学》人性论的诠释立场和方法与本书不同,但并不妨碍其所诠释出来的三个特点基本与《大学》的内容相契合。
④ 傅小凡.社会转型与道德重建:先秦诸子对"道德何以可能"问题的哲学思考.北京:中华书局,2004:29.

反映了它对存在共同人性的确信。人性见之于人情好恶，发而为"心意"，可以从人性出发提炼一套基本的社会价值规范。这一点对于《大学》政治伦理思想的特征以及其理论论证的合理性具有重要意义。

首先，《大学》在论述"平天下"时提出的"絜矩之道"是以人性的共通性为基础的。"絜矩之道"的方法论特征是"推己及人"。正如朱子所说，要推己及人，则"必因其所同"①，换句话说就是必须建立在交往双方具有共同见解的基础上，由此才能通过进一步的交流、对话，形成更多、更广泛的道德共识。进言之，《大学》认为人性共通性的重要内容在于人心好恶有所同。因而"絜矩之道"以关注自然人性的好恶为着力点，即"所恶于上，毋以使下；所恶于下，毋以事上；所恶于前，毋以先后；所恶于后，毋以从前；所恶于右，毋以交于左；所恶于左，毋以交于右"（《大学·传十》）。可以说，没有共同人性为基础，"絜矩之道"是不能成立的。

其次，对于人性共通性的确信也支持着《大学》关于道德修养工夫的论述。这里仅举关于"诚意"工夫的论述为例。"所谓诚其意者：毋自欺也，如恶恶臭，如好好色，此之谓自谦，故君子必慎其独也！小人闲居为不善，无所不至，见君子而后厌然，掩其不善而著其善。人之视己，如见其肺肝然，则何益矣。此谓诚于中，形于外，故君子必慎其独也。"（《大学·传十》）就其内容本身看，"诚意""慎独"说的是"知善"与"行善"的关系，"知善"必须见之于"行善"才是真正道德的，只有真正认识到并处理好两者的关联才能做好道德修养的工夫。"诚意"可以分两阶段来理解："第一阶段的诚意，是意自身念念相续的坚持。第二阶段的诚意，是由念念相续的坚持以贯彻于行为之上。"② 就这一工夫能够成立的根据看，问题一方面在于人们如何能确定其"意"是"善"的，其善意又如何能得到社会的认同。《大学》认为只要不自己欺骗自己，并修养到"如恶恶臭，如好好色"的程度就可以做到。这一说法之所以能够成立，正在于《大学》认为人在普遍意义上具有认识善的能力。"恶恶臭，好好色"是人

---

① 朱熹. 四书章句集注. 北京：中华书局，1983：10.
② 徐复观. 中国人性论史·先秦篇. 上海：上海三联书店，2001：250-251.

生来就有的生理欲望，具有自然生命意义上的根源性质，那么"诚意"到"如恶恶臭，如好好色"的程度也就意味着人们能够将道德感融入生命之中，最终达到"不虑而知"的程度。这一观点得以成立的理论前提在于，达到道德善的能力在人的生命中同样具有根源性质。问题的另一方面是人们如何能够确定行为动机与行为表现即行为内外是一致的。《大学》认为"人之视己，如见其肺肝然"，因为人的行为过程是一整体，即"诚于中，形于外"。这是从整体生命的观点来看人的行为表现，表达了人在生命根源处即有相似性、共通性的观点，从而能够就具体行为形成一致的道德判断。后来王阳明所概括的人具有普遍意义上的"良心"，正可以为《大学》的这段论述提供理论依据。由此看，《大学》关于修身工夫的论述也必须以普遍人性为根据。

最后，普遍人性论也支持着《大学》的政治理想。《大学》的理想是，君民"止于至善"，通过将政治生活出于伦理并归于伦理来实现一个道德化的社会。"止于至善"意味着存在一种共同的道德理想，从中可以映射出一个关于理想社会的蓝图：人们以"仁义行"，自觉地以"仁""敬""孝""慈""信"等基本道德规范要求自己，共同组建一个整体的、有序的和谐社会，实现"以天下为一家，以中国为一人"①的"天下大治"。理想君主在政治上表达的是普遍的、可以共通的人情好恶，是以"天下人之心"为己之"心"；人们有着共同的社会愿景，有着共通的关于生活方式的理想。这些都说明《大学》持有这样的观点，即人的生命发展应朝着共同的方向。这一观点要以对核心价值观的认同为前提，以对基本价值规范体系的遵循为保证。如果没有对普遍人性的认定，这一理想及其推行于政治生活的合理性就难以成立。

综上所述，《大学》所提出的政治理想有其人性论前提，它展示了一个有着高度共识的社会。这既在一定程度上反映了传统社会的特征，同时也体现了儒家的理想主义成分，包括对人性的乐观看法。它意味着核心价值观的统一，并且人们能够在基本价值规范体系的内容或者说理想制度上达成共识。

---

① 孙希旦．礼记集解．沈啸寰，王星贤，点校．北京：中华书局，1989：606．

第五章 《大学》政治伦理思想的历史流变及其社会史分析

本章拟分别从思想史和社会史的角度来分析《大学》的政治伦理思想。《大学》是表达儒家德治观念的经典，这是传统儒家学者和现代学者的一般判定，那么《大学》以修身为本、家国同构、民本思想这三方面的政治伦理思想，就可视为儒家德治观念的具体表现。有鉴于此，本章拟按如下方式展开论述：第一节以上一部分概括出来的三种代表性诠释为视角，来考察《大学》上述三方面思想的历史流变，以说明儒家传统德治观念在不同历史时期的表现，进而概括儒家德治的精神；第二节结合社会史的分析，从一个侧面说明儒家德治观念之具体表现因时而变的原因，进而概括儒家德治在传统社会中的作用及其效果。

第一节 德治的精神：《大学》政治伦理思想的历史流变

从汉代讲起。汉武帝推行"罢黜百家，独尊儒术"的文化政策，始设立"五经"博士。作为《礼记》的一篇，《大学》实际上被定位为"礼经"中的理论解说篇章。"礼经"包括"三礼"，即《周礼》、《仪礼》和《礼记》。在儒家看来，《周礼》和《仪礼》可以说是对周代礼制或者说留存的理想制度的追述。其中《周礼》所记述的是官制、各种重大的制度和规范,侧重政治层面;《仪礼》则记述冠、婚、丧、祭、乡、射、朝、聘等社会和个人生活的层面。《礼记》则是对两者的理论解说部分,以阐发礼意。总体上说,"礼经"是阐发儒家政治社会思想的,也可说是以经学的形式来说明儒家德治的各个方面。不过,其所偏重的是制度层面,就先秦儒家的两大派别来说,是从荀学的理路来阐发儒家的德治。也因此,"三礼"之中,汉代最重视的是《周礼》,其次为《仪礼》,《礼记》又次之,《礼记》在一定意义上被视为前两者的"传",是解说部分。可以说,《大学》在汉代所呈现的政治伦理思想正是沿着这一理路展开的。这里结合郑孔注疏做简要说明。

一、郑、孔经学版诠释中的《大学》政治伦理思想及其德治精神

首先就"以修身为本"的观念来说,其中修身所指向的道德首先是一种政治道德,突出的是道德对于政治和社会的意义。这种道德是功能性的,必须联系政治社会来解释;或者说它是外在于人的,缺乏自身的根据,因而也无需追溯到形而上的层面。这一点明确可见于郑、孔对"明德"的注疏,上一部分论之较详,此不赘述。而对于"自天子以至于庶人,壹是皆以修身为本"一段,郑玄的注解是:"壹是,专行是也。"孔颖达疏:"'壹是皆以修身为本'者,言上从天子,下至庶人,贵贱虽异,所行此者专一,以修身为本。上言诚意、正心、齐家、治国,今此独云'修身为本'者,细别虽异,其大略皆是修身也。"(《礼记正义·大学》)郑玄的注解很简略,但联系他对格物、致知、诚意、正心的解释看,作为"本"的修身工夫都是在经验的层面来理解的,其本身没有形而上的根据。这也是孔颖达的疏所蕴含的基本意向,或者说他认为沿着郑玄的思路,需要补充说明的意思正在于此。"贵贱"是就政治社会地位而言,而齐家、治国与诚意、正心既然都归为修身一类,那就意味着修身成就的道德并非独立于政治社会生活,而结合其非形而上的特点来看,这种非独立性也就意味着这样的道德没有独立于社会政治生活的自身根据。或者至少可以说,郑孔注疏没有说明,道德是否存在其自身的根据。这正可以说是荀学

对道德的理解，萧公权先生的解释可资参照：

> 荀子欲以君长之礼义，救人性之偏险。若君道或缺，则暴乱随起。个人于此，方救死之不遑，岂能妄冀独善。故立政以前，无以修身，而政治生活之外，不复有私人道德之余地。荀子虽未明白肯定个人有绝对之政治之义务，实已暗示法家重国轻人之旨①。

这就是说，荀学所主张的道德其实是一种政治道德，根本上说是依靠外在规范而养成的。它附属于政治和社会而存在，依赖于政治社会秩序的需要来解释。从这种观点看，缺乏政治社会生活这一背景，我们就无从解释道德的缘起、作用乃至其本身的意义②。

郑孔注疏所提示的道德是沿着荀学的理路展开的，这一点也可见于对"亲民"以及"新"的解释。对于"大学之道"中的"亲民"，郑玄未作注，孔颖达的疏解是"亲爱于民"。孔疏是就看待民众的态度来说的，与后面《大学》"民之父母""以民之好恶为好恶"相应，尚未提升到孟子所谓"亲亲之仁"的义理层面来理解，更没有表现出后世理学所解释的形而上维度。对于"新"，郑孔注疏则明确解读为道德教化的意思。重视道德教化、从待人接物的态度来理解自我修养、将修养的目标理解为自我德行的培养和提高，这是汉代儒学对道德的主流理解，也是沿着荀子礼学理路的展开。

其次看"家国同构"的观念。从上一章的分析看，《大学》家国同构的观念，实际上脱胎于周代的封建宗法观念，即《礼记·大传》所谓"亲亲""尊尊"：

> 自仁率亲，等而上之至于祖，自义率祖，顺而下之至于祢，是故人道亲亲也。
>
> 亲亲故尊祖，尊祖故敬宗，敬宗故收族，收族故宗庙严，宗庙严故重社稷，重社稷故爱百姓，爱百姓故刑罚中，刑罚中故庶民安，庶

---

① 萧公权．中国政治思想史．北京：新星出版社，2005：74．
② 关于这一点，可参考荀子在《礼论》中的相关解释．参见王先谦．荀子集解．沈啸寰，王星贤，点校．北京：中华书局，1988：346-349．

民安故财用足，财用足故百志成，百志成故礼俗刑，礼俗刑然后乐①。

在《礼记·大传》看来，理想的政治社会组织可以血缘纽带为基础，通过家族或确切地说宗法之义而确立。这可以说是家国同构观念在汉代的表现。从这样的观点看，儒家的仁义观念缘起于宗法制的背景，是对宗法制精神的提炼和升华。结合郑孔注疏看，对《大学》相关观念的解释着重的是"尊尊"或"义"的一面，对于"亲亲"或"仁"的一面则鲜少阐发。具体地说，对于"齐家在修身"，郑孔注疏的解释特点在于如何从相对待的社会交往中处理好人情，或者说在社会关系中适当表达情感的方式；对于"治国在齐家"，其解释的重点在于"恕道"；对于"平天下在治国"，其重点在于絜矩之道。对这三者的解释又有详略之分：对絜矩之道的解说最详，其次为"恕道"，对如何适当处理情感以齐家的解说则不甚明确。其中值得注意的是，郑孔注疏将絜矩之道落到治国的层面来说，并且强调其作为政治之道的意义：

"絜矩之道"，善持其所有，以恕于人耳。治国之要尽于此。（郑注）

但欲平天下，先须治国，治国事多，天下理广，非一义可了，故广而明之。言欲平天下，先须修身，然后及物。自近至远，自内至外，故初明"絜矩之道"，次明散财于人之事，次明用善人、远恶人。此皆治国、治天下之纲，故总而详说也。（孔疏）

就家国同构的观念而言，上述注疏淡化了该观念蕴含的血缘色彩，亦即宗法之"亲亲"的一面，更无意于此追究"亲亲"所蕴含的"情之理"，亦即"仁"的精神。同时，郑孔注疏显然更重视家国同构蕴含的"义"的一面，是就治国的方法、方略而言，由此阐发其对于政治社会的现实运作方面的意义，而无意于从理想的层面来发挥。

最后看对《大学》民本思想的解释。对于民本在"以民之好恶为好恶"等作为治国的道德动机方面的意思，郑孔注疏较简略，点出的是儒家"以己化民""以政教民"等道德教化之义。如郑玄的注解是"言治民之道无他，取于己而已"（《礼记正义·大学》）。孔颖达的疏是"'民之所好好

---

① 孙希旦. 礼记集解. 沈啸寰，王星贤，点校. 北京：中华书局，1989：916-917.

之'者，谓善政恩惠，是民之原好，己亦好之，以施于民，若发仓廪、赐贫穷、赈乏绝是也"(《礼记正义·大学》)。郑孔注疏更注重的是民本思想在社会经济方面的表现，亦即"藏富于民"的观点。如对于《大学》"德本财末""生财之道""国以义为利"等，郑孔注疏都提出了相应的解释。他们尤其强调其中"不与民争利"的观点。如对于《大学》"德本财末"一段，郑孔注疏如下：

> 道，犹言也。用，谓国用也。施夺，施其劫夺之情也。悖，犹逆也。言君有逆命，则民有逆辞也。上贪于利，则下人侵畔。《老子》曰："多藏必厚亡。"……争，争斗之争。(郑注)
>
> "德者本也，财者末也"者，德能致财，财由德有，故德为本，财为末也。"外本内末，争民施夺"者，外，疏也；内，亲也；施夺，谓施其劫夺之情也。君若亲财而疏德，则争利之人皆施劫夺之情也。"是故财聚则民散，财散则民聚"者，事不两兴，财由民立。君若重财而轻民，则民散也。若散财而周恤于民，则民咸归聚也。"是故言悖而出者，亦悖而入"者，悖，逆也。若人君政教之言悖逆人心而出行者，则民悖逆君上而入以报答也，谓拒违君命也。"货悖而入者，亦悖而出"者，若人君厚敛财货，悖逆民心而入积聚者，不能久如财，人畔于上，财亦悖逆君心而散出也。言众畔亲离，财散非君有也。(孔疏)

由上述注疏可见，郑注重点在于指出儒家在社会经济政策方面"不与民争利"的观点，孔疏则逐条详细说明其《大学》相关论说的义理及其脉络。郑孔注疏之所以重视对这一观点的解说，应该是与传统政治经济政策方面的一个重要问题即"是否抑兼并"相关的，进一步说是国家如何干预经济，干预到何种程度，是否倾向于垄断与国计民生相关的经济领域。对这个问题最初集中的讨论，始于汉代关于盐铁政策的讨论。其中以贤良文学为代表的儒家，即以"不与民争利"为基本理由主张国家放开对盐铁的垄断，以桑弘羊等为代表的法家则持相反的观点[①]。总体上看，郑孔注疏更

---

① 王利器. 盐铁论校注. 北京：中华书局, 1992：1-5. 另参见秦晖. 传统十论. 上海：复旦大学出版社, 2004：46-60。

注重《大学》民本思想在社会经济政策方面的表现。

总之，郑孔注疏代表了汉唐时期对《大学》的主流解释，其所解释的《大学》政治伦理思想主要因循荀子礼学的理路。总体上说，它也代表了儒家的一种理想政治。不过这种类型的儒家"德治"，实际上是一种"礼治"。它围绕现实的政治社会问题而展开，着眼于制度建设（社会经济政策的设计）和社会秩序的稳定和谐（道德教化）。其思考方式则是经验性的，搁置形而上的玄思。这种态度和思考方法，由荀子对"信"的论述可见一斑："合符节、别契券者，所以为信也。"（《荀子·君道》）"信"就是要"若合符节"，注重经验的说明而不是抽象的思辨。

二、朱子理学版诠释中的《大学》政治伦理思想及其德治精神

郑孔注疏所呈现的《大学》政治伦理思想及其蕴含的"德治"理路，至唐中叶韩愈提出儒家"道统"问题开始变化，发展至宋代理学兴起则发生根本性的扭转。北宋五子之中，二程最重视《大学》，不仅将《大学》从《礼记》中独立出来作为"四书"之一，而且分别对其篇章次序做了重新编排①。不过，二程并没有对《大学》做全面系统的注解，只是就《大学》的某些说法从理学的角度做了发挥。从理学角度对《大学》做出全面编订和诠释，这一工作的完成当归功于朱子的《大学章句》，本书第一部分归之为《大学》诠释的理学版。朱子的《大学章句》不仅可以代表宋代理学对《大学》的主流理解，而且对后世乃至当代学者对《大学》的理解仍有重要影响②。这里结合朱子的《大学章句》，仍从《大学》政治伦理思想的三个方面来说明。

先看"以修身为本"的观念。就本书所概括的《大学》三方面政治伦理观念而言，"以修身为本"可以说是《大学章句》最重视的，也是与经

---

① 程颢，程颐. 二程集. 王孝鱼，点校. 北京：中华书局，2004：1126-1132.
② 对于《大学》，清人孙希旦《礼记集解》的处理方式是建议读者参照朱子的《大学章句》，因而仅保留篇目而无内容，更无注解；当代国学大师钱穆先生作《四书释义》，对《大学》也采取同样的处理方式。这些都表明了他们基本认同《大学章句》对《大学》的解释。

学版的理解区别最大的。约其要有三：其一，对修身目标"明德"的理解。对于"明德"，朱子的解释是"人之所得乎天，而虚灵不昧，以具众理而应万事者"①。这是一种道德形而上的解释，其根据来自理学的心性论。由此解释出来的道德有其自身根据，具有独立于社会政治的根源。同时对于个人来说，以"明德"为指向的修身，其首要意义在于自身人格的完善，对于社会政治的作用则居其次，是附随的。其二，对"本"的强调。朱子尤其强调"以修身为本"中"本"的意义，为此对《大学》经说的"本末""知本"做了明确的诠释，并重新编排章节作为其相应的"传"。在一定意义上，这种强调表明，《大学章句》是基于理学的问题意识来诠释的，坚持的是以内圣为本的解释方向。其三，对修身工夫的重视以及对之的形而上诠释。作为前两点的延伸，对于《大学》内容和宗旨，《大学章句》的定位是"大人之学"，视之为圣学入德之门。也就是说，《大学章句》的关注点和诠释重心落在个人道德修养的层面。因此，对于"八条目"，《大学章句》重点解释与修身相关的前五目，对与外王相关的后三目则鲜少发挥。对前五目的经传诠释，也都明确点出其各自的道德形而上根据。

可以说，与郑、孔的经学解释相对照，朱子对《大学》"以修身为本"观念的理学版解释已彻底改变了面貌，由此这一观念的宗旨、根据、指向、内容等都表现出明确的道德形而上维度。这种改变，从大的方面说是由于宋代理学的问题意识，即确立儒家自身的"道统"，由此要承接道统最后转入孟学的理路。这种理路有其明确的形而上维度，坚持性善的信念而以"仁"为核心。从政治伦理的角度看，如果说荀子礼学的理路是由社会政治的需要来要求个人的道德修养以及在政治社会领域推行道德教化，那么孟子仁学或者说理学所承接的理路，首先是强调道德有其自身的根据，是由形而上的道德根源挺立个人的道德主体性，由此要求一种与道德根源之纯善相一致的政治和社会。前者基本是在人类经验的领域展开思考的，是基于现实的政治社会之要求，个人以修身为本笼罩于这一背景之下；后者则展开为相互贯通的两个维度，即作为性善来源的形而上维度，

---

① 朱熹. 四书章句集注. 北京：中华书局，1983：3.

以及成就性善之人格并于社会政治领域发挥作用的形而下维度。其中形而上维度虽然并非人类的生活经验所能确证,在理学看来却代表着意义的根源、社会政治的理想、个人修身的目的指向;形而下的社会政治维度则是派生的,虽意味着前一维度的实现,却应该为前者所统摄;"以修身为本"的理学版诠释,其核心在于前者是"本",后者是由"本"生发的"末"。

另外,《大学章句》的具体解释还贯穿着朱子本人的学术旨趣,这就是个人的道德修养要由"下学"而"上达",由"道问学"而达成"尊德性"之理想。也因此,朱子虽然强调内圣的工夫为本,但不否认外王功用或者说社会政治生活本身有其意义,并赋予了一定的权重。这一点在其具体诠释的多个方面都有所表现。如他改"亲民"之"亲"为"新",这蕴含着对道德教化乃至政治生活本身的一种积极肯定的态度;又如其所作的格物致知补传,强调要在人事上历练,要即物穷理等。用儒学的核心观念来说,朱子的《大学章句》坚持的是以"仁"为核心的诠释立场,但落实到理学的心性论来说,其终极观念是"理"①,而朱子的"理"与"礼"有一定程度的关联,在一定意义上可理解为"礼"的抽象化。借助其"一理万殊"的观点来理解,"一理"当指其心性论中的"理","万殊"则是"事理",就其具体表现来说则可理解为"礼"。

再看"家国同构"的观念。应该说,按照《大学章句》的解释,《大学》"家国同构"观念的政治意义已相当淡化,朱子的着力处在于强调要以亲亲之仁为本,而不是追究"虽场域不同而其理则一"的"同构"之义。其要可概括为如下三点:其一,对于"齐家在修身",与郑孔注疏不同,朱子的解释重心不再是待人接物之情,而是"情"背后之"理"。朱子对"仁"的一个通常说法是"仁者,心之德,爱之理"。朱子对"齐家"一段的解释,其落脚处或者说最终归宿可以说就是要深入"爱之理"的义理层面。因此,他认为,这一段应该联系《大学》上一段"修身在正心"的论说来理解②。其二,如第一部分所揭示的,对于"齐家""治国""平

---

① 阮航."仁"与"礼":对《大学》文本的诠释立场与解释方法.理论与现代化,2007(3).

② 黎靖德.朱子语类.王星贤,点校.北京:中华书局,1986:354-355.

天下"这些属于"外王"事功的观念，朱子相对来说不甚关注，也鲜少发挥。这一点由于注解的形式所限，在《大学章句》中表现得尚不明显，在其弟子根据朱子日常言论、问答而记述的《朱子语类》中则表现得很突出。从篇幅看，朱子对《大学》的思考和讨论集中在对《大学》的经说以及前五个条目的经传，对与"外王"相关的三个条目则较少讨论。对后两个条目的讨论，其重点集中在"恕道"和"絜矩之道"，其内容除了强调以仁德为本之外，与郑孔注疏的解释基本一致，较少新意和发挥。其三，或许正是由于对以修身为本的强调，总体上看，朱子对《大学》政治伦理观念的解释有失均衡，偏重于伦理而略于政治，偏重于个人的道德修养而失之于对道德之政治社会意义的论说。

基于上述分析，朱子的《大学章句》如果说仍然保留着"家国同构"的观念，那也主要表现的是这一观念的伦理含义，而不是其在政治社会方面的作用。质而言之，理学版诠释中的"家国同构"观念，其重心不再是正式的政治社会组织，而更多地表现于非正式的民间组织；因为作为"家国同构"之根据的"德"，源自普遍意义的性善，而不是政治社会秩序的需要，其根本不在于带有封建宗法制色彩的"尊尊"之义，而在于略去个人社会身份的"亲亲"之仁。

最后看民本思想。对于其中"以民之好恶为好恶"的观点，朱子在义理层面的解说承接的是孟子的理路，是基于孟子的"四心"说而逐步申说的。其解释略嫌迂曲，大抵是要求有德之君以民心为己心，体察民生疾苦、与民同乐，说到底还是要落实到为政者通过道德修养而提升其道德境界，以公心替私意①。朱子在社会政治层面的解说则归之为絜矩之道的一个方面②，即"以民之好恶为好恶"意味着在待民态度方面的絜矩，从而能体察民心，化为发政施仁的道德动机。对于其中"藏富于民"的观点，

---

① 黎靖德．朱子语类．王星贤，点校．北京：中华书局，1986：360-363. 须指出，这里之所以认为其解释略嫌迂曲，是因为《大学》的"好恶"显然是就人情而言，要落实于"四心"以为人情之根据，则必须充实相关的形而上论说，以追究"人情之理"。这中间必须补充若干理论环节。因此，《朱子语类》的相关讨论基本上是依据理学观点展开的，有逸出《大学》文意之嫌。

② 黎靖德．朱子语类．王星贤，点校．北京：中华书局，1986：367.

朱子的解释与郑孔注疏基本一致，未见新意。

总之，朱子的《大学章句》代表了宋代对《大学》的主流解释。他基于理学道德形而上的立场来解释的《大学》政治伦理思想，承接的是孟子仁学的理路。由此表达的儒家理想政治，是在孟子"仁政"的基础上的进一步抽象，是儒家王道政治的理论化，也是现代中国人一般所认为的典型的儒家德治。从内圣外王的观念来看，这种典型的儒家德治要求的是由内圣而外王，是道德的理想来要求实现一种理想的社会政治。相比之下，郑孔注疏所提示的"礼治"或者说非典型的儒家德治，是由外王的需要来要求君主具备相应的圣德。理学所追求的这种内圣外王的理想政治，是以个人道德为根本而展开的。落到现实政治的"德"与"位"的关系来说，是孟子所谓"惟仁者宜在高位"（《孟子·离娄上》），亦如《中庸》所言，"大德者必得其位，必得其禄，必得其名，必得其寿……天之生物，必因其材而笃焉"（《中庸·第十七章》）。按照这种思路，"德"与"位"之间有着内在而必然的联结。这显然是就道德理想的意义上说的，是以"大道之行"为价值预设的。这种理想类型的德治，首先是根植于形而上的道德信仰，是由天道来要求人道，由此来安排一种理想的社会政治秩序。其思考方式是从形而上的价值预设出发，逐步向现实的人生和社会政治领域拓展，以实现其理想要求。

三、阳明心学版诠释中的《大学》政治伦理思想及其德治精神

至少自元代起，朱子对《大学》的理学版诠释在中国传统社会就占据了官方正统的地位。这首先要归功于元代科举设立"四书"科目，并以朱子的《四书章句集注》为经义标准，这种状况虽历代有所调整，但这一科目的大体未变，一直持续至清末。从学术的层面说，朱子的理学版诠释至明代阳明心学兴起，才遭遇真正的挑战。从另一个角度看，对朱子《大学章句》的质疑和诘难，也为阳明心学的兴起及其发展壮大提供了重要的契机，王阳明的一些基本思想也是围绕对朱子《大学章句》的质疑而逐步衍

化出来的①。关于王阳明对《大学》的心学版诠释与朱子的理学版诠释之间的异同，在第一部分已有较详细的论述，这里拟从政治伦理的角度做进一步的比较和概括。

首先，无论是从其最初对朱子格物致知补传的质疑还是最终由《大学问》提出自己对《大学》的诠释来看，王阳明表现出来的问题意识都是伦理的，基本脱离了政治色彩。如果说朱子的《大学章句》仍然保持着儒家内圣外王的政治理想，只是要求由内圣统摄外王，那么王阳明的诠释就是收束于内圣之学，基本未关注《大学》外王的一面。用现在的话来说，朱子对《大学》的理解仍然具有政治伦理的色彩，不过是将伦理与政治理解为"本"与"末"的关系，并且赋予伦理考量的权重要远大于对政治功用的考虑；王阳明对《大学》的关注和发挥则完全在伦理的层面，是要借助《大学》的相关论说来解释关于个人如何修身成圣的途径问题，由此其《大学问》的解释实际上已搁置了政治的维度。

其次，就上一章梳理的《大学》三方面的政治伦理思想来看，王阳明的解释或许只能说集中于以修身为本的观念，未及《大学》的家国同构观念与民本思想。进一步说，王阳明真正关注的也不能说是以修身为本的观念，因为"本"意味着与之相应的"末"，而他所集中探讨的是《大学》的修身工夫及其指向即"明明德"。在此意义上，其所关注的只是由《大学》引出的个人修身以及道德信仰的确立问题。他反对朱子将"亲民"之"亲"改作"新"，强调"养而后教"，似乎有阐发《大学》民本思想的意味。但就代表其最终理解的《大学问》来看，毋宁说他是要由性善之说而强调个人的道德主体性，从而将重心置于自我的道德修养，并淡化具有政治意味的道德教化。当然，这并不意味着他否定外王的一面以及道德对于社会政治的作用，而是说其关注点已收束于个人的道德自主，从而搁置了具有外在规范意味的道德教化问题。

最后，可以从政治伦理的角度来比较朱子与王阳明把握《大学》的理

---

① 关于王阳明力举《大学》古本所产生的影响，参见张艺曦. 明中晚期古本《大学》与《传习录》的流传及影响. 汉学研究，2006（1）：239-246. 另参见沈善洪，钱明. 论王阳明大学观的演变. 学术月刊，1989（11）：31.

路。应该说,两者有大体一致的问题意识,都是要确立儒家道统,进而说明"如何学以至圣人",这是个道德形而上的方向,其归宿则是信仰。不过,朱子在《大学章句》中所呈现的儒学信仰仍具有较明确的政治维度,只是有本末、先后之分。而王阳明《大学问》所指示的儒学信仰实际上已完全生活化,或者说是一种搁置政治维度的个人生活信仰;就其中略去对个人政治和身份的考虑而言,也可说这是一种完全平民化的信仰。也因此,王门后学王畿一系是沿着这一方向的进一步发展,其终近乎宗教或禅宗[1]。

总体上看,《大学》政治伦理思想随着时代的变化而呈现不同的面貌,郑孔注疏、朱子的《大学章句》,以及王阳明的《大学问》分别可视为汉唐、宋代和明中叶之后具有代表性的理解。就其发展脉络来看,汉唐时期的解释具有浓厚的政治伦理意味而以政治社会的面向为主导;至宋代则呈现出具有根本性意义的转向,这种转向发展至王阳明这里似乎才得以完成。如果把政治伦理视为政治与伦理这两个维度的结合,那么或许可以把这一思想发展过程理解为一个以政治维度占主导而转向伦理维度的谱系。其中宋代理学的兴起可以说是一个重要的转折点:由于儒家道统问题的提出,对《大学》的定位及其政治伦理思想的理解转向了道德形而上的方向,此后理学对《大学》的主流解释似乎表现为一个"去政治化"的发展过程。说到底,如朱子《大学章句序》所言,在理学背景下,《大学》文本虽显然包含着关于儒家政治理想的叙述,却被定位为"圣学入德之门",其后才表现"国家化民成俗"之意,沿着理学这样的问题意识及其对《大学》的定位,这种"去政治化"过程似乎是可理解的,也正是在此意义上,王阳明的《大学问》可视为这一发展的完成。就《大学》被视为表达儒家政治理想的经典来说,这种发展似乎与《大学》文本的内容不相应[2],但从诠释的"效果历史"来说,思想家不是为诠释而诠释,而总是在其诠释中融入面向时代问题的意识。因此,要真正理解《大学》政治伦

---

[1] 彭国翔.良知学的展开:王龙溪与中晚期的阳明学.北京:生活·读书·新知三联书店,2005:491-504.

[2] 宋末真德秀的《大学衍义》以及明中期丘濬的《大学衍义补》,在一定意义上也是看到了理学解释的这一缺憾,从而补充了一些关于《大学》"外王"侧面的解释;而如第一部分最后的总结所述,清初陈确作《大学辨》,从另一个侧面说明了这一问题的存在。

理思想的这一历史流变，还必须结合相关的社会史来分析。

第二节　德治的传统：对《大学》政治伦理思想的社会史分析

《大学》是表达儒家德治思想的经典，但如上一节所述，由《大学》诠释所呈现的儒家德治精神并非一成不变，而是随着历史发展而不断演进。究其实，每一时代都有其需要解决的主要问题，思想家必须面向这一主要问题，基于相应的理论自觉，进而把握时代的精神，最终做出有效的回应。这样看来，德治作为儒家深厚的政治思想传统，并非一套抽象的观念体系，而是具体历史的。也因此，要把握由《大学》而诠释出来的德治思想因时而变的发展脉络，仅做思想史的梳理还不够，还必须从社会现实与观念互动的角度有所描述，这个角度可称作社会史的视角。只有从社会史的角度做进一步分析，才能理解和把握儒家的德治传统在某一时代如此而非如彼的深层脉动。当然，由于各朝代社会史的复杂性，这里不可能一一详论，而只能选取与《大学》诠释特点相关的两个重要时期即汉代和宋代为关键点，力求在突出重点的同时以点带面，从大体上说明《大学》政治伦理思想，进而勾勒出儒家的德治传统随历史发展而演变的轮廓。

需补充说明的是，《大学》文本及其诠释始于汉代，但儒家的德治传统此前已有相当的发展。这里先简要交代儒家德治的源头。

西周时期已有德治传统的萌发，后世称作"礼制"。其主导的社会治理观念为"明德"，这在当时的文献中时有表述，如"克明德"（《尚书·康诰》），"予怀明德，不大声以色"（《诗经·皇矣》）。依据这种观念，王室与诸侯推行封建宗法制，即"礼制"，后世将之解释为以"亲亲""尊尊"为精神、以血缘为纽带、以关系亲疏和政治职位为次序的一套社会组织方式（参见《礼记·大传》）。

东周时期的德治传统主要由儒家继承，呈现为观念的形态，并未付诸政治实践。在孔子那里，它是以"仁"与"礼"为核心的一种政治理想；

孟子基于王道理想，要求一种关切民生的人道政治，展开为"仁政"学说；荀子则发展了孔子关于"礼"的观念，提出旨在"明分使群"的制度设计，并发展出一套较完备的政治伦理思想。但总体上说，先秦儒家的德治观念只是众多政治观念中的一种，主要在一般士人和民间发挥影响，在现实政治中并不得势。

一、"礼治"：汉代儒家在政治与思想领域的表现

应该说，先秦儒家的德治观念至汉代才在现实政治中有所表现，这是与汉代面临的主要问题息息相关的。汉代是一个从封建制向郡县制转型的时期，其立朝之初首先要解决的焦点问题即是制度建设，包括要建立怎样的政治体制和政治组织。

从东周封建制开始解体到汉代郡县制的最终确立，经历了一个复杂而漫长的历史过程①。周初封建制的建立，是以血缘为纽带、以宗法组织制度为支撑的。周初建诸侯封土地，姬姓诸侯占据绝大多数②。可以说，封建制在周初取得良好效果，是依靠血缘关系产生的政治凝聚力，离不开宗法制的支持。秦国在东周时期属于居少数的异姓诸侯国，至战国时期商鞅变法，开始全面实行县制。秦始皇一统天下，于全国推行秦制亦即郡县制。这是一种皇帝专制的政治，其政治组织方式不再依赖于血缘关系，而是以中央集权、层层行政控制为特征。秦始皇统治期间有两次廷议，其中有大臣建议恢复封建制，但秦始皇听从了李斯的反驳意见而予以拒绝。秦汉之际，项羽有一段仅持续五年的称霸时期。其间他分封十八王，全面恢复封建制，不过这些诸侯王都是异姓，与项羽没有血缘关系。项羽的统治不久就因战乱而崩溃，封建制的这次恢复并没有取得良好的政治效果。但无论是秦始皇实行郡县制还是项羽恢复封建制，两者所建立的王朝都相当

---

① 本段的论述参考了管东贵．从宗法封建制到皇帝郡县制的演变：以血缘解纽为脉络．北京：中华书局，2010：85-111．

② 按照《荀子·儒效》的说法，周初封诸侯七十一，其中同姓的也就是与天子有血缘关系者占五十一；《左传·昭公二十八年》的说法是同姓诸侯有五十五。

短命。尤其与周代享祚八百余年相比更是如此。因此，政权的维持问题，其关键似乎不在于是实行封建制还是郡县制，而是要探究周代与封建制相配合的血缘组织和宗法制。

这一制度的选择和重建问题，直接关系到政权和社会秩序的稳定。对此，汉初一方面未做出明确的选择，而大多采取以维持稳定为要务的权宜之计，另一方面奉行休养生息的安民政策，以安定人心。汉高祖刘邦既没有像项羽那样全面恢复封建制，也没有全面推行郡县制，而是实行局部的封建制。并且封侯者除卢绾外，均为自家子弟，其目的在于通过血缘关系带来的政治凝聚力，以骨肉亲情为纽带达成守卫相护、巩固皇权的效果①。应该说，刘邦的这一做法，乃基于权衡历史经验尤其是前朝短命之教训。关于秦亡之教训，贾谊在《过秦论》中提出了一种颇有影响的解释，即秦政刻薄寡恩而失民心。从制度的角度看，这种刻薄寡恩的印象，不一定全是由于郡县制或法家主张的"吏治"，而有相当一部分是由于放弃带有血缘性质的宗法制及其观念。因此，刘邦的局部封建制其实是要借用血缘带来的宗法凝聚力（"亲亲""尊尊"）以稳定政权，其他方面则基本沿用秦制。但这种宗藩的方式同样产生了威胁政权根本的问题，文、景、武三代诸侯王叛乱的情况屡有发生。如何裁抑宗藩反成为焦点问题，而至武帝时采取的裁抑之法是，宗藩仅享受优厚的经济待遇，而不得参与政事，无相应的政治权力。另有连坐之法以加大防范的力度②。

基于上述背景，汉代初建期的主要问题聚焦于制度建设，其困难在于：其一，秦朝的短命表明，在全国范围内单单推行郡县制，而不辅之以凝聚人心、稳固政权的政治组织制度，这样的皇帝专制型政权难以持久。其二，封建不可复，郡县制乃大势所趋。推行的无论是异姓还是同姓诸侯分封制，都各自有其难以克服的弊端。其三，直接以血缘纽带为基础实行

---

① 刘邦政权初建之时，曾迫于先前承诺和其时形势，将一部分地区封给异姓诸侯王，但不久除长沙王外全部诛除，并与大臣约盟说，"非刘氏而王，天下共击之"（《史记·高祖本纪》）。另参见管东贵. 从宗法封建制到皇帝郡县制的演变：以血缘解纽为脉络. 北京：中华书局，2010：89。

② 管东贵. 从宗法封建制到皇帝郡县制的演变：以血缘解纽为脉络. 北京：中华书局，2010：100。

局部封建制，也难以产生持久的政治凝聚力，反而造成相互猜忌、尾大不掉的困局。在此情况下，儒家的德治传统似乎有了用武之地，因为其核心价值"仁"与"礼"均脱胎于宗法制背景，可视为"亲亲""尊尊"的宗法观念的抽象和升华。实际上，汉初儒生贾谊就规劝高祖要"马下治天下""以礼义治天下"，这是继承其师荀子"礼治"的理路①。叔孙通则为高祖制朝仪，使高祖厌恶儒生的态度有所改观。不过贾谊的主张并未受重视，叔孙通的工作对于汉初政治也只是起到有限的缘饰作用。

董仲舒的"举贤良对策"亦即"天人三策"，得到了武帝的认可，武帝进而接受其建议，推行"罢黜百家，独尊儒术"的文化政策，由此儒家的德治思想开始正式在汉代政治生活中发挥作用。其中表现的德治思想基本是承接荀子礼学的思路。这一点从董仲舒的"天人三策"可见端倪，其相关的主要观点可概括为四：一是以天人感应说明王者得天命的缘由；二是《春秋》大一统，尊王攘夷；三是推尊孔子，贬抑百家之说；四是立太学，以作为选拔和任用人才之重要渠道（参见《汉书·董仲舒传》）。应该说，前两点有利于说明皇权或者专制政治的合法性，增强了其政治凝聚力，从而在一定程度上为解决困扰汉初政治的制度选择难题提供了新思路。这一思路也源自宗法观念，但突出的是不依赖于血缘关系的"尊尊"之义，讲究的是"亲亲之杀，尊贤之等"（《中庸·第二十章》），无需以封建制或宗藩的方式来落实。这种思路根本上是在荀子礼学基础上的发挥。尤其是"大一统"和"尊王"的观念，与荀子描述宇宙万象和尊君观点蕴含的秩序意识是一脉相承的。这种秩序意识可以说就是礼的精神。后两点主张为武帝所采纳，为汉代礼学大兴提供了重要的契机。

可以说，董仲舒是儒家德治思想在汉代得以运用的关键人物，也是引领儒家学说沿礼学方向发展的一代宗师。他所主张的也是一种类型的德治，亦即"礼治"。它一方面有别于周代以封建宗法制为基础的"礼制"，另一方面在荀子礼学的基础上有所改造和发挥。其要可概括如下：

其一，这种礼治首重制度建设，主张新王必改制作乐。不过与荀子不

---

① 陈苏镇.《春秋》与"汉道"：两汉政治与政治文化研究.北京：中华书局，2011：137.

同的是，董仲舒强调改制作乐要建立在不变之"道"的基础上。董仲舒所说的"道"，是指"奉天而法古"的"《春秋》之道"，是基于伦理的中国文化精神①。那么董仲舒对"无易道之实"的强调，实际上要坚持政治制度建设的精神必以伦理为根基，实现出来的政治状态总体上必须是合乎道德的。

其二，从天人关系的角度看，这种礼治是在一种气化宇宙论的背景中展开的。这种气化宇宙论，就其思考方式而言是天人相类②，其得出的论点则是天人感应。天人相类是从形质上说，虽然涉及形而上层面，其思考方式大抵却是经验的。汉代天文学的发展，与这种气化宇宙观不无关联，如东汉张衡发明浑天仪以及《月令》的历法及其宇宙图式③，即是以此世界观为背景的④。这种世界观就其基调而言与荀子一致，是强调宇宙的和谐有序，突出合乎"礼"的秩序意识。落到政治上说是强调"尊尊"的秩序，一方面说明王权在人间的至高无上，并点出王权合法性的来源；另一方面也透出以"天"或"天命"来约束王权之意，尽管这种约束并没有可靠的制度保障，但对于董仲舒由天人感应的关系进而发展出"春秋灾异"说，也起到了一定的效果。

其三，就具体的政治人事来说，董仲舒强调"正名"⑤，这是礼治的精神在政治生活的落实。礼是要"别同异，决嫌疑"的，因而董仲舒又倡导"春秋决狱"，以为判断政治事务之法。

其四，董仲舒提出"性三品"说，为政治领域的道德教化张目。董仲舒根据孔子的相关论说，认为人性分"生而知之"的"圣人之性"、"学而知之"的"中人之性"，以及"下愚不移"的"斗筲之性"三个层次。道德教化即针对绝大多数人禀有的中人之性⑥。由此他和荀子一样，强调道

---

① 苏舆．春秋繁露义证．钟哲，点校．北京：中华书局，1992：14-18.
② 张岱年．中国哲学大纲．北京：中国社会科学出版社，1982：174-175.
③ 夏世华．周秦之际的月令政治模式及其政治理想：以《吕氏春秋》和《周礼》为例．北京：人民出版社，2021：2-7.
④ 鲁惟一．汉代的信仰、神话和理性．王浩，译．北京：北京大学出版社，2009：54-55.
⑤ 苏舆．春秋繁露义证．钟哲，点校．北京：中华书局，1992：284-288.
⑥ 苏舆．春秋繁露义证．钟哲，点校．北京：中华书局，1992：310-313.

德教化的必要性,但他承认有极少数"圣人之性"的存在,从而比荀子更好地说明了善的来源以及道德教化的可能性问题。

董仲舒的这些观念可以说为汉代儒家政治伦理思想奠定了基调,其总体路向是承接礼学而开出"礼治",主要面向政治生活来发挥作用,又以其中的制度建设问题为焦点。其后两汉经学及汉末政论的兴盛,可理解为沿着这一路数的展开。同时由董仲舒发端的儒家礼治进路对于汉代的政治现实也产生了相当大的影响,一个显见的标志是除盐铁会议外,此后又召开了专门讨论儒家经义的重要会议,即石渠阁会议和白虎观会议,这两次会议都带有浓厚的官方色彩,分别由汉宣帝和汉章帝主持。"礼治"对汉代一些制度的设置也有重要影响。例如汉代选官采取察举制度,分四科,而以举贤良和举孝廉为主,其中包含了"以德取士"的考虑,也为儒生参政提供了基本渠道①。

基于上述背景,对于上一节所梳理的《大学》经学版诠释中的政治伦理思想,可以做个进一步的简要说明。

其一,就以修身为本的观念而言,经学版诠释主要将之理解为道德教化,其中道德之指向和目的主要是其社会政治作用,而不是要探究道德自身的根源或个人生活的意义和归宿。这与董仲舒在其"性三品"说中所提示的方向是一致的。

其二,从《大学》文本及其成篇的先秦时期来看,其家国同构的观念显然带有浓厚的封建宗法制色彩,但经学解释淡化了其中以血缘关系为基础的"亲亲"观念,而突出以"尊尊"观念为背景的"恕道"和絜矩之道,也可说是带有宗法色彩的礼义精神。这应该是与前面所述的汉初政治状况相应的。需指出,对于家国同构中的血缘因素和亲亲观念,经学版诠释只是淡化,并非直接而完全的否定。就现实政治而言,血缘因素仍以各种微妙的方式发挥作用。如有学者指出的,随着汉代由封建制向郡县制的转型,"血缘成了政治上既不可缺又不可取的东西。这种取舍两难的情形我称它为'血缘情结'。当封建与郡县统合为一体后,'血缘情结'即像幽

---

① 阎步克.察举制度变迁史稿.北京:中国人民大学出版社,2009:6-9.

灵一般随封建部分潜藏于此双轨一体的皇帝制中"①。又如汉代重孝道，并推出表彰孝子的相关制度，这虽然离不开对血缘关系这一背景的考虑，但其实政治上重视的是行孝道对于维持社会秩序的作用，以及"孝"与"忠"的规范相似性及其政治意义②。

其三，对于《大学》的民本思想，经学版诠释所重视的是其中具有道德教化意义的"修己以安百姓"，以及"藏富于民"的制度理念。重视道德教化和制度建设，可以说是汉代儒家"礼治"的基本内容，对《大学》的经学版解释正是沿着这一理路展开的。

总之，汉武帝以降，儒家的德治观念似乎得到了重视，并呈现为"礼治"的类型，《大学》的经学版诠释正是沿着"礼治"的方向展开的。但正如"独尊儒术"这一说法所提示的，儒家德治观念实际得以采用的是"术"，而不是"道"。从政治伦理的角度说，汉代儒家在政治维度的表现有余，而在伦理维度的表现则相当不足。儒家这一"礼治"类型的德治观念作为一种从上到下推行的国家意识形态，很难说已深入人心。沿迄汉末，甚至是士人也普遍认为，儒学主要在社会政治的表层发挥作用，在价值观等更深的层面佛道更具优势③。汉代儒家的这种"礼治"形态，伦理方面说强调"正名"以定名分，重视道德教化以维持基层社会秩序的稳定。汉代儒家的这种思想取向，带有浓厚的政治色彩，故也被称为名教。魏晋玄学的一个主题即是名教与自然的关系，其中名教指儒家，自然则代指道家。对两者关系的探讨，实际上是要追究儒道之同异。

值得注意的是，东晋时期士族势力大兴而门阀政治一时占据主导。这些势力大多由权臣发展壮大而建立，但其本身却依赖于血缘组织，其内部则是以封建宗法精神来维持的④。这一方面说明，在皇帝专制的传统政治背景下，《大学》家国同构观念中的血缘因素难以消除，因为就其政治现实而言，王权实际上是以"家天下"的方式发挥作用的。另一方面也表

---

① 管东贵. 从宗法封建制到皇帝郡县制的演变：以血缘解纽为脉络. 北京：中华书局，2010：111.
② 汪受宽. 孝经译注. 上海：上海古籍出版社，2004：前言 20-21.
③ 钱穆. 国史大纲：修订本. 北京：商务印书馆，1996：221-224.
④ 田余庆. 东晋门阀政治. 北京：北京大学出版社，2009：315-325.

明，儒家"礼治"缺乏深层次的理论支撑①，因而大多只能在社会政治的表层发挥作用。总体上说，儒家被视为"名教"的形象，直至唐代也未发生根本改变。皇帝仍认可并重视儒家"礼治"在社会政治生活中的作用，如唐玄宗亲自为《孝经》作注。此外，唐代皇帝大多信仰佛教，如唐宪宗亲迎佛骨即是其鲜明的表现，这说明在价值观和信仰领域儒家无能为力，或至少其作用是不被认可的。因此，发端于汉代经学以"礼治"为根本的儒家，一般被称作"教化之儒"。

二、基于道统的王道政治：宋代政治和思想背景下的儒家德治

宋代承唐五代之乱而建立。宋太祖有鉴于唐五代均为短命政权之教训，在立朝之初即提出"事为之防，曲为之制"的宗旨，也就是要防微杜渐，防范的重点是内患，而不是外忧。这种指导思想表现出来，则是强调"祖宗之法"，即"较为具体的前代帝王施行之律令条法"②。落到政治导向上说是要重文抑武。"重文"是依靠文人主政，来维系基本政治组织的运作以及社会秩序的稳定；"抑武"则是贬抑武将的地位及其政治影响，以防止他们利用地方的军事力量来反抗中央政权。总体上说，宋代政治的趋向是保守内敛的，专注于国内的行政完善和秩序稳定③。

基于上述政治指导思想，宋代逐步发展出一套较为完备的文官制度，形成了一种以维持中央集权为目的、主要由文臣来实施的行政制度。据考证，宋太祖曾有密约，承诺轻易不杀大臣及言官④。太祖立国之初，即任

---

① 董仲舒虽然对王权的合法性做出了一定的论证，但从理论上说仍有相当的不足。这突出表现在其气化宇宙论方面，按照他所描绘的宇宙生成模式，宇宙或天道所指示的不是一个以义理来建构的世界，而是带有机械的色彩。换句话说，这是一种"无机"而非"有机"的世界，由此难以说明社会人生的意义来源等价值方面的问题。
② 邓小南. 祖宗之法：北宋前期政治述略. 修订版. 北京：生活·读书·新知三联书店，2014：38.
③ 刘子健. 中国转向内在：两宋之际的文化转向. 赵冬梅，译. 南京：江苏人民出版社，2012.
④ 朱瑞熙，程郁. 宋史研究. 福州：福建人民出版社，2006：19-20.

命文臣出任地方各级行政长官如"知州军事""知县"等①，由此以文官为主的行政管理与社会治理体系已见雏形。宋太宗一方面加强"文治"，推出了扩大科举、设立崇文院等措施；另一方面不断削弱武将的兵权，以防范地方军事力量的增长②。如此看来，宋代政治的主要特点即是其文官制度，而这种制度的枢纽则在于士大夫阶层与君权之间的张力③。由此形成了一种新的政治格局，或者说一种新的中央集权形式的皇帝专制④。

与宋代以前的皇帝专制相比，宋代之"新"主要表现在如下两点：一是宰相权力严重弱化。宋以前相权仅次于君权，而宋代相权已削弱到前所未有的程度：宋代宰相无权干预兵事及国家财政，甚至无议政权⑤。这也表明，宋代重用和优待文臣，很难说是出于对儒家观念的认同和重视，而首先是出于防范内患的需要。

二是出现了新的士大夫阶层。与汉唐时期相比，宋代的士大夫阶层表现出不同的特点：宋代的士大夫阶层主要由儒者构成，而此前尤其是汉代的士大夫多兼有儒法两家的性格；宋代的士大夫大多通过科举渠道而来，其中不少出身于平民，而此前的士大夫大多出身于贵族，魏晋时期的士大夫则往往有门阀士族作为背景。与士大夫的上述特点相应，宋代也是书院的复兴与民间议政之风兴盛的时期。

结合思想界的状况来看，主要通过科举取士而不重出身、削弱相权这两点，其本意或许是鉴于此前政治的教训，要削弱士族，瓦解地方军事与政治势力，但它们与文治为主的策略相结合，却有利于促生士大夫阶层的

---

① 钱穆. 国史大纲：修订本. 北京：商务印书馆，1996：525-526.
② 朱瑞熙，程郁. 宋史研究. 福州：福建人民出版社，2006：23-24.
③ 余英时. 宋明理学与政治文化. 长春：吉林出版集团有限责任公司，2008：11-13.
④ 也有学者称宋代为"王权再建时代"。参见陶希圣. 中国政治思想史. 北京：中国大百科全书出版社，2011.
⑤ 朱瑞熙，程郁. 宋史研究. 福州：福建人民出版社，2006：130. 另参见钱穆. 国史大纲：修订本. 北京：商务印书馆，1996：554-555.

精神自觉及其在政治领域的人格独立性，使"他们已隐然以政治主体自待"①。这种精神自觉突出表现在理学的"道统"上，其政治作用则在于"一方面运用上古'道统'的示范作用以约束后世的'骄君'，另一方面则凭借孔子以下'道学'的精神权威以提高士大夫的政治地位"②。就此而论，这两点新动向及其制度安排，意在削弱相权乃至整个士大夫阶层的权力，从而达成尊君专制的效果；政治主体意识得以突显的士大夫阶层则要求提高其政治地位和增加其权力，在理想意义上甚至要求以道统来约束君权。由此形成两者的紧张关系，这可以说是贯穿宋代文人政治的一个突出表征。

儒家道统说不仅对儒家士大夫在政治领域如何表现起到了重要作用，而且其本身也是宋代理学的基本论题。这样看，要理解《大学》理学版诠释中的政治伦理思想及其德治趋向，就有必要了解儒家道统说的相关发展。约其要如下：

其一，唐代韩愈最先提出儒家道统说，其本意在于抗衡佛教的影响以坚持儒家作为中国本土文化的主导地位，蕴含着浓厚的排佛意识。他在《原道》中说：

> 夫所谓先王之教者，何也？博爱之谓仁，行而宜之之谓义，由是而之焉之谓道……斯吾所谓道也，非向所谓老与佛之道也。尧以是传之舜，舜以是传之禹，禹以是传之汤，汤以是传之文、武、周公，文、武、周公传之孔子，孔子传之孟轲。轲之死，不得其传焉。荀与扬也，择焉而不精，语焉而不详。

由此可见，韩愈的道统说，是针对佛教衣钵相传的方式，提出儒家也有以"道"相传的传统。也就是说，作为中国思想的主流，儒家有其属于自身的信仰，也有其代代相传之道，因而无需借助外来的佛教来解决信仰问题。可以说，韩愈的道统说是要以儒家的精神来解决中国人的信仰问题，

---

① 余英时．宋明理学与政治文化．长春：吉林出版集团有限责任公司，2008：13．这一点在宋代名儒身上有鲜明的表现，如范仲淹提出作为士人要"先天下之忧而忧，后天下之乐而乐"，文彦博认为君主应该"与士大夫同治天下"，程颐则指出"天下安危系宰相"。

② 余英时．宋明理学与政治文化．长春：吉林出版集团有限责任公司，2008：37．

从而一反汉唐时期人们对儒家的一贯印象，即儒家的作用仅限于社会政治的领域，对于个人安身立命等信仰问题则无所作为。也因此，他认为，汉唐时期得以发展的荀子礼学路数并非儒家正统，而孟子才是儒家最后的正宗传人。

其二，北宋理学沿着韩愈道统说所提示的线索，提出重建儒家道统的任务，并从承接孟子仁学的理路入手，发展理学的道德形而上体系。北宋五子大多曾浸淫于佛教，故他们"逃禅归儒"之后多能以"入室操戈"的方式，在抗衡佛教影响的同时"援佛入儒"，取佛教之优长，转而建立理学的心性体系，进而提出相应的道德修养方法。禅宗有"传心灯"之说，理学则从《尚书·大禹谟》引出"十六字心传"①。孟子只是点出性善有其形而上的根源，留下一些关于"心""性""天"的话头；理学开山周敦颐则借助《易传》和《中庸》的相关观念，推演《太极图》，从而把孟子的这些话头贯穿起来，以建立理学的宇宙生成图式，说明"人皆有成圣"的能力、"圣人可学而至"的儒家信仰。二程提出"理"的观念，以作为理学性理系统的核心；又编辑"四书"，以提示"学以至圣人"的路径。邵雍、张载也分别从"易"之先天后天说、"气"与"理"及其关系的角度来阐发理学的道德形而上学。

从思想史的角度说，北宋理学是要接续孟子的理路，通过确立儒家的道德形而上学而发挥儒家在信仰领域的影响。从政治伦理的角度看，理学则是要救汉唐儒学重政治而轻伦理之偏失，以全面确立儒家学说在中国文化中的主导地位。也因此，北宋理学家不仅致力于对形而上信仰的理论追求，也对政治表现出较强的现实关怀。二程与北宋变法的推行者王安石往从甚密，对于王安石变法的主张，二程始于支持而终于批判。其批判所依据的立场则是儒家道统说，由此认为王安石变法所推行的其实属于功利取向的"霸道"，而不是孟子"由仁义行"的王道。程颐还曾经在崇政殿为宋哲宗讲经，一定程度上扮演着孟子所谓"帝师"的角色。张载更是关注现实社会政治制度的重建，不过其所秉持的不再是荀子的礼学理路，而是孟子仁学的理路。为此，他提出应该建立新宗族，以复兴周礼蕴含的宗法

---

① 朱熹. 四书章句集注. 北京：中华书局，1983：中庸章句序 14.

精神。同时他沿着孟子的思路，提出恢复井田制，以作为基本的政治经济制度。在张载看来，井田制体现了儒家道统的精神及其政治理想。二程也有类似的想法，因而他们一起多次讨论关于如何恢复井田制的问题①，张载还一度打算买田来做小范围的试验②。

其三，对于确立儒家道统的任务，北宋理学家已着手进行，并积累了大量的理论成果，其最终确立则要归功于朱子。首先，朱子对北宋五子的相关论述做系统的整理，并与史学家吕祖谦合编《近思录》以总结北宋理学的成果。其次，朱子作《四书章句集注》，基于理学的立场对"四书"做出了全面而深入的诠释，从而为确立儒家道统奠定了文献基础。最后，朱子在综合北宋理学观念的基础上，对道统相关的问题做出了全面的解答。其中，朱子对《大学》的诠释用功最多，可以说代表了宋代理学对《大学》较为成熟的诠释。

朱子也对政治抱有强烈的现实关怀。他同情王安石变法，主张社会改良，其改革方案之要为"变科举、均田产、振纲纪、罢和议"③。不过，做出这些主张的理由乃基于理学或者说孟子仁学，而不是荆公新学。这一点在其关于"均田产"的主张中有鲜明的体现：

> 土地者天下之大本也，《春秋》之义，诸侯不得专封，大夫不得专地。今豪民占田或至数百千顷，富过王侯，是自专封也。买卖由己，是自专其地也。（朱熹：《朱文公文集·井田类说》）

"正经界"正是孟子所强调的"仁政"之始。朱子同样强调这一点，而且其理由与孟子相似，是基于《春秋》的宗法之义。不过，朱子虽然出于亲亲之仁的宗法精神来批评土地兼并、贫富不均，但并不像张载和二程那样主张恢复井田制，而是认为制度应该因时而变。他说："封建井田，乃圣王之制，公天下之法，岂敢以为不然！但在今日恐难下手。设使强做得

---

① 程颢，程颐. 二程集. 王孝鱼，点校. 北京：中华书局，2004：110-111.
② 吕大临. 横渠先生行状//张载. 张载集. 章锡琛，点校. 北京：中华书局，1978：384.
③ 萧公权. 中国政治思想史. 北京：新星出版社，2005：337.

成，亦恐意外别生弊病，反不如前，则难收拾耳。"① 也就是说，他认同井田制蕴含的伦理精神，但认为不能拘守制度的形式，恰当的做法当是将古法的精神与现实条件相结合，从而建立新的土地制度。

总之，到了朱子这里，与儒家道统相关的观念已得到较全面的说明，并对于政治社会各方面产生了重要的影响。从政治伦理的角度说，以朱子为代表的理想政治是以伦理为基础和旨归的，或者说是为道统所规定的。具体地说，这种理想意义上的"德治"，就是孟子所谓王道政治的展开，落到现实来说即是"仁政"。它以性善为根据，是君主仁心的发挥，即"以不忍人之心，行不忍人之政"（《孟子·公孙丑上》）。道统的建立，为孟子的性善论提供了充分的形而上解释，并点出了道德的最终根源。也因此，理学所主张的"德治"，强调君主的道德用心，坚持政治指导思想的出发点必须是道德的，由此才能实现合乎人道，根于人性的理想政治。从这样的观点看，汉唐儒家所主张的"礼治"，其取向是外在于人的制度和规范，其出发点则是功利类型的"霸道"。因此，朱熹在论及汉唐政治时说："千五百年之间……其间虽或不无小康，而尧、舜、三王、周公、孔子所传之道，未尝一日得行于天地之间也"。（《朱文公文集·卷三十六·答陈同甫书》）朱子这里所谓"小康"政治，实际上是指如陈亮等功利主义儒家所认同的汉唐鼎盛期的政治。而朱子认为这种"富强"的政治，并非儒家所主张的理想政治，这一判断显然是基于理学所谓儒家道统而做出的。

进一步说，在理学道统意识下呈现的儒家德治，是沿着孟子仁学理路展开的。这是一种由理想道德来规定现实社会政治生活的德治形态，可分三个层次来说。

其一，从形而上的观念层次上说，其理论出发点是说明人乃至万物同出一源，都禀有天地之性这一纯善之根源，进而结合气质之性的说法，指出其中只有人这一物种才能充分发挥这一纯善之根源，从而肯定每个人都禀有充分的道德潜能，皆可"学以至圣人"。这一善的根源，就其价值内容而言是"亲亲"之仁，是天、地、人、物同出一源，在本源或理想的意

---

① 黎靖德. 朱子语类. 王星贤, 点校. 北京：中华书局，1986：2680.

义上相互之间是亲和的关系，是可感通的。这一点在张载的相关说法中表现得尤为分明：

> 乾称父，坤称母；予兹藐焉，乃混然中处。故天地之塞，吾其体；天地之帅，吾其性。民吾同胞，物吾与也。
>
> 大君者，吾父母宗子；其大臣，宗子之家相也。尊高年，所以长其长；慈孤弱，所以幼其幼。圣，其合德；贤，其秀也。
>
> 凡天下疲癃残疾、惸独鳏寡，皆吾兄弟之颠连而无告者也。于时保之，子之翼也；乐且不忧，纯乎孝者也①。

与上述分段相应，张载的论述可分为三个层次。第一段即为后世所称道的"民胞物与"是观念的层次，其基本含义在于在肯认天地人物同出一源的意义上将整个宇宙视为一个大家庭，个人与宇宙各种存在者之间有着亲疏有序的亲和关系。这种宇宙一家的图景正是基于理学的道德形而上学来描绘的。之所以呈现如此图景，可以用朱子的"理一万殊"来解释：就其根源处说是由于"理一"，就其亲疏之序而言则是"万殊"。宇宙整体和谐一家的理想状态，则是"亲亲"之仁的体现②。第二段可理解为政治生活的层次。在张载看来，理想的政治生活虽有名义上的君臣、君民之分，但从情感上说应该将彼此看作亲缘关系，组成一个充满关爱的大家族。其中圣贤是仁德之表现充分或突出者，也可以说是将这种天下一家的仁爱精神予以充分发挥者。第三段则是社会生活的层次。其理想状况是以孝悌为根本来组织生活，对于社会弱者则应抱有恻隐之心并予以相应的关怀。这三个层次，可以说分别是张载理想意义上的宇宙图景、政治图景和社会图景，其中的宇宙图景其实就是理学的道德形而上图景，是个人修身所要达成的理想道德境界，儒家的道统或信仰也是由此而得以说明的。这里张载将宇宙、政治、社会人生贯通起来讲，观念上说是突出"仁"的精神，就其实现或组织层次上说则表现出了宗法的"亲亲"之义。宋代理学家一般都认同张载在观念层次上描绘的"民胞物与"的宇宙理想图景，其中显示的儒家信仰，

---

① 张载.张载集.章锡琛，点校.北京：中华书局，1978：62.原文为一整段，这里为方便分析，分三段来引用。

② 朱熹.西铭论//张载.张载集.章锡琛，点校.北京：中华书局，1978：410-411.

是他们出于维护道统而共享的；但对于后面两个层次的说法，理学家们的认可度并不高，因为大多数理学家并非如张载一般主张恢复宗法制。

其二，落到治国之道上说，理学家重视王霸之辨。二程就是根据这一点来批评王安石变法的。在给宋神宗的上疏中程颢对此做了较为充分的说明①，其要大体可概括为三点。(1) 王道与霸道是两种有根本区别的政治之道，其根本区别在于两者的出发点迥异："王道如砥"，出自公心，本质上说是一种心怀天下苍生的仁心；霸道则出自私意，旨在谋一家一姓之私利。(2) 王道是"极人伦之至"，可"创法垂统"，因而具有超时空的永恒意义，是长治久安之道；霸道则是"依仁义之偏"，虽可能侥幸有所成但不可能成为政治持久安定的常法，而且霸道往往假借仁义之名，与王道偶有形似但实则神离，因而在不利于王道真正呈现的意义上是一种乱政之道。(3) 实现王道政治的关键在于"审其初"，也就是君主的用心、努力的方向。这也就是要求君主加强个人道德修养，养成仁德，这样才能"发政施仁"，成就一种理想类型的德治。这种德治不同于汉唐儒家所推崇的"礼治"，在二程看来，后者只是一种出于功利心的政治，属于"霸道"②。朱子也注重王霸之辨，其观点与二程相似，在与陈亮关于王霸义利的辩论中有鲜明的表现。

其三，在政治与社会秩序的层面，理学所主张的德治，首先呈现出一种圣君贤相的政治格局，然后是社会基层德教风行的文化面貌，由此构成一种以理想道德为基础、逐步扩展而有序的社会政治秩序。

在理学看来，这种秩序是根据理想道德的要求，是根据每个人的才能来确定他们在这一秩序中所处的位置、应负的职责，以及发挥的作用的；其中的才能首先是指个人的德性，因而简单地说就是要"以德配位"。分开说，作为天子，圣君当"以德配天"，要有"内圣"的至高之德，达到"仁者"的境界，才能建立"外王"的事功，也就是成为王道政治的主导者。"贤相"在理想意义上也应该具备仁者的道德境界，不过在德治的政治格局中强调的是一方面他要劝谏、辅佐君主，使之坚持仁道的方向；另

---

① 程颢，程颐. 二程集. 王孝鱼，点校. 北京：中华书局，2004：450-451.
② 程颢，程颐. 二程集. 王孝鱼，点校. 北京：中华书局，2004：1213.

一方面是要总揽政治事务，要有用人处事的才能。或许可以这样来理解，作为天子，圣君负责的对象是"天"，要具备领会纯善之天意的能力，从而应该达到"天德"的道德境界。面向王道政治的实现来说，他首先是要做好人格榜样，起到精神领袖的作用。在政治生活都走上正轨的理想状态下，他是"无为而治"的，只需"恭己正南面而已"（《论语·为政》）。贤相的负责对象则是君主，在敦促君主道德修养、完善人格的过程中一定程度上要起"帝师"的作用，因而也需要达成至高的仁者境界；不过，他在政治生活中所表现的道德，不是如君主一般面向形而上的"天"，而是要在总体上把握政治的导向。当然，这并不妨碍他具备形而上的道德自觉，在相当程度上还必须具备这样的自觉，才能真正处理好政治事务。

扩展到整个政治组织或治理体系来说，德治可理解为以圣君贤相为榜样或模板来推进的。宋代的"文治"系统实际上是一种层层负责、环环相扣的纵向治理体系，也可以说是现代所谓"官僚制"的初步形态。理学理想中的德治其实是以此为背景的，那么以圣君贤相为榜样，也就意味着每一层的上下级关系都是按此模式逐步展开的。不过，这只是就组织形式说的，就德治的实质意义说，其关键在于这一系统中的每一位为政者对于与其职位相应的政治责任，都是积极主动地承担，而不是消极被动地承受。质而言之，德治要求每一位为政者以相应的道德自觉去积极履行其职责，这一道德自觉总体上说是要把政治视为一种高尚的志业，在完善自身人格的同时也使整个社会臻于完善，这是基于儒家信仰的应有之义。在此意义上，德治理想中的为政者总体上说应该属于道德上的先知先觉者。

就民间基层的秩序来说，这种德治的理想是要实现德教风行，亦即朱子所谓"国家化民成俗"①。在此意义上，理学的德治也重视道德教化。不过，其道德教化的方式不同于汉唐礼治。后者主要是宣教式的，是通过礼义规定的社会道德来规范民众的行为；而理学认为，合理的教化方式应该是"先知觉后知，先觉觉后觉"。这是性善的理路。理学的基本立场是每个人都具备同等的道德潜能，因而民众作为教化的对象并不意味着在道德禀赋上有何欠缺，而只有"闻道"的先后之别。也因此，教化要真正发挥作

---

① 朱熹．四书章句集注．北京：中华书局，1983：大学章句序 2.

用，就不应该借助外在的社会规范，而是要现身说法，是要发挥先知先觉者的人格感召力，通过其积极的道德影响来激发民众的道德自觉。在基层秩序方面，理学的德治同样强调孝悌之德，但强调的理由也不同于礼治。后者是出于维持社会秩序稳定的需要，突出孝悌的政治社会作用，亦即孔门弟子有若的思路，孝悌之人不会犯上作乱①。前者的理由则在于，孝悌是仁德的初始表现，"仁"本身是"爱之理"，是对他者关怀的适当表达。"仁"不是要否定而是要扩展乃至超越我们与生俱来的各种关系，由此才能逐步呈现。"仁"的内核是对他者的关怀，血缘亲情亦是其中一种。成就"仁者与天地万物一体"的境界，并不意味着要否定亲情然后才能廓然大公，而是将对亲情的恰当表达和处理，包容为个人道德修养的一个初始又基础的阶段，但不能拘守于此，而是要在此基础上逐步扩展。这一扩展过程正如孟子所谓"亲亲而仁民，仁民而爱物"（《孟子·尽心上》）。总之，"礼治"所讲的道德教化，是指基于礼义名分（正名）的名教，而理学德治所主张的道德教化，是基于人所共具的道德自主能力而展开的德教。

　　基于以上论述，理学所主张的德治传统，是一种不同于汉唐的类型。这种德治，就儒学内部来说，直接渊源是孟子的仁学，进而可追溯至孔子。结合理学的问题意识来说，它是基于理学所谓儒家道统而开出的政统。由此朱子的《大学章句》所呈现的是一种根本不同于郑孔注疏的诠释，其所解释的《大学》政治伦理思想也与后者有明显区别。基于上一章梳理并结合关于上述背景的论述，约其要有四：

　　其一，理学理想的德治是基于道统的王道政治，是一种以内圣为本开出外王的政治，落到现实来说，它要求政治安排以伦理考量为根据和归宿。因此，朱子尤为强调《大学》"以修身为本"的观念，在其诠释中，这一观念是由对道统的形而上解释而提出的必然要求，是将道德理想贯通于政治和社会生活的根本观念。

---

① 参见《论语·学而·第二》。需指出，这层意思虽出自《论语》，但出自有若之言，笔者以为并不能代表孔子的观点，因为孔子认为尽孝的理由，应该是出于"恩报"，是出于道德情感的体验。这一点可参见《论语·阳货·第二十一》。而有若的观点倒是与荀子对孝悌相关的论述一致。荀子认为，按照礼义的规定，孝悌是庶人应有的道德，参见《荀子·修身·第十二》《荀子·荣辱·第八》。

其二，作为第一点的延伸，朱子对《大学》政治伦理思想的理学版诠释，实际上补充了对理想道德的形而上说明，这些说明很难说是《大学》原始文本所要表达的意思，但应该是文本能够容纳的。因此，《大学章句》不仅按照理学的思路重新编排《大学》古本，作格物致知补传以完善由"下学"而"上达"的义理脉络，而且从性善的理路来解释"明德"，并补充说明了"明德"的形而上根源。进而朱子尤为注重从心性的角度来阐发《大学》的修身工夫，这是接续孟子仁学的理路，基于对性善的信心而强调人的道德自主性。

其三，也正是出于理学的立场，朱子对家国同构观念的阐发，不是像郑孔注疏那样突出宗法精神中的"尊尊"之义，而是强调其中"亲亲"之仁的精神。不过，朱子主要是在"齐家"的领域来讲这一点，并且形式上强调的是"仁"作为"爱之理"的显发，其道德内容则主要在于说明情感表达的适当性，而有意淡化了家国同构原始观念中的封建和血缘色彩。

其四，对于民本观念，朱子也是从正心的角度来解释"以民之好恶为好恶"的，从而呈现为"修己以安百姓"的仁学义理。这也表明，他偏重内圣的维度、强调为政者德性的理学立场。

可以说，到了宋代理学这里，儒家德治的精神已转向"仁"的层面，是要从形而上层面贞定的道德理想来净化政治现实，由此德治的传统是要从内圣开出外王，以君主为首的为政者作为先知先觉者出于道德的动机着手治理，以实现合乎理想道德的社会秩序。对于总体上被视为后知后觉的民间基层，理学则主张施行德教：一方面倡导"首孝悌"，引导他们在家族乡里等带有血缘或地域色彩的民间组织中奉行"人道亲亲"之义，接受以"亲亲"之仁为核心的文化熏陶；另一方面则要求为政者以及士人以身作则，通过树立道德榜样、发挥人格魅力，来激发民众对其性善根源的自觉。由此看来，这种德治要得以实现，就必须"以修身为本"：参与政治的前提是经过自觉的道德修养，由此才能成为先知先觉者之一员；基层的道德教化必须通过民众的道德自觉才能真正发挥作用。这在一定程度上可以解释，为什么朱子尤为重视《大学》的理学版诠释中对其中修身工夫的疏解，而《大学》到宋代理学这里成为儒家的核心经典，并在其后的中国传统思想史中成为儒者重点关注、聚讼纷纭的焦点。

第三部分　当代考量篇

总体上看,《大学》政治伦理思想以及历代儒家对它的诠释可以说代表了儒家关于社会政治生活的基本主张,并在宋代理学之后成为中国传统社会占主导地位的政治理想。它在不同的历史时期所起的作用有所不同。汉唐时期,它作为《礼记》的一篇,为政治制度和礼制建设提供理论支持;宋代以降则主要发挥表达儒家政治理想的作用;作为儒家的政治伦理观念,它在社会政治生活中的主导地位则是从宋代理学尤其是朱子的《大学章句》之后才突出地表现出来的。本书前两部分分别探讨了对《大学》文本的诠释,以及对《大学》政治伦理思想的观念史和社会史分析,本部分则力图立足于当代政治社会生活的背景来考量《大学》的政治伦理思想。为理清本部分的思路,有必要结合前两部分得出的一些相关结论,对本部分所要解决的问题及其思考方法做个简要的说明。分三方面来看。

第一,从第一部分对文本的诠释来看,《大学》文本有着广阔的诠释空间,要面向当代问题做出富有成效的解释,其关键在于带着当代的问题意识与文本对话,选择合理的诠释立场,采取恰当的解释方法。同时其诠释空间也不是无限度的,文本诠释本身的目的之一就是要把握这一限度,以免做出与文本不相容的诠释。因此,要对《大学》政治伦理进行恰当的当代考量,就先要找准考量的尺度。这就必须对当代中国政治生活的发展方向予以定位,也就要从共时性和历时性两个维度对自身的政治文化发展有清醒的认识。要做到这一点,就必须把握传统与现代社会政治各自的特点及其相互关系,根本上说,这是一个如何理解现代性的问题。

第二,根据前两部分的梳理和分析,对《大学》的诠释主要可分为经学版、理学版、心学版这三种类型,它们分别代表了不同时代对《大学》的主流诠释。从政治伦理的角度并结合观念与社会史的分析来看,这三种诠释所阐发的《大学》政治伦理思想,可理解为儒家德治精神随时代问题的转变而呈现的不同面向,从而承接并发展儒家德治传统的不同路向。这三种路向也表现于当代儒学的发展过程中,并且各自就其由传统向现代的转化问题提出了相应的思路。有必要对这三种思路做简要的考察和评述,这一方面有助于了解《大学》政治伦理乃至儒家德治传统的当代动态,考察这三种路向能否重新焕发活力及其各自的困难;另一方面也可以为本书考量《大学》政治伦理以及儒家德治传统提供借鉴。

第三，根据第二部分的梳理，《大学》政治伦理思想主要表现为以修身为本、家国同构和民本思想这三方面。本部分的考察要最终落实，也必须依托较具体的观念。这是一个方法上的问题，本书拟在结论部分围绕这三方面的观念展开论述。

有鉴于此，本部分拟分三步展开：首先围绕对现代性的理解，说明传统与现代社会政治生活的特点及其关系。然后考察当代儒学关于儒家传统的现代转化问题的三种路向，尤其是它们对儒家德治的现代转化问题的看法。最后，说明本书对儒家德治传统的现代转化问题的看法，并提出对《大学》政治伦理思想的一种当代诠释。

第六章　何种现代性：评估《大学》政治伦理需要怎样的现代立场

鸦片战争以来，儒家文化受到了现代西方文化的强烈冲击。带有鲜明现代色彩的西方文化表现出强大的物质力量，影响了中国近代历史进程，并在长期浸染于儒学传统的中国思想家中引起了强烈反响。针对中国物质力量方面的劣势，他们积极寻求扭转的途径。他们试图参照西方而在社会制度安排方面做出回应和调整，并提出了具体的实践主张和理论说明。其中较有影响的有洋务运动和康有为、梁启超的"新政"，相应地，他们分别提出了"中体西用"的文化观和"康梁新学"。但是这些政治方面的问题随着社会剧变而不断发生变化，最终随着制度化儒家的解体，问题的性质和重心发生了根本意义的转变：从儒家政治伦理如何与现代政治生活相互适应转到中国如何能够实现政治的现代化[①]。也就是说，问题的性质从儒家政治伦理的现代转换转到政治现代化本身，重心从儒家传统内部的改良转到从外部移植西方的政治思想。

在当代中国，对政治生活发展的基本定位是实现政治现代化。现代是相对于传统而言的，如何看待两者的关系？政治现代化意味着什么？本章拟分两节对这两个问题分别展开论述。

[①] 丁伟志，陈崧. 中西体用之间. 北京：中国社会科学出版社，1997：7-8. 另参见干春松. 制度化儒家及其解体. 北京：中国人民大学出版社，2003：316-317.

第一节 相对于传统的现代:"现代性"的含义与现代化

关于"现代"与"传统"的关系和区分,以及"现代性"的含义,在当代学术界已形成了一个极其复杂而又极具争议的问题域。在西方社会学的起步和初步发展阶段,社会学的主流观点认为,"现代"意味着与"传统"在物质技术和价值取向的双重意义上都是不同质的,"现代性"在价值内涵上与"传统性"相"断裂",也就是说"现代"在价值取向上具有与传统根本不同的性质。这种社会历史发展上的"进化观"与西方启蒙观念中的乐观主义或"进步"观念一脉相承,表现于社会学则是有着一条"故事主线"的宏大叙事,并以此来分析现代性①。这种观点认为,相对"传统","现代"具有无可争议的优越性。"传统"或应被遗弃,或应根据现代的价值指向进行改造。这种传统与现代的两分法的理论基础可概括为两方面:一是可以从性质上对传统和现代做出判断从而可将两者明确区分;二是两者在价值上是一种不对等关系,"现代"代表着"进步"和判断好坏的标准。两次世界大战根本动摇了西方人的这一观念,人们开始重新关注传统的意义。在此,美国社会学家希尔斯的观点具有代表性,他指出:"传统是社会结构的一个向度。""无论其实质内容和制度背景是什么,传统就是历经延传而持久存在或一再出现的东西。""任何一代人所具有的行为范型和信仰范型主要都不是由这一代人本身建立的……一代人使用的东西、持有的信仰和惯例大部分不是这一代人所首创。"②希尔斯在《论传统》中以翔实的材料和缜密的社会学方法说明了传统和现代的关系:传统和现代不可分,传统内在于现代生活;割裂现代与传统的联系既不可能,也不合理。按照希尔斯的这些

---

① 吉登斯. 现代性的后果. 田禾, 译. 南京: 译林出版社, 2000: 4-5.
② 希尔斯. 论传统. 傅铿, 等译. 上海: 上海人民出版社, 1991: 9, 21, 49.

观点，传统与现代之间是一种"源"与"流"的关系，它们在连续性的时空中通过互动而彼此相连。在当代，越来越多的文化学者倾向于接受希尔斯的这一观点，即将传统与现代理解为一种价值上的对话和交流关系，并认为以此理解来看待传统更为合理。现代与传统的两分法则有其局限性，它既以西方特定历史时期物质文明的巨大发展为根据，也以其特定历史时期形成的观念为理论依据。可以说，它体现的主要是西方现代性启动期的价值叙述，其中包含了西方现代化时期的各种因素，如相对于其他民族在物质文明上的优势以及这一优势转化为文化价值观的盲目自信和优越心理，等等①。

再来看关于"现代性"的问题。抛开规范性或评价性的考虑，"现代性"可以这样来描述，它是指"社会生活或组织模式，大约十七世纪出现在欧洲，并且在后来的岁月里，程度不同地在世界范围内产生着影响"②。吉登斯认为，"现代性"意味着在西方现代化进程中所发生的"与传统文化断裂的性质"③。"断裂"是指现代的社会制度在形式上与所有类型的传统秩序相异④。他主要是从制度的维度来看的，由此"现代性"意味着四个方面的交织与互动：监督，即对信息和社会督导的控制；军事力量，即在战争工业化情境下对暴力工具的控制；工业主义，即自然的改变，"人化环境"的发展；资本主义，即在竞争性劳动和产品市场情境下的资本积累⑤。就全球背景下现代性与西方化的关系这一论题，他认为，现代性起源于西方的制度性转变。在现代性的发展中，民族国家和系统的资本主义生产这两种不同的组织特别重要。就它们作为两大变革力量所孕育的生活方式而言，现代性的扩张就是一个西方化的过程⑥。

美国学者郝大维和安乐哲认为，现代性这一提法是含糊的。它不是一个概念，而是一个相互重叠、有时相互矛盾的概念群。一方面，与"现代

---

① 郝大维，安乐哲. 先贤的民主：杜威、孔子与中国民主之希望. 何刚强，译. 南京：江苏人民出版社，2004：6-8.
② 吉登斯. 现代性的后果. 田禾，译. 南京：译林出版社，2000：1.
③ 吉登斯. 现代性的后果. 田禾，译. 南京：译林出版社，2000：14.
④ 吉登斯. 现代性的后果. 田禾，译. 南京：译林出版社，2000：3.
⑤ 吉登斯. 现代性的后果. 田禾，译. 南京：译林出版社，2000：52.
⑥ 吉登斯. 现代性的后果. 田禾，译. 南京：译林出版社，2000：152.

性"相关的最显著要素是自由主义民主、资本主义经济和理性技术①。另一方面,"对现代性的一些主要解释源于并依赖于对于自我的种种解释……自我反思、自我确证、自我表述是编织现代自我的相互矛盾又相互冲突的手段。对现代性进行负责任的特征描述,必须对这一概念群的不一致有彻底的敏感"②。

综合他们的观点,可以说"现代性"从启动、发展以及对之的研究都与西方的文化价值观密不可分。用吉登斯的话说,西方的现代性后果已经全面展现出来,因而能够成为一个研究对象。从全球化的维度看,非西方国家对西方的现代性只能做出回应或不同程度的反抗。可以说,如果要发展出属于自身的现代性,那就只有落实到自身的现代化问题才有意义。

在中国20世纪的绝大部分时间内,中国人眼中的"传统"与"现代"是两个截然不同的概念。它们远非仅代表一种时间上的区分,而是同时代表着随之而来的经济、政治、文化上的不同性质。而"现代"的内容则主要通过"现代化"表现出来。就其产生和典范看,"现代化"都与"西方化"联系在一起。据西方学者的观察,中国自五四运动以来发展出一派对"西方现代化"极端乐观的观点,乐观派认为,"现代化源于欧洲'启蒙运动',是其强大的推动所造成的一个后果,而这个后果则又是个人、社会、经济和政治等一系列活动理性化的结果"③。只要"照搬自由主义民主制度"和"自由竞争资本主义再加上不断合理的技术","就会得到进入现代化年代的种种回报:个人权利、不断增多的自由、高水平的生活,以及对自己天地更大的自主控制"④。所谓"极端乐观",就是即使仅从理论上说,这种意图通过西方化来达到现代化的观点也至少在两个方面有偏失:一是没有看到传统与现代之间的关联性。从社会整体发展和文化发展的角

---

① 郝大维,安乐哲. 先贤的民主:杜威、孔子与中国民主之希望. 何刚强,译. 南京:江苏人民出版社,2004:17-18.
② 郝大维,安乐哲. 先贤的民主:杜威、孔子与中国民主之希望. 何刚强,译. 南京:江苏人民出版社,2004:24-25.
③ 郝大维,安乐哲. 先贤的民主:杜威、孔子与中国民主之希望. 何刚强,译. 南京:江苏人民出版社,2004:6.
④ 郝大维,安乐哲. 先贤的民主:杜威、孔子与中国民主之希望. 何刚强,译. 南京:江苏人民出版社,2004:6.

度看，"以统一的速度抛弃所有昔日的事物，这根本就不合乎社会的本质"①。二是没有看到西方的现代化与西方文化自身的逻辑发展是相互渗透的，而且西方现代化实践给人类带来的并不全是福音，其负面后果随着现代化的深入也日益凸显。可以说，要发展出属于自身的现代化，首先就要抛弃这种看待传统与现代的排斥性两分法②。同时还应当把现代性在中国的启动与中国自身现代化的发展这两个问题区分开。就现代性在中国的启动看，中国主要是被"卷入"而不是经过"自主发展"进入现代，即中国是在西方强势文化的压力下改变传统的社会组织结构和生活方式而进入现代的。可以说，由于西方现代性的全球扩张，在现代性的启动上非西方国家普遍地受到西方文化的影响。但这种"普遍的历史事实"并不意味着西方文化价值在现代化问题上的普遍真理性，不能简单地将现代化与西方化等同。具体到本章论题，这就是必须将中国的政治现代化与政治西方化区分开。这样，要发展出中国自身的政治现代化，并避免西方政治现代化过程中的偏失，在政治伦理理论上就需要做两方面的分析：一是分析西方现代政治理论的文化价值观及其相应的制度形式，在与自身政治文化资源平等对话的基础上寻找相容性，通过可与自身相通的方式借鉴其可以促进自身发展的长处，力避其偏弊；二是充分挖掘并分析自身的传统政治伦理资源，在现时代的背景下重新诠释和评介，寻求可以创造发展的空间。后者是基础，前者则是发展的必要条件。

第二节 现代个人的哲学解释：现代西方民主政治的价值内涵

西方现代政治的基本形式是民主政治，主要政治观念是自由、平等和

---

① 希尔斯．论传统．傅铿，等译．上海：上海人民出版社，1991：53.
② 杜维明．儒家与自由主义//哈佛燕京学社，三联书店．儒家与自由主义．北京：生活·读书·新知三联书店，2001：16.

人权。民主政治作为一种文化在西方有着悠久而深厚的传统，古希腊的雅典民主制、古罗马的城邦制和罗马法、基督教的平等精神、斯多亚学派的理性概念等等都可视为其文化渊源。西方现代民主政治的主流政治理论是自由主义民主理论，它直接与启蒙时期以来的各种哲学思潮相联系。自由主义民主理论的基本论题是个人与政府之间的关系，其哲学基础在于"独立而分立的个人"概念。西方的现代个人概念有两大哲学来源：第一，原子论哲学。它"植根于古代希腊和罗马哲学，并在现代世界由像托马斯·霍布斯、大卫·休谟和亚当·斯密这样的思想家进行了表述"①。第二，理性主义哲学。其代表人物是"从柏拉图到康德再到黑格尔这样一批古典思想家。他们关注的是理性思维的本质，并把它看成是哲学思索的媒质。前一种个人主义引发由快感和利润推动的现代'经济人'；后一种个人主义，特别是成为基督化形式的个人主义形态后，主张心灵的完整与不公开，将其看作'灵魂'或'理性自我'"②。由此看西方现代的个人概念与近现代西方经验主义和理性主义哲学的发展是紧密地联系在一起的，这一点从其含义中体现得更为明显。

据郝大维和安乐哲的概括，西方现代的个人概念主要有四方面的含义，即自我意识、自我表现、生产和获取的动力以及创造性的表达。通过西方近现代哲学的发展，这些方面的价值内涵得以明确。分别简述如下：

第一，"自我意识"的现代个人③。笛卡尔"我思故我在"的命题为自我反思提供了基本模式。"我思……"的表述意味着主观性的不断深入，依赖"我在"的结果而取得自我意识，从而得到一个平衡的个人。通过自我意识，主观包括主观经验得以客观化。笛卡尔的解析几何从数学的角度说明了作为个人的思考者与自然界之间具有相通性。康德对笛卡尔的个人

---

① 郝大维，安乐哲. 先贤的民主：杜威、孔子与中国民主之希望. 何刚强，译. 南京：江苏人民出版社，2004：42.
② 郝大维，安乐哲. 先贤的民主：杜威、孔子与中国民主之希望. 何刚强，译. 南京：江苏人民出版社，2004：42. 另参见何信全. 儒学与现代民主. 北京：中国社会科学出版社，2001：152-159.
③ 郝大维，安乐哲. 先贤的民主：杜威、孔子与中国民主之希望. 何刚强，译. 南京：江苏人民出版社，2004：42. 另参见康德. 实践理性批判. 韩水法，译. 北京：商务印书馆，1999.

主观性成分做了延伸。在精神与外部环境的关系上,他不只是强调数学因素,而且强调科学、道德与艺术等文化旨趣的重要性。他对自主性概念的推崇建立于他对个人的道德解释上,并体现于自由意志概念,即强调个人是一个道德主体性的存在,拥有意志自由。自由意志从属于理性的公理或法则,因而康德的理解意味着个人应当是一种理性的存在者。自我意识的现代个人在黑格尔那里得到了全面的理性主义解释,在他看来,哲学的理性主义就意味着自我意识的实现,理性的逻辑展现为自我意识的实现历程。

第二,"自我表现或自我确证"的现代个人[1]。培根"知识就是力量"的命题为这一解释提供了基本的认识模式,它把对自然界的控制能力看作个人与社会自我实现的最高形式,表达了现代性的技术理性冲动。韦伯则从理性决策和社会控制的角度来理解现代化进程:传统社会向现代社会的运动是一个"价值中立化"的过程,因为"传统社会不经深思便会顺应的东西,理性社会则要经过意识的表述才去顺应",随着这种文化的自我意识而来的"便是对文化领域的'脱魅'(disenchantment)"[2]。"脱魅"意味着行为决策的自主性,原来在个人之上的传统文化价值观已丧失其神圣性,现代自我必须通过自我技术理性的决策及其实践效果来进行自我确证。

第三,由生产和获取的动力所推动的现代个人。从这种对个人的理解出发,政治领域被解释"成为凭意志而活动的舞台,经济领域则从物质需求与欲望方面得到分析",并且"政治领域被看成是从经济领域派生出来并服务于经济领域的"[3]。从另一面看,它可以被视为对现代性所做的经济解释,其中最有影响的理解可见于洛克、休谟、斯密和马克思的著作。

第四,创造性表达的现代个人。它指的是现代个人的美学特征,并与经济方面紧密相关。对现代个人的经济解释和美学解释都体现了"一种对生产物品的关注。区别基本上在于对于自我的内外视野不一样。经济的个

---

[1] 郝大维,安乐哲. 先贤的民主:杜威、孔子与中国民主之希望. 何刚强,译. 南京:江苏人民出版社,2004:21-22. 另参见韦伯. 学术与政治:韦伯的两篇演说. 冯克利,译. 上海:上海三联书店,1998.
[2] 郝大维,安乐哲. 先贤的民主:杜威、孔子与中国民主之希望. 何刚强,译. 南京:江苏人民出版社,2004:21.
[3] 郝大维,安乐哲. 先贤的民主:杜威、孔子与中国民主之希望. 何刚强,译. 南京:江苏人民出版社,2004:22.

人能通过用外部的物品对各种欲望进行客观化与操纵而创立起来；美学的个人则拥有自我，这个自我构成了创意表现的神秘来源"①。这种美学解释要求将艺术文化兴趣与道德的文化兴趣区分开，这一要求首先由康德提出。波德莱尔进而从美学角度描述了现代生活的特征，在他看来，现代性是一种超越一切永恒事物的经历，是"昙花一现的、暂时的、偶然性的，一半是艺术，另一半是永恒的、不会改变的"②。

这四个方面塑造了西方现代个人的基本文化特征。进言之，基于西方现代文化的三种哲学模式，自我意识、自我确证和自我满足成为西方现代生活中自我再现的方式，理性、意志、激情成为当代西方精神的主要形态；而对个人的美学解释则强化了"对经验最终是暂时的这一特征的理解"以及"与浪漫主义运动相联系的人的权力的内在化"，"美学的情感即时性不允许有道德的调停。艺术家作为超道德的创作家是一个现代发现"③。

可以说，包含了种种哲学解释的现代个人概念是西方现代民主政治的自由主义建构民主理论的基础，由此出发在自由主义的基本论题即个人与政府的关系上，古典自由主义④"以个人自由为中心，认为政府是侵犯个人的主要根源，因此以限制政府权力为要务"；现代自由主义则是"一种逐渐修正的历程，修正的重点在于不再视政府为侵犯个人自由的祸源，而重视其角色，认为政府权力乃社会公益所系，不应严加限制，而应扩大其功能"⑤。这两种自由主义都是以个人权利为基础来构建民主政治理论的。

---

① 郝大维，安乐哲. 先贤的民主：杜威、孔子与中国民主之希望. 何刚强，译. 南京：江苏人民出版社，2004：24.

② 郝大维，安乐哲. 先贤的民主：杜威、孔子与中国民主之希望. 何刚强，译. 南京：江苏人民出版社，2004：24.

③ 郝大维，安乐哲. 先贤的民主：杜威、孔子与中国民主之希望. 何刚强，译. 南京：江苏人民出版社，2004：24.

④ 关于古典自由主义与现代自由主义的划分，一般认为，时间上大体以穆勒为界；横向看它指两种自由主义类型，古典自由主义指发源于英国经验主义土壤上的自由主义；现代自由主义则是就黑格尔哲学引入英国而导致自由主义之转变而论，指可间接孕育于欧陆唯心主义哲学土壤上的自由主义；同时这两种自由主义可以基于柏林的"消极自由"和"积极自由"概念之区分而进行深入讨论。参见何信全. 儒学与现代民主. 北京：中国社会科学出版社，2001：153-154.

⑤ 何信全. 儒学与现代民主. 北京：中国社会科学出版社，2001：154.

它们理想中的民主政府是价值中立的，也就是说不在基本价值观上为公民做判断并见之于制度。理想的民主政治形式是按照合理的程序方法来实现的，因而程序方法论的理性建构以及相应的公共理性①是其中心问题。这一论题较复杂，且并非这里的主要关注点，因而不做进一步说明。

以上论述意在表明：现代西方民主政治虽然强调政府价值中立，以公共理性组织民主政治，强调个人的平等自由、人权，在形式上表现出普遍性特征，然而实际上有着其深厚的西方文化价值观作为理论基础。从这些价值观的内涵、哲学来源看，它并不代表其就是政治的现代价值。从人类文化发展的角度看，毋宁说，它们体现的是在西方知识文化的框架内、具体历史条件下西方文化的发展。它们在内容上并非完全一致，在文化上呈现出一定的偶然特征。可以说，就政治现代化而言，西方的民主政治既非价值中立，也不具有普遍必然性，而是体现了西方政治文化随其现代化进程的发展状况。如果说它们具有某种可普遍化的意义的话，那么一方面在于它们是世界文化的一个组成部分，在全球背景下只有求得文化上的相互理解，才能顺利地开展交往与合作；另一方面更在于西方的现代化已成为历史事实，其政治上的效果和得失都已基本展现出来，因而也就成了政治文化上可分析的对象，从而我们在自身的政治现代化过程中可以借鉴其经验而避免其弊端。

---

① 罗尔斯认为，"公共理性这一观念（idea）在最深的层次上规定了基本的道德价值与政治价值，这些价值将确定民主政府与公民之间的关系以及公民彼此之间的关系……公共理性这一观念具有确定的结构……它包括五个不同的方面：（1）其所适用的基本政治问题；（2）其所适用的那些人（包括政府官员和公职候选人）；（3）它由关于正义的、合情理的（reasonable）政治总念（conception）之谱系给出的内容；（4）这些总念在讨论强制性规范时的应用，这些规范是要以立法的形式对某个民主的群体实施的；以及（5）公民的检验，即由其正义总念派生出来的那些原则应该满足互惠性标准。此外，这种理性在三个方面是公共的：作为自由而平等的公民的理性，它是公众的理性；其主题是关于根本政治正义问题的公共善，这些问题又有两类，即宪法的根本要素和基本正义的要务；以及其性质和内容是公共的，因为它是由合情理的政治正义总念之谱系以公共推理的方式来表达的，而这些总念又被合情理地认作要满足互惠性标准"。参见 RAWLS, J. The Law of Peoples with "The Idea of Public Reason Revisited". Massachusetts: Harvard University Press, 1999: 132-133。另参见德雷本. 论罗尔斯//哈佛燕京学社，三联书店. 儒家与自由主义. 北京：生活·读书·新知三联书店，2001：128-133。

第七章 当代儒学关于儒家德治现代转化的两种理路

　　基于上一章的探讨，进一步的问题在于，《大学》所表达的儒家德治传统在现代政治生活中还能否发挥作用？自 20 世纪 80 年代国学热以来，这个问题再度引起学界的广泛关注和探讨，也产生不少相关成果①。其中极富代表性且影响尤大者，当数牟宗三的"内圣开出新外王"说以及蒋庆的政治儒学进路②。本章将在梳理相关观点的基础上分别评述其理论得失。

---

　　① 应该说，辛亥革命推翻帝制，标志着儒家正式退出政治生活的舞台，但政治化儒家在政治意识形态方面对现实政治生活仍有深刻影响，随后发生了帝制复辟等政治事件，呈现出军阀割据的政治局面。在这样的背景下，针对儒家传统的批判日趋激烈，与儒家传统决裂的"反叛"态度逐渐成为思想界的主流，并汇集为一种思潮。新文化运动的开始标志着这一思潮的形成，五四运动则是其顶峰。这样看来，儒家传统的现代转化虽然一直是贯穿中国近现代史的一个核心问题，但 20 世纪 80 年代以前主要是从文化而不是政治的角度思考的，如熊十力、梁漱溟、冯友兰等儒家学者都认同儒家的价值立场，但主要是从价值信仰的方面思考的，对于其政治作用则不甚关注，因而当代学者一般归之为"文化保守主义"。

　　② 近年来，黄玉顺结合海德格尔的存在论观点，发挥阳明心学的良知说，从而提出"生活儒学"的观念，在国内学界产生了广泛影响。参见黄玉顺. 面向生活本身的儒学. 成都：四川大学出版社，2006；黄玉顺. 生活儒学讲录. 合肥：安徽人民出版社，2012. 生活儒学与心学的进路一致，认为可以沿着阳明心学的方向实现儒学的复兴。但从政治伦理的角度看，它主要关注基层的秩序或非正式组织的运作，旨在说明生活的意义，解决个体的安身立命问题。其中政治的维度不明显，最多可以说与当代社群主义有相合之处。因此，仅在这里做简要说明，不拟专论。

第一节 当代新儒家的理路：
牟宗三的"内圣"开"外王"之路

牟宗三是当代新儒家的重要代表人物之一。他毕生致力于探求中国未来政治、社会与文化的出路，著述颇丰。本节只拟就他关于"内圣外王"理想与现代民主政治关系的观点做概要说明。

一、"新外王"：儒学第三期发展的任务

在"儒家学术的发展及其使命"的演讲中，牟宗三提出"儒家学术三期发展说"①。他认为，当代新儒家应担当起儒学第三期发展的任务，这一任务就是要开出现时代所需要的"新外王"，即民主和科学。他进一步说，"要求民主政治乃是'新外王'的第一义"，"新外王的形式意义、形式条件，事功得靠此解决……民主政治即为理性主义所涵蕴，在民主政治下行事功，这也是理性主义的正当表现，这是儒家自内在要求所透显的理想主义"；"现代化之所以为现代化的关键不在科学，而是民主政治，民主政治所涵摄的自由、平等、人权运动，才是现代化的本质意义之所在"②。这段话有以下几层含义：第一，现时代的任务是实现现代化，政治现代化是其核心，而政治现代化的内容就是要实现以自由、平等、人权为基本价值的民主政治。第二，儒学要在现代生活中重新焕发生命力，就必须担当起时代任务。这就首先要在政治生活中扮演积极的角色，能够为合理的政治生活提供理论依据，也就必须能够论证民主政治的合理性，在观念上实

---

① 牟宗三. 儒家学术的发展及其使命//庞朴，马勇，刘贻群. 先秦儒家研究. 武汉：湖北教育出版社，2003：427-438.

② 牟宗三. 儒家学术的发展及其使命//庞朴，马勇，刘贻群. 先秦儒家研究. 武汉：湖北教育出版社，2003：437，438.

现与自由、平等、人权的对接。第三，儒家的"内圣"之学、道德理想主义可以与民主政治的观念相通，即从儒家的"内圣"之学可以开出新的"外王"之道，即现代民主政治。

二、"良知坎陷说"：由"内圣"开"新外王"的理路

牟宗三认为，实现民主政治就中国传统政治来说，就是要解决一个"政道"的问题。所谓"政道"就是"关于政权的道理"，它相对于"治道"而言。他认为，"中国在以前于治道，已进至最高的自觉境界，而政道则始终无办法"①。解决"政道"的问题也就是要将政治权力由个人夺取转为共有，个人在权力位置上只是权力的合法使用者而非实有者，这就必须把"政权"和"治权"分开，由政权的所有者即民众来监督为政者对"治权"的使用。这就需要形成一个"政治主体对列之局"，即权力相互制衡的局面。要形成"政治主体对列之局"，牟宗三认为需要在儒家政治理论中做一项工作，即由"理性的运用表现"转出"理性的架构表现"。简单地说，这项工作就是要从康德的实践理性后退一步转出理论理性，即知性。在知性的表现下，"才能使政权由寄托在具体的个人上转而寄托在抽象的制度上"。其基础有赖于"人民在政治上独立的个性（政治主体）之凸显"②。从《大学》的"八条目"看，"外王"是"内圣"的直接延伸，只是"内圣"的功能表现。如何能够证明从"理性的运用表现"转出"理性的架构表现"这一理论过程与《大学》的"内圣外王"之道是相容的，换言之，不因转为"理性的架构表现"而否定"内圣"之学的意义。这就又需要从儒家义理来疏导。牟宗三提出一种解释，即知性的"辩证的开显"，又称"良知自我坎陷说"：

> 外部地说，人既是人而圣，圣而人，则科学知识原则上是必要的，亦是可能的，否则人义有缺……内部地说，要成就外部地说的必然，

---

① 牟宗三. 政道与治道. 桂林：广西师范大学出版社，2006：1.
② 何信全. 儒学与现代民主. 北京：中国社会科学出版社，2001：72.

知体明觉不能永停于明觉之感应中，而必须自觉地自我否定（自我坎陷）转而为知性。此知性与物为对，始能使物成为对象，从而究知其曲折之相。必须经由这步自我坎陷，知体明觉（良知）始能充分认识自己。质言之，知性层次的认知主体，乃是德性层次的良知，基于道德心愿自觉地要求"下落而陷于执"（坎陷）。此种执不是无始无明的执，而是自觉地要执。由是，转出了认知的了别活动，即思解活动①。

这样通过"良知自我坎陷"说，对于由"理性的运用表现"转出"理性的架构表现"的过程，牟宗三就从道德哲学的高度将之解释为基于道德自觉并指向道德目的的活动，成为"内圣"中的一步而被"内圣"之学统摄，由此间接地通过"内圣"，即"曲通"而达"新外王"，即现代民主政治的观念。

三、牟宗三由"内圣"开"新外王"理路的理论得失

可以看出，牟宗三的"良知自我坎陷"说以论证建立在"自由无限心"，即道德理性基础上的实践理性与理论理性的互通性为理论依据。它在何种意义上能够成立，可以说是他由"内圣"之学开出现代民主政治这一立论能否成立的理论关键处。从其理论架构讲，"良知自我坎陷"说极富创意，是借鉴康德哲学的思想来解决儒学问题的新思路：它一方面展开了康德关于"实践理性与理论理性只是一个理性"②的思想，另一方面有

---

① 何信全．儒学与现代民主．北京：中国社会科学出版社，2001：77．

② 但牟宗三对康德这一观点的理解，实际上曲解或者说改变了康德的原意。康德的这一观点，想要表达的意思是实践理性能力和理论理性能力是人的理性能力的两个方面，或者说人的理性能力在两个不同领域的表现，因而实际上只是一个理性。但康德强调的是划界，而不是相通，从而科学知识和道德理解这两者在康德看来是不同质的。在认识领域，人是以知识论的眼光来解释外在的自然界，力图寻求的是科学知识，这种知识是只具有"主观的而不是客观的必然性"的经验知识。在实践领域，人基于理性存在者的自觉来行动。人在这两个领域发挥理性能力，需要采取不同的眼光，运用不同的方法，其目的和结果也迥然有别，人的自由只有在实践领域才能实现。杜维明先生也指出了这一点，参见杜维明．二十一世纪的儒学．北京：中华书局，2014：74－75．

强调"道问学"与"尊德性"的互通性的含义①。同时必须看到，这也是他不愿放弃"内圣"之学，更具体地说是"阳明学"，并视之为基于儒学正宗的理论选择。这一立场表现为在逻辑上首先认定道德主体相对于认知主体的绝对优先性，他对两者之间的排序可以说具有某种"先验"意谓。实际上是否如此，恐怕还需要落在历史和现实的基础上才能解释，也才能建立两者的有效联系。另外，他将政治现代化的目标定位为民主政治，进而将民主政治的内涵规定为西方的自由、平等、人权观念，这与他所坚持的"以内圣为本"的儒家传统价值立场之间难以协调。换言之，以西方的价值标准来要求突出自家的价值，这本身就是一个矛盾。因此，虽然牟宗三从学理和观念上做了大量疏导，其理论对解决问题的作用仍有限。若对政治上"新外王"的目标或民主政治做新解，其理论或能更具现实生命力。

第二节　政治儒学的理路：蒋庆基于春秋公羊学的王道政治

21世纪初，蒋庆针对牟宗三所代表的心性儒学关于"内圣"开"新外王"的观点，提出了儒家政治思想传统复兴的另一种理路，其本人称之为政治儒学。其后十多年，蒋庆的学说围绕这一理路逐步展开而臻于成熟。本节拟简要考察其政治儒学的理路、基本内容及后续发展，在此基础上就其得失做简要评述。

一、蒋庆政治儒学理路的提出

蒋庆的政治儒学，起初可以说是针对牟宗三的"内圣"开"新外王"

---

① 关于"尊德性"与"道问学"的关系，可参见余英时. 中国思想传统的现代诠释. 南京：江苏人民出版社，2003：179-233.

而提出的。他认为,牟宗三所谓由"内圣"之学开出"新外王"的理路根本行不通,原因可归结为两点:一是儒家的内圣之学主要从心性等形而上的层面入手,其所要解决的问题,是人生意义、个人的安身立命,而不是社会政治制度的建设;二是牟宗三把"新外王"理解为西方的科学精神和民主观念,这与儒学固有的理路不合,不能突显中国文化自身的特色,开出的政治制度也脱离中国文化自身的根基①。应该说,蒋庆的批评很中肯,切中了牟宗三所代表的心性儒学由"内圣"开"新外王"这一路向之所以发生理论困难的关键处。而如上一节所述,牟宗三虽然提出良知坎陷说来疏导,但并没有从根本上解决问题。绝大多数当代新儒家实际上也认同,心性儒学主要应当在政治以外的信仰和生活领域发挥作用。这也是蒋庆的批评所要表达的主旨。

蒋庆的批评并非要否定心性儒学本身的价值,相反,他认为,心性儒学阐发儒学道统,对于当代儒学的发展、树立儒学的精神根基、解决现代中国人的生命安立问题来说都具有重要意义②。但这一路向不适合解答政治问题。儒学传统另有一路专注于社会政治的学问,蒋庆称之为政治儒学。他指出,政治儒学才是儒家政治思想传统的正宗。其所谓政治儒学是指"儒家的经学,主要源自《礼》与《春秋》。最能发挥《礼》与《春秋》精神的是春秋公羊学,故儒家的政治儒学主要指春秋公羊学"③。

二、政治儒学的主要思路

蒋庆把政治儒学的特征概括为九个方面,即"是能体现儒学本义的经学",是"关注社会""关注现实""主张性恶""用制度来批判人性与政治"

---

① 蒋庆.政治儒学:当代儒学的转向、物质与发展.北京:生活·读书·新知三联书店,2003:自序1.
② 蒋庆.儒学的时代价值.成都:四川人民出版社,2009:3-13,31.原文分六点,这里出于简要和便于分析的考虑,将第三、四点合并为这里的第三点,第六点的历史观与本书关注的问题相关性不强,故未纳入。
③ 蒋庆.政治儒学:当代儒学的转向、物质与发展.北京:生活·读书·新知三联书店,2003:28.

"关注当下历史""重视政治实践""标出了儒家政治理想""能开出新外王"的儒学①。从这样的理解出发,他认为,政治儒学可以在中国现代政治制度的建构中发挥积极作用,从这一理路可以开出儒家式的"新外王",亦即"具有中国文化特色的政治礼法制度"②。其要可概括为如下几点③:

第一,在政治的精神和基础方面,政治儒学的理想是要建立王道政治,其合法性有三重基础,即"为民而王"而确立的民意基础、"王道原出于天"的超越基础,以及"大一统而尊王"的历史文化基础。第二,在政治社会的治理方面,政治儒学是以德主刑辅为原则,以无讼去刑为理想。第三,在社会关系和秩序的安排方面,政治儒学是力图"尽人伦之制"的。夫妇之道是人伦之始,蒋庆认为,政治儒学的婚姻观有其独到之处。这首先表现在赋予婚姻一定的宗教性,亦即《易传》具有形而上意义的以乾坤象男女,男女结合的婚姻又具有承担延续人类的自然意义。其次是男女有别的婚姻。蒋庆认为所谓"有别",是男性和女性的生命特点而充分肯定其各自的价值,进而可以通过阴阳之理来说明,这种"有别"意味着婚姻的必要性,即只有充分发挥各自互补的社会功能,才能合成作为社会基本单元的家庭和谐。最后,在政教的意义上"正夫妇之始"是造就人类各种良好秩序的基础。政治儒学对社会关系的主张则是以承担义务的自觉为基础,在相互对待的关系中互尽义务,并以礼义名分来把握具体关系的特点,以确定各自应尽义务的规范内容。第四,在政治教化方面,政治儒学一方面以六艺来行王者之教,以人文教育的方式来陶冶人们的道德情操,另一方面还注重人格之教,即强调为政者的道德修养,发挥其人格风范的积极影响,从而起到以身作则、感化民众的作用。

基于以上概括,蒋庆所提出的理路虽然在王道理想方面吸收了孟子仁学的一些观点,但其主要依据是汉代经学,更具体地说是董仲舒的春秋公

---

① 蒋庆.政治儒学:当代儒学的转向、物质与发展.北京:生活·读书·新知三联书店,2003:28-35.
② 蒋庆.政治儒学:当代儒学的转向、物质与发展.北京:生活·读书·新知三联书店,2003:自序1.
③ 蒋庆.政治儒学:当代儒学的转向、物质与发展.北京:生活·读书·新知三联书店,2003:202-249.

羊学关于礼治的理路。这一理路,就其渊源来说应追溯至荀子的礼学,就其后期发展来看则有清代的今文经学乃至康有为的经学观点①。为说明这一理路的特点,蒋庆做了三个方面的区别。

第一,政治儒学区别于心性儒学②。蒋庆认为,政治儒学的依据是政治理性,面向的是政治实践,其理想表达的是政治批判,追求的是历史中的希望。相比之下,心性儒学的依据是道德本心,面向的是道德实践,其理想表达的是道德批判,追求的是形而上的道德理想。

第二,政治儒学区别于政治化的儒学③。蒋庆指出,两者的根本区别在于,政治儒学拥有崇高的价值理想,即对天下大同的终极关怀,由此具有批判政治现实以及自我批判的功能。政治化的儒学则相反,往往沦为对现存政治合法性的论证以及为维护现存体制而存在的工具,从而丧失批判功能,异化为纯粹的政治意识形态。进而他指出,在中国政治思想史上这两种儒学都存在,在特定的历史时期甚至共存。如在他看来,汉代的今文经学是政治儒学的代表,古文经学则代表政治化的儒学。

第三,政治儒学与西方现代相关学术的关系④。蒋庆认为,对于政治儒学来说,西学有可资借鉴的长处,但也有其应予克服的不足。为此,他将政治儒学与西方的政治保守主义和自由主义之间做了简要的对照。由此他认为,西方的保守主义在诸多方面的主张都与政治儒学相近,其政治组织方式和政治实践都有可供政治儒学借鉴之处,其不足则在于现实,缺乏价值理想。自由主义在西方虽占主流,但蒋庆从政治儒学的立场来看,自由主义存在着根本的缺失:其一,对人性的看法过于乐观,或者说对人性恶缺乏充分的认识。其二,自由主义的哲学基础——个人主义,在他看来是成问题的,与政治儒学的理路存在根本的分歧。其三,自由主义强调个

---

① 在提出政治儒学的观点之前,蒋庆对春秋公羊学已有较深入的研究。参见蒋庆. 公羊学引论. 沈阳:辽宁教育出版社,1997.
② 蒋庆. 政治儒学:当代儒学的转向、物质与发展. 北京:生活·读书·新知三联书店,2003:99-109.
③ 蒋庆. 政治儒学:当代儒学的转向、物质与发展. 北京:生活·读书·新知三联书店,2003:109-117.
④ 蒋庆. 政治儒学:当代儒学的转向、物质与发展. 北京:生活·读书·新知三联书店,2003:118-125.

人的自由和权利，却停留于形式，缺乏实质性的内容。

应该说，蒋庆通过比较来说明政治儒学的特点，虽然说他对比较对象的概括仍可商榷，但对政治儒学特质的论点和相关论述都相当清晰，也可以说充分表达了他所持的价值立场。但是，政治儒学如何运用于中国现实，呈现为融贯的政治方案，这些问题在其《政治儒学》中未充分说明，因而他在后来的《再论政治儒学》《广论政治儒学》中做了不少修正和补充。

三、对蒋庆政治儒学的简评

基于前面的论述，蒋庆的政治儒学为儒家德治传统的复兴提供了一个颇有启发也富有新意的思路，可概括为如下三点：

第一，深入挖掘儒家政治思想传统的资源，为建设具有中国自身特色的政治礼法制度提出了一条新思路。此前现代儒学的相关思考主要承接宋明理学的理路而展开，鲜少关注经学或礼学方面的思想资源，蒋庆一反陈说，极富针对性地指出上述理学理路的偏颇，进而基于春秋公羊学的理路较全面地梳理了儒家礼治的思想资源，并面向当代占主流的政治文化及其思想背景，提出了颇有启发的思路。这一思路对于思考当代中国政治文化的根基、树立文化自信和制度自信都提供了有益的参考。

第二，蒋庆的政治儒学表现出广阔的视野和较大的包容性，为春秋公羊学或荀子礼学这一理路的完善提出了不少富有理论价值的思路。传统的公羊学较为排他，不乏门户之争，而对政道合法性的说明或者说政治理想的维度有所不足。蒋庆关于政道三重合法性的思路，应该是借鉴了思孟学派以及当代心性儒学的一些观点[①]；而"立体制衡"的提法，则借鉴了西方民主政治的方法思路。这都表明，相对于传统公羊学，其政治儒学的立

[①] 对于政道的问题，荀子礼学不甚关注，孟子则极为重视；董仲舒虽有"王道通三"的观点，但对之的解释多融合阴阳家的思想，鲜少形而上的义理说明。关于这一点，参见阮航. 儒家经济伦理研究. 北京：中国社会科学出版社，2013：108-120。

场更为开放,并通过自觉吸取其他相关思想的有益成分,使政治儒学的内容更为充实。

第三,政治儒学从理路到制度实施方案,都提出了不少新颖的设想,对于思考相关问题颇有启发。如与西方的自由民主相对照,通过融合儒家礼学和仁学的观点,政治儒学提出的政道三重合法性就是一种根于儒家传统而又针对现实的论说,通过与西方自由民主观念的比较,其独特的价值更为突显,在一定意义上是说明了有中国自身文化特色的"新外王"。应该说,这是一个颇有吸引力的观念;又如政治儒学根据儒家的礼法精神,提出了关于政治社会安排的总体设想,其中蕴含着不少极富创造性的观点。

当然,富有创造性和新意往往也意味着刚刚启动,从而存在着有待进一步解决的问题或不足,在笔者看来主要表现在如下两点。

第一,政治儒学能否有效地吸取心性儒学或者说孟子仁学关于政道的论说,尚需进一步的思考和理论疏导。心性儒学沿着孟子仁学的理路,主要关注儒家道统的问题,侧重从形而上的层面来论说儒家信仰,由此又主张性善说以作为思考社会政治安排的出发点。而按照蒋庆的说法,政治儒学沿着公羊学的理路,主要关注儒家政统的问题,以性恶说为出发点来看待社会政治安排的问题①。但蒋庆为了更充分地说明政治儒学的义理基础,实际上是基于道统的观点来提出三重合法性的设想。这种嫁接能否与政治儒学的理路成功融合,在学理上需要充分的说明。进一步说,应该如何思考和恰当安排儒家的道统和政统之间的关系,在公共讨论中可能是尤其需要重点考虑的。又如蒋庆关于政治教化的主张,实际上是孟子仁学和礼学的混合,但这种混合在真正贯彻实施时是否可行尚有待考证,毕竟两者的理论根据之间存在根本的抵牾。

第二,政道的三重合法性以及儒家政治的制度方案,从观点和结论上看确实要优于西方的自由民主政治观念,但学理上尚有一些需要澄清的问

---

① 蒋庆的这个观点也值得商榷,如春秋公羊学最杰出的代表董仲舒采取的是"性三品"说,它固然与性善论有根本区别,其实也明显有别于荀子的性恶说,至少不能简单归结为性恶。

题，也需要更细致的论说。如认为自由主义对人性的看法过于乐观，这一观点恐怕是需要商榷的。当代的自由主义更多地是把个人理性自利看作一种政治设计的理论模型，尽量弱化其中的价值负载，当然也不会对人性做出某种明确的判断。质而言之，关于政治问题的公共讨论与信仰问题的讨论，这两者是有相对的划界而避免相互干扰的。从政治理论的角度说，这是为了避免从形而上的价值预设出发，导致独断论，从而保持讨论的开放性。就当代社会政治生活的现实而言，这是针对当代价值合理多元情境的一种选择。当然，由此确实可能导致平面化、缺乏理想性的结果，亦如牟宗三所言，自由民主的观念"卑之无甚高论"。蒋庆这方面的设想确实针对了自由民主观念的弊端，但如何才能诉诸形而上维度、显示政治的理想价值，像政治儒学那样直接诉诸某种信念恐怕是不够的。亦如他在提出儒家政治方案时所言，其得以实施的前提是儒家文化的全面复兴，但实际上这一点很难落实。如本书在探讨《大学》人性观所指出的，传统政治的合法性说明，往往预设着一种价值观上高度同质的社会，这样形而上的价值预设才能成为社会的价值共识，接下来的方案才能为人们所广泛接受。但这种情形并不适合当代思想发展的现实，所形成的理论难免带有独断的色彩，难以在普遍的意义上展开有效的探讨，很可能沦为乌托邦式的一厢情愿。就此而论，其政治儒学的论说尚需要更充分的学理疏导，在方法上尚有进一步思考的必要。

第八章 结语：《大学》政治伦理的当代诠释及其考量

综观前文，随着对其文本的不同诠释，《大学》的政治伦理思想可能呈现多重面向，而有效的文本诠释总是蕴含着诠释者面向其时代问题的意识，并与他们解答现实问题的见解相一致。汉唐时期，《大学》只是《礼记》中的一篇，其文本地位不高，对《大学》的主流诠释也是在礼学的背景中展开的，其所诠释的政治伦理思想在一定程度上表现了汉唐儒家"礼治"的思路。在宋代理学那里，《大学》从《礼记》中独立出来，成为确立儒家道统的基本经典（"四书"）之一。经过朱子的全面改造和诠释，《大学》一方面成为圣学入德之门，其修养工夫被视为树立儒家信仰、培养儒者人格的基本路径；另一方面朱子从理学的道德形而上学立场出发，将内圣的工夫与外王的事功解释为本末先后的关系，使《大学》成为表达儒家德治理想的经典。此后王阳明的《大学问》专门就《大学》的内圣工夫提出了一种与朱子有别的心学诠释。朱子和王阳明的《大学》诠释，可以说都是带着确立儒家信仰的问题意识入手的，只是解答的思路有分歧。在此意义上，这两种诠释都可归为一大类，即都是从理学的道德形而上学进路出发，力求解答树立儒家道统的时代问题。按照诠释学的效果历史观点，朱子和王阳明的诠释都是成功的：不仅使《大学》文本成为核心的经典，重新焕发其思想活力，而且借助文本诠释有效地应答了儒家基于其时代背景而力图解决的焦点问题，从而对其后儒家思想的发展产生了重要影响，使《大学》的德治传统在传统政治和社会生活的诸层面都发挥了一定的作用。由此看，朱子和王阳明的《大学》诠释之所以富有成效，并不是因为它们阐发了文本的原意，或者说《大学》作者在其自身的历史处境中所要表达的观点，而是因为它们借助《大学》文本有效地解答了诠释者面向其时代所关心的问题，与此同时也焕发了《大学》文本的活力，或者说真正表达了《大学》作者思想的精神实质。因为可以想象的是，作者的精神如果是一贯的，那么基于变换的时代背景，面对不同的时代问题，就必然会调整思考的焦点和视角而提供不同的答案。当然，这并不意味着有效的诠释是随心所欲的，其前提应该是与文本相容。在此意义上，《大学》文本能够容纳多大的诠释空间，也意味着其思想可能激发多强的活力。

基于以上说明，要从当代思想的角度来考量《大学》的政治伦理，必须有一种对《大学》政治伦理的当代诠释。在上述诠释学的意义上，无论是对《大学》的经学、理学还是心学的诠释对当代社会政治生活来说都不是有效的，因为它们已经"过时"了。这里所谓过时，并不是指它们没有理论意义，也不是要贬低其贡献和思想本身的价值，而是因为其诠释者所要解答的时代问题与我们是不同的。如朱子和王阳明所关心的时代焦点问题是如何确立儒家信仰，儒学如何能够为人们的生命安顿问题提供有吸引力的解答，又如何能够给儒家的政治主张提供价值支持，等等。对于这些问题，朱子和王阳明通过诠释做出了有效的应答，可以说完成了时代赋予他们作为儒家学者的使命。但能够因应当今时代、面向时代问题的《大学》诠释仍付诸阙如。从政治伦理的角度看，当代儒学面临的核心问题不是如何树立信仰，而是如何运用信仰，关于政治伦理的学术讨论是以谨慎运用信仰为前提的。如何使信仰得以恰当的发挥，是需要方法上的考虑的。进一步说，在人类多种合理伦理学传统共存的当代情境中，我们的讨论是要开放的，很多时候还需要搁置彼此的信仰。"搁置"并不意味着否定信仰，而是尊重彼此信仰或价值观上的差异，否则无法展开有效的探讨。就儒家德治传统本身的发展来说，是要处理好道统、政统和学统之间的关系。因此，我们要在《大学》的历史诠释的基础上予以创造性的发挥，面向当代政治社会生活的现实，以能够切入当代政治伦理问题的方式提出更进一步的诠释。当然，由于问题的复杂性，本章提出的诠释只是一种初步的尝试。从这样的理解出发，本书对《大学》政治伦理的当代考量，首先不是一个对错优劣的判断问题，而是一个面向当代背景而提出解释的恰当性问题，然后才能通过比较来说明《大学》政治伦理的当代意义。

有鉴于此，本章分两节展开论述：第一节基于前面的论述，探讨对《大学》政治伦理的当代诠释应该采取何种诠释立场，运用怎样的解释方法。这是对《大学》当代诠释的方法论自觉问题。基于第一节的讨论，第二节将尝试对《大学》的主要政治伦理思想提出一种新的诠释，进而说明它们对于思考当代政治伦理问题的意义。

第一节 重释《大学》政治伦理思想的诠释立场与解释方法

这里所谓诠释立场，是指鉴于当代社会政治生活的特点以及所要解决的核心问题，我们应该对《大学》文本选取怎样的观察角度，才能产生有意义的诠释，或者说为我们思考当代的相关问题提供相应的思路。与此相关的是，我们应该如何恰当地运用自己的价值判断，而这些判断又应该以何种方式与《大学》乃至儒家的精神相接续，以在当代语境中恰当地展现儒家德治的精神。这一点在第六章已有所讨论，这里基于前面的论述，针对诠释问题做进一步的申述。解释方法则是对诠释立场的落实，是在对《大学》政治伦理思想的具体诠释中体现出的方法自觉，或者说是采取对当代人有说服力、能形成有效讨论的途径来表达其思想中蕴含的义理。

一、何种启蒙，谁之现代性：重释《大学》政治伦理的诠释立场

如第六章所述，从哲学思想的角度说，西方的现代化由文艺复兴发端，其间有影响深远的宗教改革运动，现代性的思想内容则是通过启蒙运动而真正奠定的。虽然说启蒙运动是以向传统告别的方式展开的，但与贯

穿西方近代的主题即"神与人的二元对立"是分不开的①。宗教改革运动最终推动了政教分离，世俗政权终于摆脱了代表宗教神圣权力的教会的控制。而就"人与神"的关系来说，这意味着在这场对立中人对自己的重新发现，从而确立其主体性。那么人依靠什么来把握自己的命运呢？在启蒙哲学的集大成者康德看来这就是人的理性能力。在《什么是启蒙？》的论文中，他明确指出，启蒙意味着人从自我造成的不成熟状态中摆脱出来，拥有运用自己理性能力的勇气和决心；而运用理性意味着不服从任何外在的权威，具备独立思考、自我决定的能力，这也是自由之所在。"不服从外在的权威"首先是指宗教的权威。可以说，西方的启蒙，是围绕神与人的二元关系这一主题展开的，是以理性为主旋律来弘扬人的主体性，其主要价值目标则是自由与平等。

中国传统社会是否发生过类似的启蒙？如果没有，是否需要类似的启蒙？对此颇有争议。进一步说，这个问题的提法过于笼统，因为中国传统文化有着与西方不同的主题，而理学以降的道德形而上学或儒家所提供的不是如基督教一般二元对立的世界图式，而是"天人合一"而不隔的贯通图式，是一种等差有序展开的图景。西方宗教有教会，中世纪时期教权能够对政治社会生活发挥实在的影响，有稳定的实现机制并且表现出强大的控制力。而在中国传统社会，儒家力图净化现实政治，与政治权力之间的关系虽存在紧张，但根本上说并非明显的对抗关系，而且儒家并没有真正约束君权的机制。虽然说科举制可以为儒者提供进入政治的渠道，但科举制本身是在君权的控制之下的。孟子一派关于政道的提法，虽然有约束君权的思路，但不像西方教会那样落实为制衡乃至控制的现实权力，并且经过理学的改造，这种约束君权的观念更为形而上化，对于现实君权的约束也更为虚幻。也因此，哲学上说，儒家所关注的不是人的主体性问题，因为其思考方式并非主客对立的。如果非要就此追究下去，那么也可以说理学由性善而强调人平等地禀有道德自主的能力，这是一种人之道德的

---

① 韦伯在其宗教社会学中对此有精辟的分析，他称之为宗教理念提供的"合理化"的世界图式，而西方基督教以及改革后的新教的世界图式都是二元对立的。参见韦伯. 韦伯作品集Ⅴ：中国的宗教·宗教与世界. 康乐，简惠美，译. 桂林：广西师范大学出版社，2004：477-479。

主体性。那么其相应的客体是什么呢？由于这种道德自主能力源自形而上的道德层面，属于天理，其相应的客体就是外在的物质层面，是人偏离自身道德根源而转向外在的物质追求，并将这种追求置于道德追求之上，这种状态在理学家看来属于人欲。但在政治权力纵向展开的格局之下，这种天理人欲说本来针对自我的道德修养，落到现实却是权力地位高者对权力地位低者提出的要求，是对下位者、基层的道德约束，而下位者并没有相应的机制反过来约束上位者。故戴震有"以理杀人"之说。这样看，中国传统政治社会确实有其自身难以克服的难题，需要做出根本改变，甚至也可以说需要某种启蒙，但由于主题和思考方式的不同，就其本身的理路而言需要的就不是理性的启蒙①。孟子曾言："天下之生久矣，一治一乱。"（《孟子·滕文公下》）这虽是就战国之前的历史而言的，却不幸言中秦汉以降中国传统社会政治的总体状态。造成这种状况的原因何在？进一步说，中国传统社会政治问题的症结何在？基于前文的论述，这里做个简要的概括。

其一，政道方面的问题②。儒家仁学一系虽有相关论说，其理想本身也是纯净的，是要求一种王道政治，要求"王天下"。但这种理想如何实现，却缺乏相应的考虑和制度保障。与这种理想相对照的是，传统政治社会在"治世"或安定期的格局是"家天下"，是皇权世袭的专制政治；在"乱世"则是"英雄打天下"，是用武力争一家一姓之天下。

其二，治道方面的问题。传统社会政治在治道方面颇多建树，汉唐以制度建设见长，宋代的文官制度更是具有开创意义的制度体系，可以说是开官僚政治之先风③。对于政治组织的有序运作来说，官僚制本身是精密而颇有政治智慧的设计，也是一种能够提高行政效率的制度。但是，官僚制一旦运转起来而缺乏相应的权力约束制度，那么经过一段时期的运转就

---

① 理性的启蒙这一提法，本身蕴含着理性与情感明确可分这一前提，但儒家乃至中国传统文化实际上没有做出这样的明确区别，当然也很难说在支配人的行为因素中两者谁占主导的问题。
② 这一点参考了牟宗三的相关论说。参见牟宗三. 政道与治道. 桂林：广西师范大学出版社，2006：1-16.
③ 当代西方学者亨廷顿曾言，人类历史上有两大具有开创意义的制度：一是官僚制，二是民主制。前者是中国人的发明，后者则是西方人的发明。

会出现大量的既得利益集团,进而必然滋生腐败,并走向腐化①。这可说是每个朝代由"治"而趋于"乱"的一个重要制度性根源。

其三,政治思想方面的问题。这首先表现在思考方法的弊端上。包括其政治思想在内的儒家思想总体上是讲究圆融、贯通的,这既是其优长,从学术讨论的角度看也是其弊。故章太炎说:

> 中国之学,其失不在支离,而在汗漫。自宋以后,理学肇兴。明世推崇朱氏,过于素王。阳明起而相抗,其言致良知也,犹云朱子晚年定论。孙奇逢辈遂以调和朱、陆为能,此皆汗漫之失也②。

章先生所谓"汗漫",是指不重界定而重贯通、调和,由此往往流于漫无边际。这一方面容易造成理论上的模糊不清、软沓无力,说服力不足;另一方面可能也容易引起误解、曲解而产生各种运用上的流弊③。就思想内容方面说,宋代以降,儒学思想的主题在于树立儒家信仰,从道德形而上学的进路来解答个体生命的安立和人生意义问题,对现实政治的影响有限。或者说由这一道统进路做出的道德要求虽然有批判现实政治的作用,也触及了与政道相关的根本问题,但缺乏切实有效的解决方案,更没有相应的制度支持。明代实学以及清代经世学的兴起,可以说是对理学的反动,但它们一方面并不占主流,另一方面仅限于经世之"术"的层面,未触及传统政治问题的根本。

这些问题表明,中国传统社会政治制度确实需要根本性的变革,在一定意义上也需要某种与之相应的思想运动,这一点在明末清初思想家黄宗羲的《原君》中已现端倪。那么,按照中国传统社会史的发展脉络,我们需要什么样的启蒙? 这个问题很难有明确的答案。因为按照自身逻辑发展

---

① 王亚南. 中国官僚政治研究. 北京:中国社会科学出版社,1981:95-99. 另参见张纯明. 中国政治二千年. 北京:当代中国出版社,2014:80-89。
② 章太炎. 诸子学略说//王曰美. 儒家政治思想研究. 北京:中华书局,2003:12.
③ 张岱年将中国文化的缺陷归为四个方面,即等级观念、浑沦思维、近效取向和家族本位;而浑沦思维主要是由于缺乏分析思维. 参见张岱年. 中国文化的基本精神//王曰美. 儒家政治思想研究. 北京:中华书局,2003;代序9. 牟宗三也指出中国思想有理论"软沓"之弊。这些与章太炎关于"汗漫"之弊的判断相印证。

的启蒙在历史上并没有在明确可辨的意义上发生,更谈不上充分的展现。按照前面的论述,这里似乎能推测出两点:一是它并非理性的启蒙,二是从传统社会政治的问题症结看,我们需要的启蒙根本上说应该是面向政道的问题,其目标应该是为政治社会生活的长治久安提供某种切实有效的制度安排,而不是陷入"一治一乱"的怪圈。

不过,我们对当下背景的定位总是在历时性与共时性这两个相交织的维度下进行的,上述梳理是就我们自身文化的历时性维度而言的。而近代以来,来自共时性维度的挑战日益突出,即如第六章所述,我们是被动地卷入西方式的"现代化"。近100多年来,我们在西方的冲击下,先是被动地反应,进而有为救亡图存而主张与传统决裂的五四运动,其后又有文化保守主义与反传统主义的兴起①。这些都可理解为面对来自共时性维度的挑战而做出的反应,而中国走上社会主义道路也正是在此背景下做出的历史选择,是一种恰当的回应②,由此告别帝制而确立具有中国特色的现代政治社会制度。20世纪80年代的"国学热",是多年疏离自身文化传统之后的一次文化寻根之旅,是要面向时代问题力图承接自身文化脉络,在自身文化根基上确立有中国特色的现代化道路,也可说是要追寻根于自身文化的现代性③。

基于以上论述,对《大学》政治伦理思想乃至儒家德治传统的诠释将基于对如下三方面关系的考虑展开。

其一,对当代儒学的定位与价值合理多元的文化背景。如张岱年先生所言,现时代既不是儒学定于一尊的时代,不是儒学占据政治意识形态统治地位的时代,也不是反儒学的时代④。也就是说,儒学思想只是当代中国众多思想流派之一。从思想传统的角度说,人类文明已发展出多种宗教与伦理传统;在可见的未来,多种合理的价值观将持久共存可以说是当代

---

① 关于中西近代文化交往或冲突的解释模式之前沿动态,参见柯文. 在中国发现历史:中国中心观在美国的兴起. 林同奇,译. 北京:中华书局,2002.

② 陈峰. 民国史学的转折:中国社会史论战研究(1927~1937). 济南:山东大学出版社,2010:91-108.

③ 夏光. 东亚现代性与西方现代性:从文化的角度看. 北京:生活·读书·新知三联书店,2005:26-40.

④ 王曰美. 儒家政治思想研究. 北京:中华书局,2003:导言29.

人类文明的一种处境。因此，对《大学》政治伦理思想的当代诠释要面向当代的相关问题，要有理论说服力，就不能采取价值观上的独白方式，而应有对话交流的开放姿态。

其二，儒学的学科形态与叙述方式。当代人文思想的研究是以学科的形态进行的，传统儒家的问学方式却讲究贯通，故有文史不分家之说。与之相应，传统儒家的叙述方式追求的是"言近旨远""引而不发"，点出线索让读者自己体会义理。这在容许意义的丰富性的同时也产生了模糊性等"汗漫"之弊，学科形态的研究却讲究界定和表达的明确性，运用相应的理论分析。

其三，共时性的问题与历时性的儒学思想脉络。当今时代，随着全球化和信息化的发展，人类的命运愈益紧密相连，有不少问题是需要人类共同面对的。随着文化之间交往的便利，有些价值也基本得到了共同的认可，如政治领域的自由、平等、民主等。这只是说，我们要面对的问题有共性，一些价值得到了形式上的认可，到底该提出怎样的解决思路，对这些价值取何种理解，又应该以何种方式去实现，这些则是需要立足于自身传统来解答的，由此才能真正突显自身文化的特色，焕发其活力。就《大学》政治伦理思想的诠释来说，要做到这一点，就要接续儒学相关思想的脉络，寻求切入这些问题的可能性。

二、道统与学统关系中展开的政统：重释《大学》政治伦理的解释方法

基于上一部分的论述，本书拟采取的诠释立场在一定程度上是要回到孔子，是虽怀有对"道"的信仰，但并不言"性与天道"，在与他人的对话交流中并不直接运用自己的信仰作为论说的根据或显见的出发点。这是在价值合理多元背景中的自觉选择，也是出于言说有效性的考虑。从当代儒学的定位及学科的意义上说，这就是要考虑面临质疑的可能性，因为还可能存在其他合理的思路。从儒学自身的发展来说，是要保持自我质疑的可能性，因为只有保持可错的自觉，才能真正开展开放性的研究，在汲取

其他思路或因素的过程中不断修正自己的思路和论说。

那么与之相应的解释方法应该是怎样的呢？借用牟宗三把儒家思想分为道、学、政这三个方面的思路①来说，我们是要面向政治社会方面的问题，是要说明儒家的政统方面的思想，但解释的方式必须以恰当处理儒家学统与道统的关系为前提。与上述诠释立场相应，我们的解释方式是先悬置或尽量弱化道统的相关观念，如人性预设、关于天命与道的观点等，而以儒家学问的致思方式展开论说，在学统的范围内展现儒学对相关问题的看法。儒家的道统只是作为背景来起作用，而这样的论说如果是有效的，那么最终将可能逼出道统的立场。以下与对《大学》典型的传统论说方式做个对比，以明确这种解释方法的具体思路。

第一，结论的确定性与可能性。传统的诠释和论说旨在得出某种确定性的结论，其中预设存在某种唯一的真理或价值观，或者至少认为存在某种最优的解释。我们的诠释所追求的是就目前的相关问题而言可能有效的结论，在某些方面可能会优于已有的解释，这种结论并不排除从其他的思路出发可能存在一些更优的解释，或至少认为自己的解释是在接近某种确定的结论或旨在达成某种最优的价值观点。

第二，态度的封闭式与开放式。与第一点相关，传统的解释方法是在高度价值共识的背景下展开的，其诠释的有效性依赖于言说对象持有类似的价值观。这种解释方式以预设某种宇宙生成图式、对人性的判断为前提。如以董仲舒为代表的汉代礼学，其宇宙生成图式是由阴阳五行来解释的气化宇宙，由此人因其天生材质之差异而有"性三品"之说，而儒家王教之说的有效性又以"性三品"说为据。而理学的宇宙生成图式则是由《易传》和《中庸》解释出来的义理宇宙，是一种本源纯善的宇宙图景，由此由形而上的纯善的义理之性，落到形而下的层次才有气质之差异，从而产生能否表现义理之性的问题，由此道德人格的养成只能是由己的，王教只是提供各种间接的促发机制。直接以形而上的宇宙图景和人性判断为出发点而提出的诠释，根本上说是封闭式的，对于持有不同价值预设或更

---

① 牟宗三. 生命的学问. 桂林：广西师范大学出版社，2005：50-60. 这里仅借用相关说法，并不一定与其原意相符。

确切地说是无类似信仰者（因为还可能有无神论者的存在）不可能有说服力，彼此之间也不可能展开有意义的论辩，这样的论辩也很难对彼此的观点有所助益，而只能陷入意气之争、门户之见，因为他们是从不同的价值立场出发的。汉代的今古文经学之争、朱子与陈亮的义利王霸之辩、清代的汉学与宋学之争，无不如此。

我们的诠释不以类似的价值预设为前提，而是要以价值观上的开放态度来解释《大学》思考某类问题的理路，也因此这种理路是可修正的，不排除可能存在其他不同的思路，并且通过彼此的论辩而互有助益。

第三，问答和启发的方式与讨论和分析的方式。传统诠释的论说方式往往是以解答问题、启发式的注解进行的，重在点出思考的线索，启发言说对象对义理的理解。一方面这种方式的有效性以双方共享的、不言自明的价值系统为前提，无此背景，这些线索也无处依托；另一方面这种启发的方式旨在提点个人对某种先在真理的感悟，而不是可供公共研讨的观点或见解。

有鉴于此，我们的诠释将以问题讨论和理论分析的方式展开。也就是说，首先要明确《大学》的政治伦理观念是与哪些问题相关的，然后通过分析，梳理其蕴含的解决思路。

第二节 《大学》政治伦理的当代诠释及其意义

基于上一节的讨论以及前面各章的论述，本节将提出对《大学》主要政治伦理思想的一种当代诠释，并评述其当代意义。所谓当代诠释，是指按照前面梳理的《大学》三方面的政治伦理观念，先明确它们可能面向或切入当代相关的政治伦理问题，然后说明对于这些问题，《大学》的政治伦理观念蕴含着何种思路或观点。以下分述之。

一、以修身为本：社群主义抑或共和主义？

《大学》说：

> 自天子以至于庶人，壹是皆以修身为本。

"天子""庶人"是就社会政治生活中人们的地位而言，"自天子以至于庶人"，则意味着一种将社会政治生活看作整体的观点，其中人们不管处于何种职位，也无论这种职位的高低如何，都是这个共同体的一员。从"壹是皆以修身为本"来看，《大学》的观点在于，整体上看，共同体应该呈现积极向上的精神面貌，有其价值追求，从而为每个人人生意义的实现、人格的成长和完善提供健康有利的环境。就个人而言，作为共同体的一员，每个人都对创造这样的环境有一份责任，必须具备相应的责任意识。这种自觉的责任意识，是需要自我的人格培养、化为内心的认同、付诸相应的行动，才能真正养成的，因而《大学》提出格物、致知、正心、诚意等修身的工夫。由此看，《大学》以修身为本的观念意味着对一种理想共同体的主张，这种共同体是由富有道德责任感的个人组成而共建的伦理或价值共同体。

这里的问题在于，为什么社会政治共同体要以伦理为基础？要对其中每个人提出修身的要求？这就要追溯到《大学》乃至儒家对政治和社会生活的目的的理解。从儒家的观点看，政治与社会生活都应该是服务于人、造福人类的①；而不是相反的观点，即政治和社会是由于资源有限性而产生的竞争，由此是少数人压迫大多数人的工具。这样看，社会和政治的目的和功能是由人生的目的派生出来的。那么，这是否意味着要对人性或人

---

① 这里可能存在两种解释。一种以荀子《礼论》为代表，可理解为社会功能论的解释：人只有结成社会，进行社会合作，才能从整体上给每个人带来更好的生存和发展条件。一种"天经地义"的解释，又可分形而上与形而下的两种面向：形而上的解释是"天命""天意"，然后有作为"君""师"的天子来为生民立命；形而下的解释可以说就是出于"礼俗"，是人类历史的自然演进。

类采取某种目的论式的理解？不必如此。或者说即使带有某种目的论的色彩，也是从足够弱的价值预设出发的：虽然说生存是每个人的基本需要，但人不应该为了活着而活着，而起码应该活得像个人，维持基本的体面和尊严。一个人如果丧失了对这一点的意识，那在儒家看来是"无耻之耻"（《孟子·尽心上》），是丧失基本人格，不值得谈人生意义的，这样的人生是不值得过的。如果有些人由于社会的原因，不得不放弃尊严而维持基本生存，那就是这个社会没有提供最基本的生存保障，那就是社会政治制度的失败，就必须改革社会政治制度。

那么，在这种以伦理为基础的社会政治共同体中，每个人怎样做到以修身为本？《大学》说：

> 为人君，止于仁；为人臣，止于敬；为人子，止于孝；为人父，止于慈；与国人交，止于信。

"君""臣""父""子""国人"，这些提法是针对传统政治社会的具体情况来说，我们现在的理解不必拘泥于其字面的意思，而可以基于《大学》这些提法所要表达的精神，结合现在的情况转换说法。《大学》的意思应该是这样的：每个人都是在具体的对待关系中修身，从而表现相应的德性。这首先蕴含着对个人与共同体关系的一种理解：共同体背景中的个人不是孤立的存在者，而是在各种关系情境中呈现的个人，这些关系就其最基本的方面而言是"五伦"，就关系的性质而言包括血缘亲情的关系、社会关系、政治组织中的关系，等等；共同体则是个人以彼此结成关系网络的方式而形成的。个人的修身，不是通过沉思冥想，而是通过实实在在的自觉而具体的行动来表现，要因其"位"来表现其"德"，是通过在人际彼此对待中身体力行来证成的。由此个人修身的过程意味着"学而时习"的知行合一：将从此前自我的身体力行以及他人的典范行为而获得伦理体验，在相关的关系情境中付诸行动，反思其效果而获得进一步的伦理体验，在不断地修正和践行中完善自我的人格。

从道德的观点看，个人是在各种具体的对待关系中表现其人格特点的，其中对他人产生吸引力、感染力，能激发他人积极向上的人格特质，可称作"德"，其理想状况可称作"明德"，结合具体关系来说又可以有各种德目,即《大学》此处所谓"仁""敬""孝""慈""信"。这里《大学》对"德"即德目的说法,无疑蕴含着儒家特定的价值立场。但我们现在的理解不必拘于此。推开来说,在各种具体的关系和情境中,我们首先要有"位"的意识,也就是与自我所处关系情境相应的责任意识,必须先达到基本要求,进而要表现自我的价值追求。就每一种特定的关系和情境而言,人们都可能持有某种理想的价值目标。至于这种理想价值目标的内容是什么,儒家当然提供了相应的答案。从现在的眼光看,可能不同文化所提供的答案是有差异的,但这里重要的是,承认应该有某种理想的价值观,先不管其具体内容是否有差异,只要是合理且对他人无害,进而对他人有吸引力而能激发人们积极向上,连贯起来可能意味着一种健全的生活态度。

以上初步的解释仍有两个相互关联的关键问题需要解决,即共同体的价值观从何而来?它与个人的价值观之间又是何种关系?就儒家"仁"与"礼"这两种基本价值而言,我们对这两者的侧重不同,对儒家观点的解释就可能指向两种虽相容但有别的进路。

从侧重"礼"的角度看,儒家的观点可能指向社群主义的进路,亦即共同体的价值观来自历史文化传统的塑造,共同体中的个人,其价值观是在具有共享价值观的社群中成长的,是在这种历史文化传统的熏陶下形成的①。周代的礼制似乎奠定了儒家的社群主义进路,儒家的价值观基于"礼"的观念发展而来,个人在共同参与的礼俗背景中体验、整合以保持价值上的统一性②。那么,个人在文化或价值观方面的创造可能只是表现为在同质价值观范围内的修补、充实,往往是以"述而不作"的方式进行的。共同体价值观的展开则是连续的,在相当程度上表现为某种自然演进。这种解释可能揭示了儒家一个方面的观点,或者说儒家文化保守的一面,但相对忽视了儒家观点中富有创造性的"仁"的一面。

从侧重"仁"的角度看,儒家的观点可能指向共和主义的进路,在政

---

① MACINTYRE, A. After Virtue. Indiana: University of Notre Dame Press, 2007: 32-35.
② 芬格莱特.孔子:即凡而圣.彭国翔,张华,译.南京:江苏人民出版社,2002: 5-12.

治社会生活中以修身为本意味着一种积极自由观念的表达。就个人来说，以修身为本是要在现实的政治社会生活中发挥道德自主的能力，实现其人生意义和道德意义上的自由。这种观点如牟宗三所表达的，"自由是在对理性的自觉中表现，争自由是理性的实现，不是争现实生活上的方便与舒服"①。从共同体的角度说，以修身为本意味着要真正实现我们的道德自由，就应该全身心地投入公共生活，并培养相应的美德②。

二、场域关系情境中的家国同构：忠恕之道与絜矩之道

如前所述，《大学》的家国同构观念表达了一种社会观，或者说对如何安排社会结构的一种理解。但是，这一观念本身难免有较强的针对性，是因传统社会结构的特点而发的。就《大学》作者写作的先秦时期而言，"家"本身就有很强的政治色彩，因为周代的封建宗法制是以血缘组织为基础的。汉唐时期虽然淡化了血缘色彩，但仍发挥了宗法精神的"尊尊"之义。一方面，宋代理学虽然已没有落实家国同构观念的制度环境，但强调脱胎于宗法精神的亲亲之仁，不过往形而上的层面做了延伸；另一方面，在非正式制度的基层组织层面，宋明理学家发挥其中蕴含的家族宗法亲亲之义，朱子和王阳明都是"乡约"机制的主张者和推行者，以家族的组织形式为主，以发挥守望相助的精神，起淳化民风之用③。现代中国的社会结构已发生巨变，"家"和"国"已与传统社会有根本区别。因此，对于《大学》的家国同构观念，我们不妨转移关注点：传统的解释突出的是"同构"的一面，我们的诠释可以转而关注《大学》在讲"齐家""治国""平天下"之"道"时，其表述和义理因场域和关系的变化而做了微

---

① 牟宗三. 生命的学问. 桂林：广西师范大学出版社，2005：174.
② 斯金纳. 共和主义的政治自由理想//应奇，刘训练. 公民共和主义. 北京：东方出版社，2006：61.
③ 狄百瑞. 亚洲价值与人权：儒家社群主义的视角. 尹钛，译. 北京：社会科学文献出版社，2012：54-78；陈来，杨立华，杨柱才，等. 中国儒学史：宋元卷. 北京：北京大学出版社，2011：259-260.

妙的调整。这表明,《大学》的相关论述本身就蕴含着这样的理路,同时它也是儒家传统思考方法的一个方面,即就事论理,或可称为情境主义的取径①。

在论说"齐家在修身"之时,《大学》主要从情感的角度入手,强调表达亲情的适当性,要按照"爱之理"亦即合乎"仁"的方式来表达。这种仁爱之"理"是在血缘亲情的关系中表现的,其特点是要纠偏而得"情"之"正"。这是行仁之初始处,联系下一章"治国在齐家"的论述看,这种在亲情关系中表现出来的"德",即"慈"与"孝悌"。之所以说这是一种纠偏,是因为我们如果不以"爱之理"来把握其中的"度",那么对子女的关怀可能就会沿着自然意义的血缘关系而陷入无原则的"溺爱",对父母的感恩也可能是一种"愚孝"。这种不经调整的自然趋向实际上是封闭的,不利于我们的社会交往和人格的健康成长。因此,孝悌虽然只是最低层次的行仁之道,但对于我们走向社会、成为"立于礼"的社会人来说却是最基础性的,是我们的入手之处。

对于一般性的社会交往,儒家的行仁之方则是"忠恕之道"。"恕道"是"己所不欲,勿施于人"(《论语·颜渊》),是消极意义上的"仁道",是要有所不为,是要包容他人,充分尊重他人的情感和观念。"忠道"是"己欲立而立人,己欲达而达人"(《论语·雍也》),强调的是要"有所为",是一种推己及人的道德实践方式,是关怀他人的价值实现,是将"一人遂其生,推之而与天下共遂其生"②的生命关怀之意推而广之。这种一般性的论说是针对社会关系中的他人,无论我们对他们的熟悉程度如何,他们都与我们处于同一个社会合作体系之中。

在论治国之道时,《大学》为何单讲"恕道"而不提"忠道"?这可能蕴含着对政治生活之特点的考虑。政治生活是要处理各种公共事务。政治之"德"必须与"位"结合,于处理政事上表现。为政者应该因所处之位不同而采取不同的做法,从而有不同的道德表现,在此强求一律显然是不

---

① 周勤. 道德自主与文化习俗:综论西方儒学研究中的情境主义取径. 中国哲学史, 2003 (1).

② 戴震. 孟子字义疏证. 何文光,整理. 北京:中华书局,1982:48.

行的。就此而论，治国之道应该突出"恕"的一面，是"敬事"的责任意识；而不是"忠"的一面，亦即达成某种同样的目标，因为不同的政务所要达成的具体目标虽需要相互配合，其内容却是不同的。从用人以及处理政治生活的上下级关系方面来看，《大学》讲治国，突出"恕道"而不提"忠道"，在相当程度上可能是在强调上位者当有容人之量，而不能求全责备。而应该根据各政治人才的特点，安排适当的职位使人才各尽其能，而不是要强求一律。

《大学》讲"平天下在治国"，其讲法又有不同，强调的是絜矩之道。

> 所恶于上，毋以使下；所恶于下，毋以事上；所恶于前，毋以先后；所恶于后，毋以从前；所恶于右，毋以交于左；所恶于左，毋以交于右：此之谓絜矩之道。

所谓絜矩，是法度、规矩的意思。那么，《大学》为何又提出絜矩之道来平天下，而不是讲治国之"恕道"？这应该也体现了"天下"这一场域的特别考虑。其一，就关系而言，絜矩之道所讲上下、前后、左右显然是针对政治组织中的人事关系来说的，突出了公共领域的特点，"絜矩"强调的是"公正"的意思。治国之"恕道"则主要着眼于行为层面，未明言针对何种关系。其二，就其价值指向来说，絜矩之道不仅单从消极意义上讲"有所不为"，而且只从"厌恶"而不从"喜好"的角度来谈。与治国之"恕道"相比，这种消极意义的角度更明确，或许意味着更强调宽厚相待、能有容人之量的意思。其三，就其观念的出发点来说，絜矩之道是就"好恶"或人之常情来说的，治国之"恕道"则是就行为的外在表现立论的。

基于以上诠释，《大学》关于家国同构的论说可能蕴含着这样的意思：整个社会政治应该以某种伦理价值观为基础，应该有大体统一的价值体系来支持，从而有凝聚力量来保障社会秩序的稳定有序；虽然如此，但不同的社会领域应该因其功能特点而有不同的伦理要求，或者说表现伦理价值观的方式应该是有区别的。就个人而言，虽然每个人的人格应该是统一而不是分裂的，但落到道德实践或行为表现上说我们不能忽视社会功能区域的区别、各职业的特点，因而应该采取有所区别的道德行为方式。甚至可以说，按照儒家"中庸"即"随时而中"这一道德实践的理想境界，从外在描述的角度看,正是由于人格的内在统一性,在不同的场域我们必然要做出相应的调整才能有恰当的表现。这一点在分工相对简单的传统社会可能并不那么突出,但在现代社会这一由高度复杂的分工而形成的社会合作体系,则必须予以充分的重视。从社会学的观点看,传统社会是一种熟人社会,人际交往主要是在面对面的关系中展开的,因而儒家的家国同构观念往往表现为"亲疏有序";但现代社会则是一种陌生人的社会,我们的社会活动更多地要与陌生人打交道,在我们的职业生涯中亦如此。由此看,如果要发挥家国同构观念的当代意义,那就应当做适当的转换。就我们的道德实践来说,一方面要淡化家国同构观念蕴含的血缘色彩,不是强调亲疏有序,而是要注重社会功能区域之别。在一定程度上,应该将个人德性与公共道德做较明确的区分。另一方面我们应该结合自己的职业特点来表现道德追求,首先要注重职业道德。

三、民本思想:一种政治起源论的解释

如前所述,《大学》讲"民本",更多地是强调"以民之好恶为好恶",这是要求为政者不能从一己之私出发处理问题,而是应体察民情、尊重民意。就《大学》文本本身而言,这并不像后来理学所强调的那样有某种关于人性的预设,没有对人性善恶做出明确的判断。"好恶"只是就心理情感的角度做出的经验判断,却是政治道德之缘起①。

那么,为什么政治生活要以民为本?这可能要思考政治社会的缘起问题,然而人类社会政治生活到底是怎样开始的?这是一个无法通过历史经验来追溯的过程,在传统思想中这种追溯往往陷入某种形而上学的独断论。但是,这种追溯确实是必要的,否则我们很难为政治的合法性提供有说服力的解释。如本书导论部分所述,在西方近现代政治思想中是以社会契约论的方法建立某种理论模型,虽然似乎也难免有某种形而上的色彩,但却是以合理推想而不是独断的方式呈现的。换言之,它只是提供一种可

---

① 凌廷堪. 校礼堂文集. 王文锦,点校. 北京:中华书局,1998:140.

能的理论解释,并不自认是确实如此的真理,而是可错的某种可能性。在中国儒家传统政治思想中,这样的解释虽说极少但绝非完全没有,如荀子在《礼论》中就以经验推论的方式提出了一种关于"礼"之起源的解释。而关于政治社会的起源问题,明末清初思想家黄宗羲在其《明夷待访录·原君》中也提出了一种推想,其中蕴含着某种儒家德治的思路,而且他虽然是著名的心学大师,但在这个问题上却没有运用形而上的价值预设或关于人性的善恶判断。基于前文的论述,这里尝试分析其中的思路。黄宗羲首先推想了一种儒家式的政治起源:

> 有生之初,人各自私也,人各自利也;天下有公利而莫或兴之,有公害而莫或除之。有人者出,不以一己之利为利,而使天下受其利;不以一己之害为害,而使天下释其害,此其人之勤劳必千万于天下之人。夫以千万倍之勤劳,而己又不享其利,必非天下之人情所欲居也。故古之人君,去之而不欲入者,许由、务光是也;入而又去之者,尧舜是也;初不欲入而不得去者,禹是也。岂古之人有所异哉?好逸恶劳,亦犹夫人之情也。

这段论述是要推究君主及其权力、职责的由来,而在传统思想中政治生活正是由君主发端的,在此意义上,也可当作政治生活的起源。由此可分析出如下几点:

其一,关于前政治状态("有生之初")的描述。在这种状态中,人们都仅仅关心自己的生存问题和利益满足,对他人的生存状况则是漠不关心的("人各自私,人各自利")。可以说,前政治状态下的人普遍缺乏道德感,道德并非前政治状态的特征。

其二,人们为什么要进入政治状态。这里的解释是"有待兴之公利,待除之公害",也就是说,这是一种生存状况普遍不佳的状态,每个人的生存即使不是没有保障的,也是不便利的。

其三,正是人君的出现才使进入政治状态成为可能。这一人君出现带领人们进入政治状态的过程,蕴含着(或者说按照黄宗羲的理路可推出)如下几点:(1)政治状态对于(或许是除人君外的)绝大多数人都是有利的,因而也是可欲的。(2)由人君领导的这种政治是公天下的、造福天下苍生的,其目的是改善天下人的生存状况。这是一种以人君自觉牺牲自我利益为代价而建立的政治。(3) 可以推想的是,政治组织是在人君的号召下建立的。为什么有人愿意参与这种政治组织而做出程度不同的牺牲?按照儒家的思路,合理的推想是由于人君这种自觉牺牲的高尚精神以及由此产生的人格魅力。推而广之,道德虽然是后起的,并且是某种无法明确的原因产生的,其本身却是具有精神感染力的。那么这种由圣君主导的政治可能就是这样的:这是由少数人不同程度上自觉牺牲其物质利益,而惠及绝大多数的政治;同时从道德上说又是一种"先知觉后知、先觉觉后觉"的精英政治。(4) 这种政治是有合法根据的,也必然是得民心的,因为民众是普遍受惠者。(5) 按照这种方式让人君领导的政治阶层治理的天下也必然是稳定的,因为政治阶层自觉让渡其利益,民众尽管是被动的接受者也是受惠者,因而不可能有任何不满。(6) 这种政治的建立可能也是最有效率的,因为利益牺牲者是自愿的。

其中有几个问题是不清楚的:其一,这样的人君是如何出现的?既然在前政治状态,每个人都是自私自利的,为何会出现后来成为人君的某个人会反其道而行之?如果排除儒家所提供的那种关于天子"作之君,作之师"的形而上解释,那可能只能诉诸各种偶然的因素。或许可以诉诸概率:在人类数量足够多的情况下,总有可能出现道德的人格类型。或许可以诉诸运气等偶然因素让人产生的心理变化:某人由于运气足够好,得到了大量甚至过剩的生活资源,因而分给他人,在这一过程中获得了某种精神上的满足,从而逐步养成高尚的道德人格,进而这种人格对他人产生精神感召的力量。但无论如何,黄宗羲在此诉诸的是历史传说,是尧、舜、禹这些圣君主持天下的政治黄金时代。

其二,这种以少数人自觉牺牲其物质利益为代价,让绝大多数人获利的政治是否公平合理,是否可行?按照儒家孟子一系的道德解释,精神层次的满足远远高于物质生活的满足,进而似乎还可以满足"不朽"的宗教追求。春秋时代流行的"三不朽"便以"立德"为首。

黄宗羲推想的是政治的起源,结合这种政治的性质来说也是德治的起源。这是一种"民本"的政治,亦即为民众着想、为生民立命的政治,是理想的"公天下"的、为天下人的政治。就其组织及其运作方式来说,它并非"民主"的政治,而是"君主"的政治,是由人君作为精神领袖来主导并领导少数道德先觉者而有效运作的精英(但绝非专制)政治,也是一种精神高尚的政治。

这样的政治显然是可欲的,却带有乌托邦的色彩。进一步的问题在于,这样的政治能否持续稳定地延续下去?就传统社会的信史也是黄宗羲接下来的叙述来看,其持续性是成问题的,因为后世的人君已失责,反而把君权用作谋自己一家一姓私利的资具。在黄宗羲看来,传统政治已腐化堕落,丧失其最初的道德合法性。

以上的分析和解构似乎表明,黄宗羲对于德治之政治起源的解释是问题重重的,因而在理论上应予放弃。但实际上并非如此。

其一,其表达的理念是富有吸引力的,充分表达了《大学》乃至儒家"民本"的精神,从现在的眼光看似乎意味着一种积极的自由观念。它蕴含着崇高的道德理想,可说是人类可欲的政治,并且其批判也切中了传统政治现实的症结。

其二,其理论思路是富有原创性的,显示出一种运用非形而上的方式来解释德治的理路。包括传统儒学在内的各种传统哲学提出的理论,往往看上去很有吸引力,而且也顺理成章,但大多是以一些自认不言而喻的价值预设为前提,并且以此来填补理路的"断裂"之处。这是传统思想的特点,从当代的眼光看只能产生封闭型的理论和观点,蕴含着一种拒绝与异质价值观对话的态度。而黄宗羲的理路却是开放式的,在此意义上突破了传统的论说立场和方法。

其三,富有原创性的思路在其初期往往是粗糙的,经过分析会发现诸多漏洞。如作为启蒙哲学的集大成者,康德的伦理学极富原创性,但并非完善的,相反,其中存在诸多讲不通之处。但这并不能否定其原创意义,从当代开放的分析讨论来看,问题不在于其中存在多少漏洞,而在于是否还"有救",是否具有修正或重构的可能,通过这样那样的修正,我们就可能取得理论上的进展[1]。而如果能够取得这样的进展,那么首先就应归功于原创思路的奠基意义。

---

[1] 帕菲特.论重要之事.阮航,葛四友,译.北京:北京时代华文书局,2015:234.

按照黄宗羲提示的思路，儒家德治的合理性似乎可以由"民本"来解释。虽然这种解释带有较浓厚的乌托邦色彩，在理路上也需要进一步的疏导。但我们如果能够基于道德直觉或心理学等非形而上的思路来修正，或许就可以提出某种证成德治根据的可能性。这个问题显然需要较深入的理论思考和设计才能展开。这里只能基于前文的论述做个简单的说明：它或许在理论上需要法治的观念来补充，需要两者相辅相成才能予以完善。进而还必须有相应的有约束力的制度安排，才可能落实为不仅可欲而且稳定持续的政治社会秩序。

参考文献

一、古籍

贾谊．新书校注．阎振益，钟夏，校注．北京：中华书局，2000．
朱熹．四书或问．黄坤，校点．上海：上海古籍出版社，2001．
朱熹．四书章句集注．北京：中华书局，1983．
朱熹．周易本义．廖名春，点校．北京：中华书局，2009．
程颢，程颐．二程集．王孝鱼，点校．北京：中华书局，2004．
周敦颐．周子通书．徐洪兴，导读．上海：上海古籍出版社，2000．
黎靖德．朱子语类．王星贤，点校．北京：中华书局，1986．
张载．张载集．章锡琛，点校．北京：中华书局，1978．
真德秀．大学衍义．朱人求，点校．上海：华东师范大学出版社，2010．
王守仁．阳明先生集要．施邦曜，辑评．北京：中华书局，2008．
王守仁．王阳明全集．吴光，钱明，董平，等编校．上海：上海古籍出版社，1992．
吴光．刘宗周全集．杭州：浙江古籍出版社，2007．
丘濬．大学衍义补．林冠群，周济夫，校点．北京：京华出版社，1999．
李光地．榕村语录·榕村续语录．陈祖武，点校．北京：中华书局，1995．

郭嵩焘. 礼记质疑. 邬锡非, 陈戍国, 点校. 长沙: 岳麓书社, 1992.

陈确. 陈确集. 北京: 中华书局, 1979.

戴震. 孟子字义疏证. 何文光, 整理. 北京: 中华书局, 1982.

苏舆. 春秋繁露义证. 钟哲, 点校. 北京: 中华书局, 1992.

孙星衍. 尚书今古文注疏. 陈抗, 盛冬铃, 点校. 北京: 中华书局, 2004.

王先谦. 诗三家义集疏. 吴格, 点校. 北京: 中华书局, 1987.

王先谦. 荀子集解. 沈啸寰, 王星贤, 点校. 北京: 中华书局, 1988.

皮锡瑞. 经学历史. 周予同, 注释. 北京: 中华书局, 2008.

皮锡瑞. 经学通论. 北京: 中华书局, 1954.

凌廷堪. 校礼堂文集. 王文锦, 点校. 北京: 中华书局, 1998.

孙希旦. 礼记集解. 沈啸寰, 王星贤, 点校. 北京: 中华书局, 1989.

王利器. 盐铁论校注. 北京: 中华书局, 1992.

王利器. 新语校注. 北京: 中华书局, 1986.

阮元. 十三经注疏. 北京: 中华书局, 1980.

续修四库全书. 上海: 上海古籍出版社, 2002.

二、中文专著

徐复观. 中国人性论史: 先秦篇. 上海: 上海三联书店, 2001.

章太炎. 太炎先生尚书说. 诸祖耿, 整理. 北京: 中华书局, 2013.

唐君毅. 中国哲学原论: 导论篇. 北京: 中国社会科学出版社, 2005.

汤用彤. 魏晋玄学论稿: 增订版. 北京: 生活·读书·新知三联书店, 2009.

庞朴, 马勇, 刘贻群. 先秦儒家研究. 武汉: 湖北教育出版社, 2003.

钱穆. 国史大纲: 修订本. 北京: 商务印书馆, 1996.

梁漱溟．中国文化要义．上海：上海人民出版社，2005.

郭兰芳．大学浅解．北京：中国社会科学出版社，2003.

余英时．宋明理学与政治文化．长春：吉林出版集团有限责任公司，2008.

朱自清．经典常谈：插图本．上海：上海古籍出版社，2004.

冯友兰．中国哲学史新编．北京：人民出版社，1998.

张岱年．中国哲学大纲．北京：中国社会科学出版社，1982.

石元康．罗尔斯．桂林：广西师范大学出版社，2004.

朱高正．朱高正讲康德．北京：北京大学出版社，2005.

萧公权．中国政治思想史．北京：新星出版社，2005.

杨宽．古史新探．北京：中华书局，1965.

洪汉鼎．诠释学：它的历史和当代发展．北京：人民出版社，2001.

乐爱国．朱子格物致知论研究．长沙：岳麓书社，2010.

俞可平．社群主义：修订版．北京：中国社会科学出版社，2005.

江畅．西方德性思想史：近代卷．北京：人民出版社，2016.

张寿安．以礼代理：凌廷堪与清中叶儒学思想之转变．石家庄：河北教育出版社，2001.

李零．郭店楚简校读记：增订本．北京：中国人民大学出版社，2007.

李零．上博楚简校读记．北京：中国人民大学出版社，2007.

秦晖．传统十论．上海：复旦大学出版社，2004.

陶希圣．中国政治思想史．北京：中国大百科全书出版社，2011.

阮航．儒家经济伦理研究．北京：中国社会科学出版社，2013.

葛兆光．古代中国文化讲义．上海：复旦大学出版社，2006.

刘笑敢．诠释与定向：中国哲学研究方法之探究．北京：商务印书馆，2009.

刘耘华．诠释学与先秦儒家之意义生成：《论语》、《孟子》、《荀子》对古代传统的解释．上海：上海译文出版社，2002.

葛剑雄．统一与分裂：中国历史启示录，北京：生活·读书·新知三联书店，1994.

杜维明. 二十一世纪的儒学. 北京：中华书局，2014.

哈佛燕京学社，三联书店. 儒家与自由主义. 北京：生活·读书·新知三联书店，2001.

傅小凡. 社会转型与道德重建：先秦诸子对"道德何以可能"问题的哲学思考. 北京：中华书局，2004.

彭国翔. 良知学的展开：王龙溪与中晚期的阳明学. 北京：生活·读书·新知三联书店，2005.

管东贵. 从宗法封建制到皇帝郡县制的演变：以血缘解纽为脉络. 北京：中华书局，2010.

汪受宽. 孝经译注. 上海：上海古籍出版社，2007.

陈苏镇. 《春秋》与"汉道"：两汉政治与政治文化研究. 北京：中华书局，2011.

田余庆. 东晋门阀政治. 北京：北京大学出版社，2009.

邓小南. 祖宗之法：北宋前期政治述略：修订版. 北京：生活·读书·新知三联书店，2014.

朱瑞熙，程郁. 宋史研究. 福州：福建人民出版社，2006.

李焯然. 丘濬评传. 南京：南京大学出版社，2005.

朱鸿林. 中国近世儒学实质的思辨与习学. 北京：北京大学出版社，2005.

牟宗三. 生命的学问. 桂林：广西师范大学出版社，2005.

牟宗三. 政道与治道. 桂林：广西师范大学出版社，2006.

应奇，刘训练. 公民共和主义. 北京：东方出版社，2006.

陈来，杨立华，杨柱才，等. 中国儒学史：宋元卷. 北京：北京大学出版社，2011.

何信全. 儒学与现代民主. 北京：中国社会科学出版社，2001.

陈峰. 民国史学的转折：中国社会史论战研究（1927～1937）. 济南：山东大学出版社，2010.

夏光. 东亚现代性与西方现代性：从文化的角度看. 北京：生活·读书·新知三联书店，2005.

夏世华. 周秦之际的月令政治模式及其政治理想：以《吕氏春秋》和

《周礼》为例. 北京：人民出版社, 2021.

王曰美. 儒家政治思想研究. 北京：中华书局, 2003.

王亚南. 中国官僚政治研究. 北京：中国社会科学出版社, 1981.

张纯明. 中国政治二千年. 北京：当代中国出版社, 2014.

蒋庆. 政治儒学：当代儒学的转向、特质与发展. 北京：生活·读书·新知三联书店, 2003.

蒋庆. 再论政治儒学. 上海：华东师范大学出版社, 2011.

蒋庆. 广论政治儒学. 北京：东方出版社, 2014.

徐复观. 中国学术精神. 陈克艰, 编. 上海：华东师范大学出版社, 2004.

牟宗三. 道德理想主义的重建：牟宗三新儒学论著辑要. 郑家栋, 编. 北京：中国广播电视出版社, 1992.

景海峰. 儒家思想与现代化：刘述先新儒学论著辑要. 北京：中国广播电视出版社, 1992.

三、中文译著

鲍曼. 生活在碎片之中：论后现代道德. 郁建兴, 等译. 上海：学林出版社, 2002.

狄百瑞. 亚洲价值与人权：儒家社群主义的视角. 尹钛, 译. 北京：社会科学文献出版社, 2012.

芬格莱特. 孔子：即凡而圣. 彭国翔, 张华, 译. 南京：江苏人民出版社, 2002.

罗尔斯. 正义论：修订版. 何怀宏, 何包钢, 廖申白, 译. 北京：中国社会科学出版社, 2009.

卢梭. 论人类不平等的起源和基础. 李常山, 译. 东林, 校. 北京：商务印书馆, 1962.

伽达默尔. 诠释学Ⅰ：真理与方法：哲学诠释学的基本特征. 洪汉鼎, 译. 北京：商务印书馆, 2010.

伽达默尔. 诠释学Ⅱ：真理与方法：补充和索引. 洪汉鼎, 译. 北京：商务印书馆, 2010.

韦伯. 学术与政治：韦伯的两篇演说. 冯克利，译. 北京：生活·读书·新知三联书店, 2005.

施路赫特. 理性化与官僚化：对韦伯之研究与诠释. 顾忠华，译. 桂林：广西师范大学出版社, 2004.

郝大维, 安乐哲. 先贤的民主：杜威、孔子与中国民主之希望. 何刚强，译. 南京：江苏人民出版社, 2004.

麦克里兰. 西方政治思想史. 彭淮栋，译. 北京：人民出版社, 2010.

施特劳斯, 克罗波西. 政治哲学史. 李洪润，等译. 北京：法律出版社, 2009.

卡西尔. 启蒙哲学. 顾伟铭, 杨光仲, 郑楚宣，译. 济南：山东人民出版社, 2007.

康波斯塔. 道德哲学与社会伦理. 李磊, 刘玮，译. 哈尔滨：黑龙江人民出版社, 2005.

金里卡. 当代政治哲学. 刘莘，译. 上海：上海译文出版社, 2015.

帕菲特. 论重要之事. 阮航, 葛四友，译. 北京：北京时代华文书局, 2015.

尾形勇. 中国古代的"家"与国家. 张鹤泉，译. 北京：中华书局, 2010.

渡边信一郎. 中国古代的王权与天下秩序. 徐冲，译. 北京：中华书局, 2008.

鲁惟一. 汉代的信仰、神话和理性. 王浩，译. 北京：北京大学出版社, 2009.

刘子健. 中国转向内在：两宋之际的文化转向. 赵冬梅，译. 南京：江苏人民出版社, 2012.

秦家懿. 朱熹的宗教思想. 曹剑波，译. 厦门：厦门大学出版社, 2010.

柯文. 在中国发现历史：中国中心观在美国的兴起. 林同奇，译. 北京：中华书局, 2002.

康德. 实践理性批判. 韩水法，译. 北京：商务印书馆, 1999.

四、中文论文

斯洛特，阮航．作为德性的正义//价值论与伦理学研究（2015年卷）．北京：社会科学文献出版社，2016．

周勤．道德自主与文化习俗：综论西方儒学研究中的情境主义取径．中国哲学史，2003（1）．

陈来．郭店楚简《性自命出》篇初探．孔子研究，1998（3）．

张造群，张倩．《大学》研究的新开展．文化学刊，2009（4）．

涂耀威，周国林．清代《大学》研究的新趋向．湖北大学学报（哲学社会科学版），2009（3）．

罗华文．《大学》成书时代新考．孔子研究，1996（1）．

叶秀山．试读《大学》．中国哲学史，2000（1）．

梁涛．《大学》早出新证．中国哲学史，2000（3）．

任蜜林．《大学》本义试探．哲学研究，2011（8）．

阮航．"仁"与"礼"：对《大学》文本的诠释立场与解释方法．理论与现代化，2007（3）．

阮航．略论《大学》的"家国同构"思想．井冈山大学学报（社会科学版），2011（4）．

阮航．略论儒家"以修身为本"的观念//价值论与伦理学研究（2010—2011年卷）．北京：中国社会科学出版社，2012．

阮航．"命"与"道"：略论《大学》政治伦理思想的形而上维度//价值论与伦理学研究（2014年卷）．北京：社会科学文献出版社，2014．

王绪琴．格物致知论的源流及其近代转型．自然辩证法通讯，2012（1）．

沈善洪，钱明．论王阳明大学观的演变．学术月刊，1989（11）．

张艺曦．明中晚期古本《大学》与《传习录》的流传及影响．汉学研究，2006（1）．

李学勤．从简帛佚籍《五行》谈到《大学》．孔子研究，1998（3）．

赵法生．《大学》"亲民"与"新民"辨说．中国哲学史，2011（1）．

申鹏宇．《大学》之道与孟荀义理．船山学刊，2011（4）．

陈代波. 郭店楚简《性自命出》篇的人性论简析. 东疆学刊, 2000 (4).

郭沂.《大学》新论: 兼评新儒家的有关论述//郑家栋, 叶海烟. 新儒家评论: 第2辑. 北京: 中国广播电视出版社, 1995.

周后燕. 朱熹对《大学》的改造. 科学·经济·社会, 2014 (2).

五、英文著作

KANT, I. Groundwork for the Metaphysics of Morals. Allen W. Wood (trans and ed). New York: Yale University Press, 2002.

MACINTYRE, A. After Virtue. Indiana: University of Notre Dame Press, 2007.

GILLIGAN, C. In a Different Voice: Psychological Theory and Women's Development. Massachusetts: Harvard University Press, 1993.

SLOTE, M. The Ethics of Care and Empathy. The Taylor & Francis e-Library, 2007.

NUSSBAUM, M. Political Emotions: Why Love Matters for Justice. Massachusetts: The Belknap of Harvard University Press, 2013.

GRAY, J. The Two Faces of Liberalism. New York: The New Press, 2000.

GRAY, J. Liberalism. Minneapolis: University of Minnesota Press, 1995.

RAWLS, J. A Theory of Justice (Revised Edition). Massachusetts: Harvard University Press, 1999.

RAWLS, J. Lectures on History of Moral Philosophy. Barbara Herman (ed). Massachusetts: Harvard University Press, 2000.

FLAMM, M. Law and Order: Street Crime, Civil Unrest, and the Crisis of Liberalism in the 1960s. New York: Columbia University Press, 2005.

图书在版编目（CIP）数据

当代中国政治治理问题及其儒家理论资源研究：《大学》中的政治伦理及其当代考量/阮航著． -- 北京：中国人民大学出版社，2025.1． -- （当代中国社会道德理论与实践研究丛书/吴付来主编）． -- ISBN 978-7-300-33363-2

Ⅰ．B222.15；B82-051

中国国家版本馆 CIP 数据核字第 2024V2H312 号

国家出版基金项目
当代中国社会道德理论与实践研究丛书·第二辑
主编　吴付来
当代中国政治治理问题及其儒家理论资源研究
《大学》中的政治伦理及其当代考量
阮航　著
DANGDAI ZHONGGUO ZHENGZHI ZHILI WENTI JI QI RUJIA LILUN ZIYUAN YANJIU

出版发行	中国人民大学出版社				
社　　址	北京中关村大街 31 号		邮政编码	100080	
电　　话	010 - 62511242（总编室）		010 - 62511770（质管部）		
	010 - 82501766（邮购部）		010 - 62514148（门市部）		
	010 - 62515195（发行公司）		010 - 62515275（盗版举报）		
网　　址	http://www.crup.com.cn				
经　　销	新华书店				
印　　刷	涿州市星河印刷有限公司				
开　　本	720 mm×1000 mm　1/16		版　次	2025 年 1 月第 1 版	
印　　张	16.25 插页 3		印　次	2025 年 1 月第 1 次印刷	
字　　数	241 000		定　价	79.00 元	

版权所有　　侵权必究　　印装差错　　负责调换